Die große Grammatik
ENGLISCH

von
Linda Keller

PONS GmbH
Stuttgart

PONS

Die große Grammatik
ENGLISCH

von
Linda Keller

Auflage A1 5 4 3 2 / 2016 2015 2014 2013

© PONS GmbH, Rotebühlstraße 77, 70178 Stuttgart, 2011
PONS Produktinfos und Shop: www.pons.de
PONS Sprachenportal: www.pons.eu
E-Mail: info@pons.de
Alle Rechte vorbehalten.

Redaktion: Verena Wróbel
Logoentwurf: Erwin Poell, Heidelberg
Logoüberarbeitung: Sabine Redlin, Ludwigsburg
Einbandgestaltung: Biotop 3000
Layout: one pm, Petra Michel, Stuttgart
Satz: Digraf.pl - dtp services
Druck und Bindung: CPI, Birkstraße 10, 25917 Leck

Printed in Germany.
ISBN: 978-3-12-561024-8

Sie möchten Ihre englischen Grammatikkenntnisse verbessern oder bereits Gelerntes wiederholen und vertiefen – oder auch nur schnell etwas nachschlagen: Die **Große Grammatik Englisch** wird Ihnen dabei helfen.

Mit dieser umfangreichen Grammatik können Sie **bis Niveau C1** des Europäischen Referenzrahmens Grammatikregeln nachschlagen und lernen. Hierbei helfen Ihnen einfache Erklärungen, übersichtliche Tabellen und verständliche, authentische Beispiele.

Das gesprochene *Standard British English* wird als Norm für die Grammatik verstanden. Bei Abweichungen zu *Standard North American English* wird darauf hingewiesen.

Eine Sprache ist aber nicht nur ein Zusammenspiel von grammatischen Regeln und Wortschatz, sondern reflektiert auch die Kultur und den Blickwinkel des Sprechenden. Dieses Buch hat zum Ziel, ein umfassendes, verständliches und anschauliches Nachschlagewerk für die englische Grammatik zu bieten und daneben auch einen kleinen Einblick in den kulturellen Sprachgebrauch zu geben. Ich hoffe, hiermit allen Lernenden zu helfen, das, was sie vermitteln wollen, sprachlich korrekt und angemessen auszudrücken und Missverständnisse zu vermeiden.

Ein besonderer Dank gilt Verena und Arkadiusz Wróbel, die mir über Gebühr hinaus zur Seite standen und ohne deren redaktionelle Hilfe dieses Nachschlagewerk in der Kürze der Zeit sicherlich nicht in diesem Umfang zustande gekommen wäre.

Linda Keller

So benutzen Sie das Buch

Damit Sie sich in diesem Buch leicht zurechtfinden, gibt es vor jedem Kapitel eine **Übersichtsseite**, auf der die wichtigsten Punkte zusammengefasst und mit Seitenverweisen versehen sind. Viele **Verweise** im Text leiten Sie außerdem schnell zu verwandten Themen weiter.

Weiterführendes können Sie unter den folgenden Symbolen nachlesen:

	ergänzende Angaben
	wissenswerte Zusatzinformationen
	Stolperfallen und besonders wichtige Hinweise
	wichtige Regeln zur Rechtschreibung
	Tipps zur Zeichensetzung
	Hinweise zu Aussprache und Intonation
	stilistische Hinweise
	Vergleiche zwischen Sprachen

Wenn Sie eine Frage zu einem ganz bestimmten Stichwort, Thema oder Fachbegriff beschäftigt, hilft Ihnen das **Sach- und Stichwortverzeichnis** am Ende des Buches weiter.

Wir wünschen Ihnen viel Freude und Erfolg mit diesem Buch.

Die Autorin
und die PONS-Redaktion

INHALT

INHALT

⋮ DER SATZ

DER SATZ

DIE NEGATION

⋮ RECHTSCHREIBUNG UND ZEICHENSETZUNG

RECHTSCHREIBUNG

INHALT

GRAMMATISCHE FACHBEGRIFFE

Englisch	Latein/Deutsch
action verb	Tätigkeitsverb
active (voice)	Aktiv, Tatform
adjective	Adjektiv, Eigenschaftswort
adjunct	adverbiale Bestimmung, Umstandsbestimmung
adverb	Adverb, Umstandswort
adverbial	adverbiale Bestimmung, Umstandsbestimmung
article	Artikel, Geschlechtswort
attribute	Attribut, Beifügung
auxiliary verb	Hilfsverb
brackets	Klammern
cardinal number	Kardinalzahl, Grundzahl
clause	Satzglied
closed question	Entscheidungsfrage, Ja/Nein-Frage
colon	Doppelpunkt
comma	Komma
comparative	Komparativ, 1. Steigerungsstufe
conditional	Konditional, Bedingungsform
conjunction	Konjunktion, Bindewort
conjunctive adverb	Konjunktionaladverb
consonant	Konsonant, Mitlaut
contact clause	Relativsatz ohne Relativpronomen
continuous form	Verlaufsform
co-ordinating conjunction	nebenordnende Konjunktion
dash	Gedankenstrich
decimal number	Dezimalzahl
declarative clause	Aussagesatz
defining relative clause	bestimmender Relativsatz
definite article	bestimmter Artikel, bestimmtes Geschlechtswort
demonstrative pronoun	Demonstrativpronomen, hinweisendes Fürwort
diphthong	Diphthong, Doppellaut
direct object	direktes Objekt
direct speech	direkte Rede, wörtliche Rede
ellipsis	Auslassungspunkte
exclamation clause	Ausrufesatz
exclamation mark	Ausrufezeichen
fractional number	Bruchzahl

full stop	Punkt
full verb	Vollverb, vollwertiges Tätigkeitswort
future tense	Futur, Zukunft
genitive	Genitiv, 2. Fall
gerund	Gerundium, Verbalsubstantiv
hyphen	Bindestrich
imperative	Imperativ, Befehlsform
imperative clause	Aufforderungssatz
indefinite article	unbestimmter Artikel, unbestimmtes Geschlechtswort
indefinite pronoun	Indefinitpronomen, unbestimmtes Fürwort
indicative	Indikativ, Wirklichkeitsform
indirect object	indirektes Objekt
indirect speech	indirekte Rede, abhängige Rede
infinitive	Infinitiv, Grundform des Verbs
interjection	Interjektion, Empfindungswort
interrogative clause	Fragesatz
interrogative pronoun	Interrogativpronomen, Fragewort
intonation	Intonation, Satzmelodie
intransitive verb	intransitives Verb, Tätigkeitswort ohne direktes Objekt
irregular verb	unregelmäßiges Verb
lexical verb	Vollverb, vollwertiges Tätigkeitswort
main clause	Hauptsatz
modal verb	modales Hilfsverb
non-defining relative clause	nicht bestimmender Relativsatz
noun	Nomen, Hauptwort, Substantiv
object	Objekt, Satzergänzung
open question	Ergänzungsfrage
ordinal number	Ordinalzahl, Ordnungszahl
parentheses	Klammern
participle	Partizip, Mittelwort
passive (voice)	Passiv, Leideform
past participle	Partizip Perfekt, Mittelwort der Vergangenheit
past simple	Imperfekt, Präteritum, Vergangenheit
past tense	Präteritum, Vergangenheit
period	Punkt
personal pronoun	Personalpronomen, persönliches Fürwort
phrase	Wortgruppe
plural	Plural, Mehrzahl
possessive pronoun	Possessivpronomen, besitzanzeigendes Fürwort
predicate	Prädikat, Satzaussage

prefix	Präfix, Vorsilbe
preposition	Präposition, Verhältniswort
present participle	Partizip Präsens, Mittelwort der Gegenwart
present perfect	Perfekt, vollendete Gegenwart
present simple	Präsens, einfache Gegenwart
present tense	Präsens, Gegenwart
pronoun	Pronomen, Fürwort
question mark	Fragezeichen
quotation marks	Anführungszeichen
reflexive pronoun	Reflexivpronomen, rückbezügliches Fürwort
reflexive verb	reflexives Verb, rückbezügliches Tätigkeitswort
regular verb	regelmäßiges Verb
relative clause	Relativsatz
relative pronoun	Relativpronomen, bezügliches Fürwort
reported speech	indirekte Rede, abhängige Rede
semicolon	Semikolon
sentence	Satz
sentence stress	Satzbetonung
short answer	Kurzantwort
short form	Kurzform
singular	Singular, Einzahl
state verb	Zustandsverb
stress	Betonung
strong form	Starktonform
subject	Subjekt, Satzgegenstand
subjunctive	Konjunktiv, Möglichkeitsform
subordinate clause	Nebensatz
subordinating conjunction	unterordnende Konjunktion
suffix	Suffix, Nachsilbe
superlative	Superlativ, 2. Steigerungsstufe, Höchststufe
suspension points	Auslassungspunkte
tag question	Kurzfrage, Frageanhängsel
tense	Tempus, Zeitform
transitive Verb	transitives Verb, Tätigkeitswort mit direktem Objekt
unvoiced	stimmlos
verb	Verb, Tätigkeitswort, Zeitwort, Tunwort
voiced	stimmhaft
vowel	Vokal, Selbstlaut
weak form	Schwachtonform
word order	Wortstellung

AUSSPRACHE UND INTONATION

ÜBERSICHT

Laute und Buchstaben →S.14

Laute sind die kleinsten Bausteine der gesprochenen Sprache,
Buchstaben sind die kleinsten Bausteine der Schriftsprache.

Die internationale Lautschrift IPA →S.15

Mit dem Internationalen Phonetischen Alphabet (IPA) werden Laute
unabhängig vom verwendeten Alphabet und unabhängig von der Sprache
einheitlich dargestellt, z. B.: [ɑː], [ʌ], [ɜː], [e], [iː], [ɪ], [p], [b] …

Vokale und Konsonanten →S.16

Die Laute im Englischen können in folgende Gruppen eingeteilt werden:

Vokale: [iː, ɜː, ɑː, ɔː, uː, ɪ, e, æ, ʌ, ɒ, ʊ, ə]
Konsonanten: [p, t, k, f, θ, s, ʃ, tʃ, b, d, g, v, ð, z, ʒ, m, n, ŋ, h, l, r, j, w, ʤ]
Doppellaute: [ɪə, ʊə, eɪ, eə, əʊ, ɔɪ, aɪ]

Betonung →S.22

In der **Wortbetonung** wird eine Silbe in einem Wort hervorgehoben, in der
Satzbetonung werden einzelne Wörter in einem Satz betont.

Intonation →S.25

Man unterscheidet eine steigende, fallende und fallend-steigende
Intonation.

Steigende Intonation: Aussagesätze, Befehle, Entscheidungsfragen
Fallende Intonation: Ergänzungsfragen, Ironie, Zweifel
Fallend-steigende Intonation: Fragen

Laute und Buchstaben

Laute sind die kleinsten Bausteine der **gesprochenen Sprache**, also die kleinsten lautlichen Einheiten, die die Bedeutung eines Wortes verändern können.

In der **geschriebenen Sprache** werden Laute durch **Buchstaben** wieder-gegeben. Buchstaben sind die kleinsten Bausteine der Schriftsprache, also die kleinsten geschriebenen Einheiten, die die Bedeutung eines Wortes verändern können.

Zwischen den Lauten und den Wörtern lassen sich **Silben** einordnen: Silben sind **Sprecheinheiten**. Sie sind aus Lauten zusammengesetzt und werden zu Wörtern verbunden.

Laute: a, d, m, i, r, a, l   **Silben:** ad, mi, ral   **Wort:** admiral

Der englischen Schriftsprache liegt das lateinische **Alphabet** zugrunde, das 26 Buchstaben hat.

---

a b c d e f g h i j k l m n o p q r s t u v w x y z
A B C D E F G H I J K L M N O P Q R S T U V W X Y Z

[eɪ, biː, siː, diː, iː, ef, ʤiː, eitʃ, aɪ, ʤeɪ, keɪ, el, em, en, əʊ, piː, kjuː, ɑːʳ, es, tiː, juː, viː, ˈdʌbljuː, eks, waɪ, zed]

Die Zahl der Laute ist viel größer als die Zahl der Buchstaben; deshalb gibt es keine eindeutige Laut-Buchstaben-Zuordnung. Ein einzelner Buchstabe kann für verschiedene Laute stehen.

misinterpret	wisdom	[ˌmɪsɪnˈtɜːprɪt]	[ˈwɪzdəm]
sugar	summer	[ˈʃʊgəʳ]	[ˈsʌməʳ]

Umgekehrt kann ein einzelner Laut durch unterschiedliche Buchstaben bzw. Buchstabenkombinationen ausgedrückt werden.

| [e] | red [red] | said [sed] | bread [bred] |
| [ʌ] | uncle [ˈʌŋkl] | mother [ˈmʌðəʳ] | country [ˈkʌntri] |

Es gibt viele Wörter, die sich nur durch einen Laut unterscheiden. Bedeutungsunterscheidende Laute nennt man **Phoneme** und die Wörter **Minimalpaare**.

| sink - think | [sɪŋk] - [θɪŋk] | *sinken – denken* |
| sheep – ship | [ʃiːp] - [ʃɪp] | *Schaf – Schiff* |

Die internationale Lautschrift IPA

Um Laute unabhängig vom verwendeten Alphabet und unabhängig von der Sprache einheitlich darstellen zu können, verwendet man weltweit ein Lautschriftalphabet – das Internationale Phonetische Alphabet (IPA).

IPA-Symbole

[ ] Die Lautschrift wird immer in eckige Klammern gesetzt, damit man deutlich erkennt, dass es sich um die phonetische Umschrift handelt.

[ː] Der Doppelpunkt zeigt an, dass der Vokal vor diesem Zeichen lang gesprochen wird, wie z. B. in me [miː].

[ˈ] Der hochgestellte Strich gibt an, wo das Wort betont wird und steht vor der betonten Silbe, wie z. B. in mother [ˈmʌðəʳ].

[ˌ] Der tiefgestellte Strich bedeutet, dass auf der folgenden Silbe die Nebenbetonung liegt, wie z. B. in VIP [ˌviːaɪˈpiː].

IPA-Symbole für die einzelnen Laute werden im nächsten Kapitel angegeben.

Vokale und Konsonanten

Vokale

Vokale (*vowels*) werden auch **Selbstlaute** genannt, weil zur Aussprache eines einzelnen Vokals kein weiterer Laut nötig ist. Zum Beispiel wird der Vokal [ʌ] auch als [ʌ] ausgesprochen.

Vokale sind **immer stimmhaft** (*voiced*). Bei ihrer Bildung werden die Stimmbänder durch die aus der Lunge nach oben strömende Luft in Schwingung versetzt; man kann am Kehlkopf ein Vibrieren spüren. Danach jedoch entweicht der Luftstrom völlig ungehindert durch den Rachen- und Mundraum.

Englische Vokale können kurz oder lang sein.

Langvokale

Lautzeichen	Beispielwort	Aussprachetipps
[iː]	sheep [ʃiːp] piece [piːs] even [ˈiːvən]	Wie das lange i in *nie*
[ɜː]	bird [bɜːd] serve [sɜːv] journal [ˈdʒɜːnəl]	Etwa so wie das ö in *Hörner*, nur etwas länger (das r darf nicht mitgesprochen werden!)
[ɑː]	car [kɑːʳ] glass [glɑːs] art [ɑːt]	Wie das lange a in *Bahn*
[ɔː]	horse [hɔːs] door [dɔːʳ] all [ɔːl] naughty [ˈnɔːti]	Wie o in *Organisation* oder im Ausruf *och!*, nur etwas länger
[uː]	shoe [ʃuː] cool [kuːl] you [juː]	Wie das lange u in *Schuh*

(!) Achtung: Wie Sie an den Beispielwörtern erkennen, können selbst ganz **unterschiedliche Buchstaben gleich ausgesprochen werden**!

Kurzvokale

Lautzeichen	Beispielwort	Aussprachetipps
[ɪ]	ship [ʃɪp] women [ˈwɪmɪn] symbol [ˈsɪmbəl] depend [dɪˈpend]	Kurzes **i** wie in *bitte*
[e]	pet [pet] bread [bred] men [men]	Wird gesprochen wie eine Mischung aus **ä** und **e** wie in *nett*; die Lippen sind leicht gespreizt.
[æ]	hat [hæt] sad [sæd] man [mæn]	Wie **ä** in *hätte*; im Gegensatz zu [e] werden die Lippen beim [æ] neutral gehalten.
[ʌ]	cup [kʌp] come [kʌm] country [ˈkʌntri]	Wie das **a** in *Matsch, Quatsch*
[ɒ]	sock [sɒk] watch [wɒtʃ] comic [ˈkɒmɪk]	Wie das kurze **o** in *Otto*
[ʊ]	foot [fʊt] book [bʊk] pull [pʊl]	Wie das kurze **u** in *Mutter*
[ə]	water [ˈwɔːtəʳ] another [əˈnʌðəʳ] famous [ˈfeɪməs] mother [ˈmʌðəʳ]	Diesen Laut nennt man **Schwa**. Er soll wie das **e** in *bitte* klingen.

(!) Achtung: Selbst ganz **ähnlich geschriebene Wörter** können ganz
unterschiedlich ausgesprochen werden. Vergleichen Sie zum Beispiel
come und *comic*.

Konsonanten

Konsonanten (*consonants*) werden auch **Mitlaute** genannt, weil bei der Aus-
sprache eines einzelnen Konsonantenbuchstaben ein Vokallaut mitklingt.

Konsonanten können nach der Art ihrer Aussprache und den dabei betei-
ligten Organen in stimmhafte und stimmlose Konsonanten unterschieden
werden.

Beim Sprechen eines **stimmhaften** Konsonanten (*voiced consonant*) kann
man am Kehlkopf ein Vibrieren spüren. Das Vibrieren entsteht, weil die
Stimmbänder durch die aus der Lunge nach oben strömende Luft in Schwin-
gung versetzt werden. Der Laut klingt weich.

Beim Sprechen eines **stimmlosen** Konsonanten (*unvoiced consonant*) dage-
gen strömt die Luft ungehindert nach oben aus. Die Stimmbänder werden
nicht in Schwingung versetzt, am Kehlkopf ist kein Vibrieren spürbar. Der
Laut klingt hart.

Stimmlose Konsonanten

Lautzeichen	Beispielwort	Aussprachetipps
[p]	**p**en [pen]	Wie **p** in *Papier*
[t]	**t**ea [ti:] **t**ree [tri:]	Wie **t** in *Tee*, *Telefon*
[k]	**c**at [kæt] **k**ing [kɪŋ] **q**ueen [kwi:n]	Wie **k** in *König*, *Katze*

[f]	fish [fɪʃ] enough [ɪˈnʌf]	Wie **f** in *Fisch*
[θ]	**th**ree [θriː] **th**ick [θɪk] **th**ief [θiːf] **th**eatre [ˈθɪətəʳ]	Hier muss man ein scharfes, stimmloses **s** sprechen, z. B. wie in *lassen* – allerdings gelispelt! Stecken Sie die Zungenspitze zwischen die Zähne und atmen Sie scharf aus, so entsteht der scharfe Lispellaut.
[s]	**s**ix [sɪks] **s**ink [sɪŋk]	Ein kurzes, scharfes, stimmloses **s** wie in *lassen, heiß*
[ʃ]	**sh**eep [ʃiːp] na**ti**on [ˈneɪʃən]	Wie **sch** in *Sch*ule, *sch*auderhaft
[tʃ]	**ch**air [tʃeəʳ]	Wie **tsch** in *tsch*üss

Stimmhafte Konsonanten

Lautzeichen	Beispielwort	Aussprachetipps
[b]	**b**ook [bʊk]	Wie **b** in *Buch*
[d]	**d**og [dɒg]	Wie **d** in *dürfen*
[g]	**g**o [gəʊ]	Wie **g** in *gehen*
[v]	**v**an [væn]	Dieser Laut entspricht dem deutschen **w** wie in *wenn, Vandalen.*
[ð]	**th**e [ðiː, ði, ðə] **th**at [ðæt, ðət] **th**em [ðem, ðəm]	Hier müssen Sie ein weiches **s** lispeln. Stecken Sie die Zungenspitze zwischen die Zähne und atmen Sie weich und vibrierend aus – so entsteht der weiche Lispellaut. Lispeln Sie einmal das deutsche Wort *Sense.*
[z]	**z**oo [zuː] **z**ombie [ˈzɒmbi] **z**ero [ˈzɪərəʊ]	Ein weiches **s** wie in *lesen, sauber*
[ʒ]	televi**si**on [ˈtelɪvɪʒən]	Wie **g** in *Genie, Etage*
[m]	**m**oon [muːn]	Wie **m** in *Mond*
[n]	**n**o [nəʊ]	Wie **n** in *nein*

[ŋ]	si**ng** [sɪŋ]	Wie **ng** in *Ding*, si**ng**en
[h]	**h**and [hænd]	Wie **h** in *Hand*
	who [hu:]	
[l]	**l**uck [lʌk]	Wie **l** in *Lager*
[r]	**r**un [rʌn]	Klingt anders als das deutsche **r** – eher wie ein *r* mit einem **u** davor!
[j]	**y**es [jes]	Wie **j** in *ja*, *Jahr*
	year [jɪəʳ]	
[w]	**w**indow [ˈwɪndəʊ]	Dieser Laut hat nichts mit dem deutschen **w** zu tun! Er wird eher wie ein **kurzes u** gesprochen und bekommt erst in der Verbindung zum Folgevokal den typischen Klang, der entsteht, wenn der u-Kussmund ruckartig nach hinten in die Breite gezogen wird und ein kurzes **u(w)** e**äh** entsteht.
	water [ˈwɔ:təʳ]	
[ʤ]	**j**am [ʤæm]	Wie **j** in *Job* und **g** in *Gentleman* **Dsch**ungel
	jungle [ˈʤʌngl]	
	Germany [ˈʤɜ:məni]	

Bitte beachten Sie, dass **Konsonanten oft nicht gesprochen** werden (→ siehe dazu auch S. 449).

b: lamb/climb/debt   [læm/klaim/det]
d: sandwich/Wednesday/handbag   [ˈsænwɪʤ/ˈwenzdei/ˈhænbæg]
h: hour/honour   [aʊəʳ/ˈɒnəʳ]
k: know/knuckle   [nəʊ/ˈnʌkl̩]
l: walk/talk/half   [wɔ:k/tɔ:k/hɑ:f]
n: autumn   [ˈɔ:təm]
p: psychology   [saiˈkɒləʤi]
r: theatre/ladder   [ˈθɪətəʳ/ˈlædəʳ]
s: island/aisle   [ˈailənd/ail]
t: listen/often/Christmas   [ˈlɪsən/ˈɒfən/ˈkrɪsməs]
u: biscuit/guest   [ˈbɪskɪt/gest]
w: answer/sword   [ˈɑ:n(t)səʳ/sɔ:d]

Doppellaute

Doppellaute (*diphthongs*) werden **aus zwei Vokallauten** zusammengesetzt.
Sie müssen nicht unbedingt durch zwei Buchstaben im Alphabet dargestellt
werden. Sie können genauso durch einen Buchstaben, wie in *I* [aɪ], oder gar
durch drei Buchstaben, wie in **eye** [aɪ], in der Schreibung wiedergegeben
werden.

Lautzeichen	Beispielwort	Aussprachetipps
[ɪə]	**ear** [ɪəʳ] **here** [hɪəʳ]	Klingt fast wie **ier** in *hier* – das *r* darf aber nicht mitgesprochen werden!
[ʊə]	**ju**ry [ˈʤʊəri] **tour** [tʊəʳ]	Klingt wie **ur** in *Kur* – das *r* darf aber nicht mitgesprochen werden!
[eɪ]	pl**a**ne [pleɪn] s**ai**l [seɪl] **eigh**th [eɪtθ]	Klingt wie **äi** oder **ey** in *hey*!
[eə]	h**air** [heəʳ] h**eir** [eəʳ]	Wie **är** in *Bär* – das *r* darf aber nicht mitgesprochen werden!
[əʊ]	n**o**se [nəʊz] **o** [əʊ] t**oe** [təʊ]	Man spricht zuerst ein **Schwa** (→ S. 17) und dann direkt ein **kurzes u**.
[ɔɪ]	b**oy** [bɔɪ] **joy** [ʤɔɪ]	Wie **oi** in *oijoijoi*!
[aɪ]	**eye** [aɪ] FBI [ˌefbiːˈaɪ]	Wie **ei** in *Ei* oder *leise*

! Es gibt auch Laute, die aus drei Vokallauten zusammengesetzt
werden (*triphthongs*). z. B. **sour** [ˈsaʊəʳ] und **fire** [ˈfaɪəʳ].

Betonung

Man unterscheidet Wortbetonung und Satzbetonung.

In der **Wortbetonung** (*word stress*) wird eine Silbe (→ S. 14) in einem Wort hervorgehoben – d. h. etwas lauter, etwas länger und etwas höher gesprochen als die daneben liegenden Silben.

Jedes Wort enthält mindestens eine betonte Silbe, Wörter mit mehr als zwei Silben haben eine **Haupt-** und eine **Nebenbetonung**. Die Hauptbetonung wird mit ['], die Nebenbetonung mit [,] gekennzeichnet.

> ! Die Wortbetonung ist wichtig, weil durch eine falsche Betonung das Wort seltsam klingt oder überhaupt nicht verstanden wird. Eine falsche Betonung kann manchmal ein Wort zu einem anderen machen, z. B. 'desert (*Wüste*) und de'sert (*desertieren*).

Die **Satzbetonung** (*sentence stress*) entsteht durch Betonung einzelner Wörter in einem Satz und durch Geschwindigkeit, Tonlage und Heben oder Senken der Stimme.

> ! Sätze haben mindestens eine Hauptbetonung und oft mehrere Nebenbetonungen. Die Satzbetonung ist im Englischen besonders wichtig, da Veränderungen in der Betonung den Sinn des Satzes grundlegend verändern können.

Wortbetonung

Etwa ein Drittel der englischen Wörter sind germanischen Ursprungs. Somit ist bei vielen englischen und deutschen Wörtern die Wortbetonung gleich und liegt **auf der ersten Silbe**.

ˈunder – ˈunter   ˈover – ˈüber   ˈfather – ˈVater

Aber auch Wörter anderen Ursprungs (z. B. aus dem Griechischen, Lateinischen oder Französischen) mit bis zu drei Silben werden häufig auf der ersten Silbe betont.

ˈofficer   ˈadmiral   ˈpolitics   ˈinterview

Manchmal kann die Betonung auch **auf der zweiten Silbe** liegen.

comˈputer   reˈception   reˈcorder   imˈportant

Viele Wörter mit mehr als drei Silben werden **auf der drittletzten Silbe** betont.

moˈnopoly   geˈometry   aˈrithmetic   caˈtastrophe

Bei einigen wird aber **die zweitletzte Silbe** hervorgehoben.

teleˈscopic   underˈwater   biodyˈnamic   bioengiˈneering

 Achtung: Je nach Wortart kann sich die Betonung ändern.

the ˈexport   aber: to exˈport
the ˈoverflow   aber: to overˈflow
the ˈconduct   aber: to conˈduct
the ˈincrease   aber: to inˈcrease
ˈItaly   aber: Iˈtalian
Jaˈpan   aber: Japaˈnese
ˈphoto   aber: phoˈtographer und photoˈgraphic

Satzbetonung

Welche Wörter in einem Satz betont werden, hängt davon ab, was der

Sprecher mitteilen will und natürlich von dem Kontext, in dem der Satz gesprochen wird. Der Mitteilungswert eines Wortes entscheidet also darüber, ob und wie stark es im Satz betont wird – diese Wörter nennt man **Inhaltswörter** (*content words*). In den folgenden Beispielsätzen wird die Mitteilung geändert, je nachdem welches Wort betont wird.

Wer?	**George** wanted to phone me yesterday.	(not Fred …)
Was?	George **wanted** to phone me yesterday.	(but didn't …)
Was?	George wanted to **phone** me yesterday.	(not visit …)
Wen?	George wanted to phone **me** yesterday.	(not Ian …)
Wann?	George wanted to phone me **yesterday**.	(not today …)
	George wollte mich gestern anrufen.	

Starkton- und Schwachtonformen

Manche Wörter können unterschiedlich ausgesprochen werden, je nachdem ob sie im Satz besonders betont werden oder nicht. Man spricht hier von Starkton- und Schwachtonformen.

Die **Starktonform** (*strong form*) wird verwendet, wenn ein Wort ganz besonders hervorgehoben werden soll. Hat ein Wort keine besondere Betonung im Satz wird die **Schwachtonform** (*weak form*) benutzt.

Unbetonte Wörter werden generell schneller und in Schwachtonform gesprochen. Starktonformen haben im Englischen vor allem Artikel, Pronomen, Präpositionen, Konjunktionen und Hilfsverben, alle anderen Wörter haben nur eine Schwachtonform. Hier ein paar Beispiele:

Wort	Starktonform	Schwachtonform
a	[eɪ]	[ə]
am	[æm]	[əm]
and	[ænd]	[ənd]
for	[fɔːˈ]	[fəˈ]
him	[hɪm]	[ɪm]
the	[ðiː]	[ðə]

I didn't say **a** [eɪ] man, I said **the** [ðiː] man!
Ich habe nicht ein Mann, sondern der Mann gesagt!

Diese starke Betonung einzelner Wörter in einem Satz dient immer einem **ganz speziellen Zweck** (Hervorhebung, Kontrast, Klarstellung usw.) und wird im Englischen **häufiger** verwendet als im Deutschen.

° Intonation

Silben und Wörter werden in einem Satz mit unterschiedlicher Tonhöhe, in unterschiedlicher Lautstärke, Länge und Rhythmus ausgesprochen. Dieses Zusammenspiel der verschiedenen Aspekte wird **Satzmelodie** oder Intonation (*intonation*) genannt.

You're not frightened, are you?

Im Englischen ist die Satzmelodie beim Sprechen sehr wichtig. Sie bestimmt, ob etwas freundlich, höflich, bestimmt oder unhöflich klingt. Falsche Intonation führt auch zu einer falschen Interpretation. So kann zum Beispiel eine Frage unbeabsichtigt und unwissentlich leicht zu einem Befehl werden. Ein *Yes* kann je nach Intonation *I agree.*, *Perhaps it's true.*, *You can't be serious.* oder *Wow – you're absolutely right.* bedeuten.

Im Englischen gibt es mehrere Intonationsarten, die wichtigsten sind: fallende Intonation, steigende Intonation und fallend-steigende Intonation. Intonation und Satzbetonung sind eng verbunden, da die Intonationsbewegung mit der Betonung einhergeht.

Bei **fallender Intonation** (*falling intonation*) fällt die Satzmelodie auf der wichtigsten (betonten) Silbe zum Satzende hin ab. Bei **steigender Intonation** (*rising intonation*) steigt dagegen die Satzmelodie zum Satzende hin an. Bei **fallend-steigender Intonation** (*dipping intonation*) fällt die Intonation zuerst und steigt danach.

(:ə) Wenn man zu häufig eine fallende Intonation anwendet, kann man **unhöflich** wirken. Eine zu flache Intonation wirkt **desinteressiert**, gelangweilt und langweilig und manchmal auch unfreundlich.

Intonation bei Aussage-, Aufforderungs- und Fragesätzen

Bei **Aussagesätzen** geht man meist mit der Stimme am Satzende herunter (fallende Intonation).

I don't know.   *Ich weiß nicht.*

Auch bei **Befehlen** und kurzangebundenen **Anweisungen** wird eine fallende Intonation benutzt.

Come here.   Ask John.
Komm her.   *Frag John.*

Bei **Entscheidungsfragen** (*Ja-/Nein*-Fragen, → S. 384), verwendet man meist eine steigende Intonation.

Is Tom here?   *Ist Tom hier?*

Can I leave it with you?   *Kann ich es dir überlassen?*

Allein durch das **Heben der Stimme** ist es auch möglich, eine Frage zu formulieren, ohne die grammatische Struktur eines Fragesatzes einzuhalten.

You saw her last week?   *Du hast sie letzte Woche gesehen?*

Bei **Ergänzungsfragen** (*wh*-Fragen, → S. 387) wird oft eine fallende Intonation benutzt.

What time does he arrive?   *Um wie viel Uhr kommt er an?*

Bei **Fragen**, die ironisch gemeint sind oder einen Zweifel ausdrücken, wird ebenfalls eine fallende Intonation benutzt. Um Missverständnisse zu vermeiden, sollte man bei „normalen" Fragen eine steigende Intonation benutzen – dadurch wirkt die Frage **freundlicher** und **interessierter**.

So, when do you think John's coming?
(freundlich, erwartend – der Sprecher freut sich, dass John kommt.)

So, when do you think John's coming?
(ironisch – der Sprecher zweifelt, dass John kommt.)
Also, wann glaubst du, dass John kommt?

Fragen, in denen nach zwei **Alternativen** gefragt wird, können verschiedene Intonationsformen haben, je nachdem, was der Fragende als Antwort erwartet.

Would you like a cup of tea or coffee?
Möchten Sie eine Tasse Tee oder Kaffee?
(Die Antwort könnte *Tee, Kaffee* oder *gar nichts* sein.)

Did you see a film or a play?
Hast du einen Film oder ein Theaterstück gesehen?
(Beide Antworten sind zwar möglich, aber nur eine ist die Richtige.)

Kurzfragen

Die erwartete Antwort auf eine Kurzfrage (→ S. 390) bestimmt, ob die Kurzfrage mit einer fallenden oder steigenden Intonation gesprochen wird. Der Aussagesatz vor der Kurzfrage hat meist eine fallende Intonation.

Wenn eine **Bestätigung** als Antwort erwartet wird, hat die Kurzfrage meist eine **fallende Intonation**.

They are going to be late, aren't they? – Yes, they are.
Sie werden zu spät kommen, nicht wahr? – Ja, das werden sie.

She didn't talk to him, did she? – No, she didn't.
Sie hat nicht mit ihm geredet, oder? – Nein, das hat sie nicht.

Wenn die Stimme bei einer Kurzfrage nach oben geht (**steigende Intonation**), wird **Yes** oder **No** als Antwort erwartet.

He has gone to Scotland, hasn't he? – Yes, he has./No, he hasn't.
Er ist nach Schottland gefahren, oder? – Ja./Nein.

He didn't ask, did he? – Yes, he did./No, he didn't.
Er hat nicht gefragt, oder? – Ja./Nein.

Wenn man allerdings **Zweifel** anmelden oder **Ironie** zum Ausdruck bringen will, kann bei einer Frage auch die Stimme abfallen.

You don't really think he believes you, do you?
Du glaubst doch nicht wirklich, dass er dir glaubt, oder?

SUBSTANTIVE

ÜBERSICHT

Substantive bezeichnen Lebewesen, Gegenstände und Begriffe.

Begleiter der Substantive → S. 30

Substantive können von Artikeln (**the** man), Pronomen (**my** mother), Adjektiven (**old** dog) und Zahlen (**seven** days) begleitet werden.

Singular und Plural → S. 31

Substantive gibt es im **Singular** (Einzahl) und im **Plural** (Mehrzahl).

garden – garden**s** party – part**ies** man – **men**

zählbar/unzählbar → S. 39

Substantive können **zählbar** und **unzählbar** sowie **konkret** und **abstrakt** sein.

dog, table, man … (zählbar) time, water, money … (unzählbar)

chair, sand … (konkret) information, opinion … (abstrakt)

Das Genitiv → S. 46

Der Gentiv drückt Besitz bzw. Zugehörigkeit aus. Man unterscheidet den *'s-Genitiv* und den *of-Genitiv*.

Lukas**'s** birthday windows **of** his flat

männlich/weiblich/sächlich → S. 50

Substantive haben ein grammatisches Geschlecht (Genus) und können **männlich** (Peter), **weiblich** (mother) oder **sächlich** (house) sein.

Was ist ein Substantiv?

Substantive sind **Namenwörter**. Sie bezeichnen sämtliche Lebewesen, Gegenstände und Begriffe. Substantive werden auch Hauptwörter genannt.

(i) Die meisten Substantive sind im Englischen **sächlich** und werden **kleingeschrieben**.

Man unterscheidet zwischen **konkreten** und **abstrakten** sowie zwischen **zählbaren** und **unzählbaren** Substantiven.

chair/chairs	*Stuhl/ Stühle*	(konkret, zählbar)
sand	*Sand*	(konkret, unzählbar)
opinion/opinions	*Meinung/-en*	(abstrakt, zählbar)
information	*Information*	(abstrakt, unzählbar)

Die meisten Substantive (außer am Satzanfang, → siehe S. 433) werden im Englischen **kleingeschrieben**, ausgenommen sind Namen (auch geographische Namen, Namen von Bauwerken und Namen von Organisationen, Religionen und Institutionen), Titel und Anreden, Wochentage, Monate und Festtage (→ siehe S. 433).

Begleiter der Substantive

Allen Substantiven kann ein Begleiter vorangestellt werden.

Zu den Begleitern gehören **der bestimmte Artikel *the*** (→ S. 56) und **der unbestimmte Artikel *a/an*** (→ S. 64).

the man	*der Mann*	**the** ice	*das Eis*
a book	*ein Buch*	**an** hour	*eine Stunde*

Auch **Pronomen** (→ S. 70) können Substantive begleiten. Dann ersetzen sie den Artikel.

Possessivpronomen:	**my** father	*mein Vater*
Demonstrativpronomen:	**this** weather	*dieses Wetter*
Fragepronomen:	**whose** clothes	*wessen Kleider*
Indefinitpronomen:	**all** boys	*alle Jungen*

Manchmal geht einem Substantiv ein **Adjektiv** (→ S. 290) voran.

| **a pretty** girl | *ein hübsches Mädchen* | **green** eyes | *grüne Augen* |

Vor einem Substantiv kann auch eine **Zahl** (→ S. 352) stehen.

| **two** cars | *zwei Autos* | **150** years | *150 Jahre* |

 Substantive ohne Begleiter

Substantive können auch ohne Begleiter stehen.

| I'll see you on Monday. | *Wir sehen uns am Montag.* |
| Can you come to dinner? | *Können Sie zum Abendessen kommen?* |

→ siehe ‚Wegfall des Artikels' S. 60

Numerus: Singular und Plural

Regelmäßige Pluralbildung mit -s

Die meisten englischen Substantive sind zählbar, sie können im Singular (Einzahl) und im Plural (Mehrzahl) stehen. Man bildet den Plural durch das Anhängen von **-s** an die Singularform des Wortes.

WORTARTEN

Singular		Plural	Übersetzung
one car	→	two cars	ein Auto/zwei Autos
girl	→	girls	Mädchen
idea	→	ideas	Idee/Ideen
garden	→	gardens	Garten/Gärten
horse	→	horses	Pferd/Pferde
toe	→	toes	Zeh/Zehen
toy	→	toys	Spielzeug

The boys were repairing their bicycles when the girls arrived.
Die Jungen reparierten ihre Fahrräder, als die Mädchen eintrafen.

Substantive auf -y

Endet ein Substantiv im Singular auf einen **Konsonanten** (→ S. 18) **+ y**, so
wird im Plural das **y** meist zu *ie* vor der Pluralendung **-s**.

Singular		Plural	Übersetzung
party	→	parties	Party/Partys
ferry	→	ferries	Fähre/Fähren
nationality	→	nationalities	Nationalität/Nationalitäten
strawberry	→	strawberries	Erdbeere/Erdbeeren

They went out to pick strawberries.
Sie sind hinausgegangen, um Erdbeeren zu pflücken.

Ausnahme – Namen auf -y

Eine Ausnahme sind Namen. Hier bleibt das **-y** im Plural erhalten.

The Murphys are from Ireland.   *Die Murphys kommen aus Irland.*

Substantive auf -s, -ss, -ch, -sh, -x oder -z

Bei Substantiven, die im Singular auf **-s**, **-ss**, **-ch**, **-sh**, **-x** oder **-z** enden, hängt man im Plural **-es** an.

Singular		Plural	Übersetzung
bus	→	**buses**	*Bus/Busse*
dress	→	**dresses**	*Kleid/Kleider*
church	→	**churches**	*Kirche/Kirchen*
bush	→	**bushes**	*Busch/Büsche*
box	→	**boxes**	*Kiste/Kisten*
quiz	→	**quizes**	*Ratespiel/Ratespiele*

All the girls were wearing beautiful dress**es**.
Alle Mädchen trugen wunderschöne Kleider.

Substantive auf -f oder -fe

Endet ein Substantiv im Singular auf **-f** oder **-fe**, so wird im Plural **-f** bzw. **-fe** meist zu **-ves**.

Singular		Plural	Übersetzung
wife	→	**wives**	*Ehefrau/Ehefrauen*
knife	→	**knives**	*Messer*
leaf	→	**leaves**	*Blatt/Blätter*
thief	→	**thieves**	*Dieb/Diebe*
wolf	→	**wolves**	*Wolf/Wölfe*
calf	→	**calves**	*Kalb/Kälber*

 Vorsicht bei *roof*, *proof*, *chief* und *handkerchief*

Bei dem Plural von ***roof*** (*Dach*), ***proof*** (*Beweis*), ***chief*** (*Chef*)und ***handkerchief*** (*Taschentuch*) bleibt das **f** erhalten, es wird nur **-s** angehängt:

WORTARTEN

roofs, proofs, chiefs, handkerchiefs

Substantive auf -o

Bei den meisten Substantiven, die auf **-o** enden, wird im Plural – wie in der Grundregel – einfach ein **-s** angehängt:

Singular		Plural	Übersetzung
radio	→	**radios**	*Radio/Radios*
photo	→	**photos**	*Foto/Fotos*
piano	→	**pianos**	*Klavier/Klaviere*
zoo	→	**zoos**	*Zoo/Zoos*

They took a lot of photo**s** when they were on holiday.
Sie haben im Urlaub viele Fotos gemacht.

Allerdings gibt es hier Ausnahmen: Bei ein paar Substantiven, die auf einen **Konsonanten** (→ S. 18) **+ o** enden, wird im Plural ein **-es** angehängt:

Singular		Plural	Übersetzung
torpedo	→	**torpedoes**	*Torpedo/Torpedos*
hero	→	**heroes**	*Held/Helden*
tomato	→	**tomatoes**	*Tomate/Tomaten*
echo	→	**echoes**	*Echo/Echos*

The footballers were treated like hero**es**.   *Die Fußballer wurden wie Helden behandelt.*

Pluralbildung von zusammengesetzten Substantiven

Oft wenn man etwas näher beschreiben will, benutzt man im Englischen Begriffe, die aus **zwei oder drei Substantiven** zusammengesetzt werden. Im Plural steht meistens **das letzte Wort in der Mehrzahl**.

Singular		Plural	Übersetzung
window cleaner	→	**window cleaners**	*Fensterputzer*
chair leg	→	**chair legs**	*Stuhlbein/Stuhlbeine*
dinner-party conversation	→	**dinner-party conversations**	*Tischgespräch/-e*

The window cleaner**s** are coming on Monday.
Am Montag kommen die Fensterputzer.

Wenn aber ein Begriff aus **zwei Substantiven** mit *of* oder *in* zusammengesetzt wird, steht im Plural **das erste Wort in der Mehrzahl**.

Singular		Plural	Übersetzung
bird of prey	→	**birds of prey**	*Raubvogel/Raubvögel*
commander in chief	→	**commanders in chief**	*Oberbefehlshaber*

Eagles and buzzards are bird**s** of prey.　　*Adler und Bussarde sind Raubvögel.*

Unregelmäßige Pluralbildung

Substantive mit gleichen Formen in Singular und Plural

Es gibt im Englischen eine Reihe von zählbaren Substantiven, die **in der Mehrzahl die gleiche Form** haben wie in der Einzahl. Hier die wichtigsten Beispiele:

Singular		Plural	Übersetzung
aircraft	→	**aircraft**	*Flugzeug/Flugzeuge*
crossroads	→	**crossroads**	*Kreuzung/Kreuzungen*
deer	→	**deer**	*Hirsch/Hirsche*
gasworks	→	**gasworks**	*Gaswerk/Gaswerke*
headquarters	→	**headquarters**	*Hauptsitz/Hauptsitze*
moose	→	**moose**	*Elch/Elche*

WORTARTEN

series	→ series	*Serie/Serien*
sheep	→ sheep	*Schaf/Schafe*
species	→ species	*Art/Arten*

They went over two **crossroads** and then turned left at the third **crossroads**.
Sie überquerten zwei Kreuzungen und bogen dann an der dritten Kreuzung links ab.

Substantive mit unterschiedlichen Formen in Singular und Plural

Es gibt im Englischen eine Reihe von unregelmäßigen Pluralformen. Hier die wichtigsten Beispiele:

Singular	Plural	Übersetzung
one man	→ **several men**	*ein Mann/einige Männer*
woman	→ **women**	*Frau/Frauen*
child	→ **children**	*Kind/Kinder*
person	→ **people**	*Person/Personen*
foot	→ **feet**	*Fuß/Füße*
tooth	→ **teeth**	*Zahn/Zähne*
goose	→ **geese**	*Gans/Gänse*
mouse	→ **mice**	*Maus/Mäuse*
analysis	→ **analyses**	*Analyse/Analysen*
crisis	→ **crises**	*Krise/Krisen*
phenomenon	→ **phenomena**	*Phänomen/Phänomene*

He had to learn to stand on his own two **feet**.
Er musste lernen auf eigenen Füßen zu stehen.

Persons

Die Pluralform von ***person*** kann auch ganz normal durch das Anhängen von **-s** gebildet werden: ***persons***. Allerdings wird diese Form heute sehr selten in der Umgangssprache verwendet. Sie kommt jedoch in der formellen Schriftsprache vor.

This law is not applicable to **persons** under the age of 16.
Personen unter 16 Jahren fallen nicht unter dieses Gesetz.

 People

Das Wort *people* hat zwei Bedeutungen: *Personen/Leute* sowie *Volk*. Das Wort wird immer von einem Verb im Plural begleitet.

The **people** are waiting outside.
Die Leute warten draußen.
The **people** of America are electing a new President.
Das amerikanische Volk wählt einen neuen Präsidenten.

Ist die Bedeutung *Völker* gemeint, wird bei *people* ein **-s** angehängt.

The people**s** of the world unite.   *Die Völker der Erde vereinigen sich.*

Besonderheiten bei der Aussprache von Pluralformen

s-Laut

Endet ein Substantiv im Singular auf **-p**, **-t**, **-k** oder **-th** [θ], so spricht man die Endung **-s** im Plural **stimmlos** (→ S. 18), d. h. als [s] aus.

Wort		Lautschrift	Übersetzung
sho**ps**	→	[ʃɒps]	*Geschäfte*
stree**ts**	→	[stri:ts]	*Straßen*
boo**ks**	→	[bʊks]	*Bücher*
mo**ths**	→	[mɒθs]	*Motten*

Ausnahme: *mouth*

Während das ***th*** [θ] in ***mouth*** [maʊθ] im Singular stimmlos ist, wird in der Pluralform ***mouths*** das ***th*** [ð] stimmhaft ausgesprochen. Dann ist auch der ***s-***Laut stimmhaft (wie in clothes [kləʊ(ð)z]).

z-Laut

Nach Vokalen (*a*, *e*, *i*, *o*, *u*, → S. 16) und den Lauten *b*, *d*, *g*, *l*, *m*, *n*, *th* [ðə] und *v* wird im Plural das *-s* am Ende des Wortes **stimmhaft** (→ S. 18), d. h. als [z] ausgesprochen.

Wort		Lautschrift	Übersetzung
are**as**	→	['eəriəz]	*Gebiete*
be**es**	→	[bi:z]	*Bienen*
gn**us**	→	[nu:z]	*Gnus*
bo**ys**	→	[bɔɪz]	*Jungen*
clu**bs**	→	[klʌbz]	*Klubs*
bir**ds**	→	[bɜ:dz]	*Vögel*
mu**gs**	→	[mʌgz]	*Becher*
gir**ls**	→	[gɜ:lz]	*Mädchen*
plu**ms**	→	[plʌmz]	*Pflaumen*
bi**ns**	→	[bɪnz]	*Mülleimer*
clo**thes**	→	[kləʊðz]	*Kleider*
kni**ves**	→	[naɪvz]	*Messer*

iz-Laut

Nach *s*, *ss*, *ch*, *sh*, *x*, *z* und nach *dge* [ʤ] wird im Plural das *-(e)s* am Ende des Wortes **stimmhaft** (→ S. 18), d. h. als [iz] ausgesprochen.

Wort		Lautschrift	Übersetzung
bu**ses**	→	[bʌsiz]	*Busse*
bo**sses**	→	[bɒsiz]	*Chefs*
chur**ches**	→	[tʃɜːtʃiz]	*Kirchen*
wi**shes**	→	[wɪʃiz]	*Wünsche*
bo**xes**	→	[bɒksiz]	*Kisten*
ju**dges**	→	[dʒʌdʒiz]	*Richter*

° Zählbare und nicht zählbare Substantive

Zählbare Substantive

Zählbare Substantive sind Substantive, die man **zählen kann**, man kann also *ein/eine, zwei, drei, einige* usw. davor setzen. Sie haben eine eigene Pluralform. Die meisten **konkreten** Substantive sind zählbar.

chair/chairs   *Stuhl/Stühle*   carrot/carrots   *Karotte/Karotten*
table/tables   *Tisch/Tische*   lamp/lamps   *Lampe/Lampen*

Unzählbare Substantive

Unzählbare Substantive sind Substantive, die man **nicht zählen kann**, d. h. man kann weder den unbestimmten Artikel (*a/an*) noch *zwei, drei, vier* usw. davor setzen. Viele **abstrakte** Substantive sind unzählbar.

Zu den unzählbaren Substantiven gehören:

• **Flüssigkeiten**

water   *Wasser*   milk   *Milch*   oil   *Öl*
tea   *Tee*   coffee   *Kaffee*   wine   *Wein*

(ABC)   Für genaue Mengenangaben bei Flüssigkeiten werden z. B. folgende Ausdrücke gebraucht.

a/one litre of water	*ein Liter Wasser*	**two glasses of** wine	*zwei Gläser Wein*
a/one cup of coffee	*eine Tasse Kaffee*	**several cans of** coke	*einige Dosen Cola*
a bottle of beer	*eine Flasche Bier*		

- ## Lebensmittel

sugar	*Zucker*	bread	*Brot*	soup	*Suppe*
flour	*Mehl*	butter	*Butter*	chocolate	*Schokolade*
cheese	*Käse*	rice	*Reis*	salt	*Salz*

(ABC) Für **genaue Mengenangaben bei Lebensmitteln** werden häufig folgende Ausdrücke gebraucht.

a pound of sugar	*ein Pfund Zucker*	**a tin of** soup	*eine Dose Suppe*
a slice of bread	*eine Scheiben Brot*	**ten bars of** chocolate	*zehn Tafeln Schokolade*
three loaves of bread	*drei Laib Brot*	**a piece of** cheese	*ein Stück Käse*

- ## Materialbezeichnungen

steel	*Stahl*	plastic	*Kunststoff*
wood	*Holz*	cotton	*Baumwolle*
coal	*Kohle*	glass	*Glas*

- ## Sammelbegriffe von Gegenständen

jewellery	*Schmuck*	machinery	*Maschinerie*
cutlery	*Besteck*	crockery	*Geschirr*
furniture	*Möbel*	luggage	*Gepäck*

 Sammelbegriffe von Gegenständen enden häufig auf **-ry**.

- **Abstrakte Begriffe**

weather	*Wetter*	knowledge	*Wissen*
money	*Geld*	damage	*Beschädigung*
information	*Information*	work	*Arbeit*

Alle oben genannten Substantive haben keine Pluralform mit -s. Sie sind unzählbar und stehen mit einem Verb im Singular.

News

News endet mit **-s** und sieht aus wie ein Wort im Plural, ist aber Singular, d. h. dass auch das Verb im Singular stehen muss.

That is wonderful news. *Das ist eine wunderbare Nachricht.*

Mengenangaben mit unzählbaren Substantiven

Unbestimmte Mengenangaben mit unzählbaren Substantiven werden z. B. mit Hilfe von **a lot of** (*viel*), **some** (*einige, etwas*), **any** (*etwas*), **(not) much** (*(nicht) viel*), **little** (*wenig*), **no** (*kein(e)*) gebildet.

Do you have any information? No, not much.
Hast du irgendwelche Nachrichten? Nein, nicht viele.
There is no bread in the house. I'll have to buy some.
Es gibt kein Brot im Haus. Ich werde etwas kaufen müssen.

Für **bestimmte Mengenangaben bei Materialbezeichnungen, Sammelbegriffen** und **abstrakten Begriffen**, kann man sich mit folgenden Ausdrücken behelfen.

one piece of wood *ein Holzstück*	**a piece of** furniture *ein Möbelstück*
two bits of advice *zwei Ratschläge*	a news **item** *eine Nachricht*

The table was made of wood.
Der Tisch wurde aus Holz gemacht.

⠶

∴ ∴

The table was made from **one piece of** wood.
Der Tisch wurde aus einem Stück Holz gemacht.

The most important **news items** are on the front page
Auf der ersten Seite findet man die wichtigsten Nachrichten.
They bought three new **pieces of furniture**; a table and two chairs.
Sie haben drei neue Möbelstücke gekauft; ein Tisch und zwei Stühle.

Paarsubstantive

Gegenstände, die grundsätzlich aus **zwei Teilen** bestehen, kommen im
Englischen nur in der Mehrzahl vor. Achtung: Hier muss natürlich auch das
Verb im Plural stehen.

trousers	*Hose*	glasses	*Brille*
scissors	*Schere*	jeans	*Jeans*
sunglasses	*Sonnenbrille*	pyjamas	*Schlafanzug*

The **trousers** he was wearing **were** dirty.
Die Hose, die er getragen hat, war schmutzig.

Ob es sich in einem Satz um einen oder mehrere Gegenstände handelt, geht
nur aus dem Kontext hervor.

Where **are** my **scissors**? kann also sowohl *Wo **ist** meine Schere?* als auch *Wo
sind meine Scheren?* bedeuten.

(ABC) Die genaue Anzahl dieser Gegenstände kann mit Hilfe von ***a/one
pair of*** oder ***two, three, four ... pairs of*** genannt werden.

Did you buy two or three **pairs of glasses?** *Hast du zwei oder drei Brillen gekauft?*
I'll only take **one pair of** jeans with me.   *Ich nehme nur eine Jeans mit.*

Pluralnomen

Pluralnomen werden **aus Adjektiven** gebildet und bezeichnen eine Gruppe von Personen, auf die das Adjektiv zutrifft. Sie werden immer mit dem bestimmten Artikel *the* benutzt.

the aged	*die Alten*	the blind	*die Blinden*
the good	*die Guten*	the just	*die Gerechten*
the rich	*die Reichen*	the poor	*die Armen*
the strong	*die Starken*	the weak	*die Schwachen*

David regularly collects money for the blind.
David sammelt regelmäßig Geld für die Blinden.

Substantive auf -*ics*

Substantive, die auf **-*ics*** enden, werden normalerweise im **Singular** verwendet. Das Verb steht im Singular.

athletics	*Leichtathletik*	gymnastics	*Gymnastik*
mathematics	*Mathematik*	physics	*Physik*
economics	*Wirtschaftwissenschaft*	politics	*Politik*

Mathematics **is** an important subject at school.
In der Schule ist Mathematik ein wichtiges Fach.

Wenn man nicht das Fachgebiet meint, sondern an einen **konkreten Kontext** und dabei an verschiedene Aspekte der Mathematik, Elektronik usw. denkt, werden die Substantive auf **-*ics*** im **Plural** verstanden. Dann steht auch das Verb im Plural.

The electronics in modern cars often **cause** problems.
Die Elektronik in modernen Autos verursacht öfters Probleme.
Company ethics **are** not what they used to be.
Die Firmenethik ist nicht, was sie früher war.

Kollektivwörter

Wörter, die eine **Gruppe** beschreiben, sind Kollektivwörter und **Singular**.

government	*Regierung*	staff	*Belegschaft*
team	*Team*	audience	*Publikum*
family	*Familie*	company	*Firma*

The audience is enjoying the play.
Das Publikum hat bei dem Stück Spaß.
The government has passed several new tax laws.
Die Regierung verabschiedete einige neue Steuergesetze.

Wenn der Fokus allerdings stärker auf den **Einzelpersonen** liegt, aus denen sich die Gruppe zusammensetzt, wird trotz der Singularform des Substantivs eine Konstruktion mit dem **Plural** bevorzugt.

Chelsea **is** playing VFB Stuttgart next week.
Chelsea spielt nächste Woche gegen den VFB Stuttgart.
(Hier denkt man an das Team Chelsea – also steht das Verb im Singular.)

The staff **are** not happy with their new working conditions.
Die Belegschaft ist unzufrieden mit den neuen Arbeitsbedingungen.
(Hier denkt man an die einzelnen Mitarbeitern – das Verb steht also im Plural.)

 Police

Das Wort *police* ist im Englischen immer **Plural**.

The police **are** already on their way.
Die Polizei ist bereits unterwegs.
Some people think the police **are** underpaid.
Einige Menschen finden, dass die Polizei unterbezahlt ist.

Für einen einzelnen Polizisten wird *policeman*, *policewoman* oder *police officer* verwendet.

The **policewoman** gave him directions.   *Die Polizistin beschrieb ihm den Weg.*

Soll *police* mit dem **unbestimmten Artikel** verwendet werden, so muss man auf die Konstruktion *police force* ausweichen.

They would like to introduce a new **police force**.
Sie möchten eine neue Polizei einführen.

Ländernamen im Plural

Obwohl die Namen einiger Länder und Organisationen auf **-s** enden, werden sie nicht als Plural behandelt. Sie sind Singular und stehen auch mit einem Verb im Singular.

the United States   the United Nations

The Netherlands **is** often referred to as Holland.
Die Niederlande werden häufig als Holland bezeichnet.

Geldsummen, Maß, Gewicht und Zeit

Wenn ein Betrag, ein Gewicht, eine Menge oder eine Entfernung als **Einheit** gemeint ist, so folgt ein Verb im **Singular**, auch wenn eine Zahl davor steht.

She opened her bag and noticed that **three ten-pound notes were** missing.
Sie öffnete ihre Tasche und merkte, dass drei Zehnpfundnoten fehlten.
He looked into his wallet and discovered that **£145 was** missing.
Er schaute in sein Portemonnaie und entdeckte, dass ihm £145 fehlten.
(Hier folgt ein Verb im Singular, weil man an die **Summe** als Einheit denkt.)

He gave up smoking **three years** ago. Three years without a cigarette **is** a **long time**.
Vor drei Jahren hat er das Rauchen aufgegeben. Drei Jahre ohne eine Zigarette sind eine lange Zeit.
(Hier folgt ein Verb im Singular, weil man an die **Zeit** als Einheit denkt.)

He cycles 20 miles to work every day and **20 miles is** quite **far**.
Er fährt jeden Tag 20 Meilen mit dem Fahrrad zur Arbeit. 20 Meilen sind ziemlich weit.
(Hier folgt ein Verb im Singular, weil man an die **Entfernung** als Einheit denkt.)

WORTARTEN

Der Genitiv

Man benutzt den Genitiv, wenn man über **Besitz** bzw. **Zugehörigkeit** sprechen will, d. h. wenn man sagen will, wem etwas gehört oder wessen Gegenstand etwas ist. Im Englischen unterscheidet man den **'s-Genitiv** und den **of-Genitiv**.

Der s-Genitiv

Will man sagen, dass etwas oder jemand zu einer bestimmten **Person** oder zu einem **Lebewesen** gehört, verwendet man den **s-Genitiv**.

Der s-Genitiv wird bei den meisten **Wörtern im Singular** gebildet, indem man ein **'s** an das Substantiv hängt.

Michael**'s** house	*Michaels Haus*
the manager**'s** car	*das Auto des Managers*

Bei Namen und Personen, die auf **-s**, **-z**, **-ch** oder **-ss** enden, wird ebenfalls ein **'s** angehängt.

my boss**'s** office	*das Büro meines Chefs*
Lukas**'s** birthday	*Lukas' Geburtstag*

Bei **unregelmäßigen Pluralformen** ohne **-s** am Ende des Wortes, hängt man, wie bei den Wörtern im Singular, einfach ein **'s** an.

the men**'s** shoes	*die Schuhe der Männer*
the children**'s** boots	*die Stiefel der Kinder*

Bei **regelmäßigen Pluralformen** steht am Ende des englischen Wortes bereits ein **-s**. Hier wird das **'s** weggelassen und nur ein **'** (Apostroph) angehängt. Das Wort endet also mit einem Apostroph.

the passengers**'** suitcases	*die Koffer der Passagiere*
the parents**'** bedroom	*das Schlafzimmer der Eltern*

Aussprache der *s*-Endung

Die Aussprache der Endungen **'s/s'** ist wie bei den normalen Pluralendungen (→ siehe S. 37).

Endet das Substantiv auf **-p**, **-t**, **-k** , **-th** [θ], ist das s [s] **stimmlos** (→ S. 18).

the cat**'s** [kæts] basket	*der Korb der Katze*
the cats**'** [kæts] basket	*der Korb der Katzen*

Nach Vokalen (**a**, **e**, **i**, **o**, **u**, → S. 16) und den Lauten **b**, **d**, **g**, **l**, **m**, **n**, **th** [ðə] und **v** wird das **-s** [z] **stimmhaft** (→ S. 18).

the girl**'s** [gɜːlz] clothes	*die Kleider des Mädchens*
the employee**'s** [ɪmˈplɔɪiːz] work	*die Arbeit des Angestellten*

Nach **s**, **ss**, **ch**, **sh**, **x**, z und nach **dge** [ʤ] wird **-(e)s** [iz] am Ende des Wortes **stimmhaft** (→ S. 18).

the judge**'s** [ˈʤʌʤiz] verdict	*das Urteil des Richters*

Bei der Genitivendung **-s's**, **-z's**, **-ch's** und **-ss's** ist die Endung als [iz] hörbar – ähnlich wie bei **pieces** [ˈpiːsiz].

the boss**'s** [ˈbɒsiz] salary	*das Gehalt des Chefs*

Man kann in der Schriftsprache immer erkennen, ob es sich um **einen** oder **mehrere Besitzer** handelt. Dies ist bei dem gesprochenen Wort häufig nicht möglich und muss deshalb aus dem Kontext erschlossen werden.

the boy**'s** [bɔɪz] boat	(Hier hat ein Junge ein Boot.)
the boys**'** [bɔɪz] boat	(Hier haben zwei oder mehr Jungen ein Boot.)

Eigennamen auf -s

Bei Eigennamen, die auf **-s** enden, z. B. Mile**s**, Mr. Steven**s** usw., kann wahlweise ein weiteres **s** nach dem Apostroph gesetzt werden. Der Apostroph ist allerdings ein Muss.

Mile**s'** bike/Mile**s's** bike   Mr Steven**s'** car/Mr Steven**s's** car

Beim Sprechen wird aber überwiegend die zweite Variante (Aussprache mit [iz]) bevorzugt.

Der *s*-Genitiv als beschreibender Genitiv

Der *s*-Genitiv kann auch benutzt werden, um sein Bezugswort **näher zu beschreiben**, nicht um Besitz auszudrücken.

winter's day	*Wintertag*
the children**'s** hospital	*das Kinderkrankenhaus*
children**'s** shoes	*Kinderschuhe* oder *die Schuhe der Kinder*

Während die Bedeutung von *children's hospital* klar ist, weil es sehr unwahrscheinlich ist, dass das Krankenhaus den Kindern gehört, gibt es bei *children's* shoes zwei geläufige Verwendungen: Schuhe für Kinder und die Schuhe, die den Kindern gehören.

I bought my children's shoes in a shop which specializes in children's shoes.
Ich habe die Schuhe meiner Kinder in einem Geschäft gekauft, das sich auf Kinderschuhe spezialisiert hat.

Der *s*-Genitiv bei Zeitangaben

Der *s*-Genitiv wird bei konkreten Zeitangaben verwendet, z. B.:

in two years**'** time	*in zwei Jahren*
today**'s** youth	*die Jugend von heute*

Have you seen today**'s** newspaper?	*Hast du die Zeitung von heute gesehen?*
They are taking a three weeks**'** holiday.	*Sie nehmen einen dreiwöchigen Urlaub.*

Der *of*-Genitiv

Der *of*-Genitiv wird verwendet, wenn über die **Zugehörigkeit** von Gegenständen, Sachen oder Sachverhalten gesprochen wird, wenn also ein Gegenstand zu einem anderen Gegenstand und nicht zu einem Lebewesen gehört. Das gilt sowohl für den Singular als auch für den regelmäßigen und unregelmäßigen Plural.

The windows **of** his flat are enormous.   *Die Fenster seiner Wohnung sind riesengroß.*
They live in the centre **of** London.   *Sie wohnen im Zentrum von London.*
nicht: ... ~~the centre from London.~~

Bei Institutionen, Organisationen, Städten, Nationen und anderen **menschlichen Gemeinschaften** kann auch der **s-Genitiv** verwendet werden. Die Verwendung des **of-Genitiv** ist allerdings etwas förmlicher und deshalb im schriftlichen Englisch häufiger zu finden.

the headteacher **of** the school/the school**'s** headteacher
der Rektor/die Rektorin der Schule
the history **of** England/England**'s** history
die Geschichte Englands
the problems **of** the trade union/the trade union**'s** problems
die Probleme der Gewerkschaft

Some of the bridges **of** London/London**'s** bridges are very old.
Einige Brücken von London sind sehr alt.

Im Englischen wird häufig das **Bezugswort** nicht erwähnt, aber dennoch **mitverstanden**.

the baker**'s** (shop)   Gino**'s** (restaurant)
the doctor**'s** (surgery)   Jan and Emily**'s** (home)

Linda went to the butcher**'s** to buy some sausages.
Linda ging zum Metzger um Würstchen einzukaufen.

Christopher is at Jan and Emily**'s**.   *Christopher ist bei Jan und Emily.*

Die Verwendung von *of*-Genitiv oder *s*-Genitiv kann auch eine **unterschiedliche Bedeutung** ergeben.

We looked at the photos **of** Philip.
Wir schauten uns die Fotos von Philip an. (Philip ist auf den Fotos zu sehen.)

We looked at Philip**'s** photos.
Wir schauten uns Philips Fotos an. (Die Fotos gehören Philip, aber wir wissen nicht, was auf den Fotos zu sehen ist.)

Der doppelte Genitiv

Man verwendet den doppelten Genitiv, wenn man ausdrücken will, dass es sich um eine oder **mehrere Personen bzw. Gegenstände aus einer Gruppe** handelt. Er wird gebildet mit *of* + **'s**.

Paul is Tom**'s** friend.   *Paul ist Toms Freund.*
Paul is a friend **of** Tom**'s**.   *Paul ist einer von Toms Freunden.*
                                    (Wir suggerieren, dass Paul mehrere Freunde hat.)

I'm driving Robert**'s** car.   *Ich fahre mit Roberts Auto.*
I'm driving a car **of** Robert**'s**.   *Ich fahre mit einem von Roberts Autos.*

Das Genus: Männlich, weiblich und sächlich

Das Genus bezeichnet **das grammatikalische Geschlecht** von Wörtern. Die englischen Substantive werden in drei Geschlechter aufgeteilt: **männlich**, **weiblich** und **sächlich**.

Männlich und weiblich

Männlich und weiblich sind grundsätzlich nur **Personen und Personenbe-**

zeichnungen, z. B. Verwandtschaftsgrade, Berufe usw. Um welches Geschlecht es sich handelt, erfährt man nur aus dem Zusammenhang. Dabei helfen Namen und Pronomen (→ S. 70), die das entsprechende Substantiv ersetzen.

Our teacher lives alone; so **he** is very good at looking after **himself**.

Unser Lehrer lebt allein, deswegen kann er sich sehr gut selbst versorgen.

My cousin, Jane, has just returned from **her** holiday, **she** really enjoyed **herself**.

Meine Kusine Jane ist gerade aus ihrem Urlaub zurück, sie hatte viel Spaß.

(Im ersten Beispiel weiß man erst durch das Personalpronomen *he* später im Satz, dass es sich um einen männlichen Lehrer handelt. Im zweiten Satz hilft uns schon der Name *Jane*.)

Wenn das Geschlecht bei **Kindern** unbekannt oder unwichtig ist, wird **it** (→ S. 70) verwendet.

Don't worry about the child. **It**'s fine.

Mach dir keine Sorgen wegen des Kindes. Dem geht es gut.

Sächlich

Die meisten anderen Substantive, also **Gegenstände**, **Tiere**, **Pflanzen** und **abstrakte Begriffe**, sind im Englischen sächlich. Auf sie wird im Allgemeinen mit *it* (→ S. 70) Bezug genommen.

I like this **house**; **it** is very cosy. *Ich mag dieses Haus; es ist sehr gemütlich.*
Look at that **cat**; **it** is washing **itself**. *Schau dir die Katze an; sie wäscht sich.*

Tiere, zu denen man eine **engere Beziehung** hat, können männlich oder weiblich sein.

I like Rover. **He** is a very friendly dog.

Ich mag Rover. Er ist ein sehr freundlicher Hund.

Have you got a cat? Yes, **her** name is Sunny.
Hast du eine Katze? Ja, ihr Name ist Sunny.

Personen- und Berufsbezeichnungen

Manche Personen- und die meisten Berufsbezeichnungen können im Englischen **sowohl männlich als auch weiblich** sein.

friend	*Freund/Freundin*	doctor	*Arzt/Ärztin*
cousin	*Vetter/Kusine*	teacher	*Lehrer/Lehrerin*
guest	*Gast*	nurse	*Krankenschwester/Krankenpfleger*

Durch Voranstellen von *female/male*, *girl/boy* kann man eine klare Unterscheidung erreichen.

male nurse	*Krankenpfleger*	(männlich)
female teacher	*Lehrerin*	(weiblich)
boy/girlfriend	*Freund/in*	

 Politisch korrekte Formen

Einige **Berufsbezeichnungen** zeigen mit der besonderen Endung **-ess**, dass hier eine weibliche Person gemeint ist. Andere Berufe unterscheiden die Geschlechter durch die Endungen **-man/-men** und **-woman/ -women**.

actor/actr**ess**	police**man**/police**woman**
steward/steward**ess**	manager/manager**ess**

Allerdings wird zunehmend angestrebt, eine politisch korrekte Form zu finden. Das bedeutet, dass diese Bezeichnungen heute weniger benutzt werden und man häufiger eine **Bezeichnung für beide** nimmt – wie manager, author (author**ess** wird bereits heute fast überhaupt nicht mehr benutzt). Man weicht auch zunehmend auf neue Begriffe wie flight attendant (für *steward* und *stewardess*) oder police officer (für *policeman/woman*) aus.

Boyfriend/girlfriend

Die Bezeichnung **boy-** bzw. **girlfriend** wird im Englischen nur bei einer Liebesbeziehung verwendet.

Have you met Anne's new boyfriend, yet?
Hast du den neuen Freund von Anne schon getroffen?

Anreden und Titel

Titel und Anreden werden in der englischsprachigen Welt grundsätzlich **seltener** gebraucht als in einigen anderen Ländern. Im Allgemeinen geht man im Gespräch recht bald nach dem Kennenlernen zum Vornamen über. Oft spricht man sich auch von Beginn an ausschließlich mit dem Vornamen an. Dies entspricht aber nicht unbedingt dem vertrauten Verhältnis, das der Gebrauch von Vornamen in einigen anderen Ländern impliziert.

Mr, Mrs, Ms

Die allgemeine Anrede für **Männer** ist **Mr** (Mister).

Have you seen Mr (Ian) Taylor?   *Haben Sie Herrn Taylor gesehen?*

Für **Frauen** gibt es drei mögliche Anreden: **Miss**, **Mrs** und **Ms.** Hier sind auch die Unterschiede in der Aussprache zu beachten, vor allem zwischen *Miss* und *Ms*.

Ms [məz] gilt als **politisch korrekte Anrede** für Frauen – besonders in der Geschäftswelt, ungeachtet dessen, ob sie verheiratet sind oder nicht.

I have an appointment with Ms (Pauline) Jones at 10.30.

WORTARTEN

Ich habe um 10:30 einen Termin mit Frau Jones.

Mrs [ˈmɪsɪz] wird für **verheiratete Frauen** und häufig im Zusammenhang mit *Mr* verwendet. Vor allem bei Einladungen wird dabei oft der Vorname des Herrn miteinbezogen.

Have you sent the invitation to Mr and Mrs Ulrich Keller?
Haben Sie die Einladung an Herrn und Frau Keller geschickt?

Miss [mɪs] ist inzwischen etwas **altmodisch**, wird aber noch bei (jungen) unverheirateten Frauen und für Lehrerinnen (auch ohne Namen) an der Schule verwendet.

Dear Miss Drummond   *Sehr geehrtes Frl. Drummond*

Dr, Prof

Die Titel **Dr** und **Prof** werden immer allein verwendet, d. h. der Zusatz *Mr* oder *Ms* wird im Englischen in diesem Zusammenhang nicht hinzugesetzt.

We have invited Prof White to the conference.
Wir haben Herrn Prof. Dr. White zu der Konferenz eingeladen.
nicht: ~~Mr Prof Dr White~~

Der Titel **Dr** vor dem Namen wird im englischsprachigen Raum meistens nur für **Ärzte** benutzt.

I can recommend Dr Peters. He's an excellent surgeon.
Ich kann Herrn Dr. Peters empfehlen. Er ist ein ausgezeichneter Chirurg.

 Titel mit oder ohne Punkt?

Die Kurzformen **Mr** für Mister, **Dr** für Doctor usw. schreibt man immer groß und im **britischen Englisch** meist ohne Punkt (Mr White), im **amerikanischen Englisch** dagegen meist mit Punkt (Mr. White)

→ siehe auch ‚Zeichensetzung' S. 459

ARTIKEL

ÜBERSICHT

· ·

Artikel begleiten Substantive und Nominalgruppen → S. 56

Artikel treten nur in Verbindung mit Substantiven bzw. Nominalgruppen als deren Begleiter auf und stehen immer vor ihrem Bezugswort.

the house   **a** very old dog

Der bestimmte Artikel → S. 56

Der bestimmte Artikel *the* verweist auf auf Begriffe, die man schon kennt und wird entweder **[ðə]** oder **[ði]** ausgesprochen.

The sun is shining in **the** sky.   *Die Sonne scheint am Himmel.*   [ðə]
The apple was really tasty.   *Der Apfel war wirklich lecker.*   [ði]

Wegfall des Artikels → S. 60

In manchen Fällen wird kein Artikel verwendet.

Hans comes from Switzerland.   *Hans kommt aus der Schweiz.*
They arrived before midnight.   *Sie kamen vor Mitternacht an.*

Der unbestimmte Artikel → S. 64

Der unbestimmte Artikel *a* bzw. *an* begleitet zählbare Begriffe im Singular, die unbekannt, nicht näher bestimmt sind bzw. zum ersten Mal erwähnt werden.

I've bought **a** dress.   *Ich habe mir ein Kleid gekauft.*
Mr. Jones is **an** expert.   *Mr Jones ist ein Experte.*

Was ist ein Artikel?

Artikel sind begleitende Wörter, die vor einem Substantiv (→ S. 30) stehen oder eine Nominalgruppe (→ S. 371) einleiten.

Man unterscheidet zwischen dem bestimmten Artikel (*the*) und dem unbestimmten Artikel (*a/an*).

Der bestimmte Artikel

Wie das Adjektiv *bestimmt* bereits aussagt, verweist der bestimmte Artikel auf Begriffe, die man schon kennt.

Im Gegensatz zu vielen anderen Sprachen, die mehrere Artikel oder gar keine Artikel haben, haben im Englischen alle Substantive nur einen bestimmten Artikel: *the*. Er ist unveränderlich, d. h. der bestimmte Artikel wird für alle weiblichen und männlichen Lebewesen, Sachen, Gegenstände und abstrakten Dinge benutzt, ganz egal, ob sie im Singular oder Plural stehen, ob im Nominativ, Genitiv, Dativ oder Akkusativ.

the man	*der Mann*	**the** woman	*die Frau*
the child	*das Kind*	**the** children	*die Kinder*

The man is French.	*Der Mann ist Franzose.*
He liked **the** woman.	*Er mochte die Frau.*
I could have helped **the** children.	*Ich hätte den Kindern helfen können.*

Aussprache von *the*: [ðə] und [ði]

Obwohl die Schreibweise von *the* gleich bleibt, ändert sich manchmal die Aussprache. Vor Konsonanten (→ S. 18) sagt man *the* [ðə], vor Vokalen (→ S. 16) *the* [ði].

→ für die phonetische Lautschrift siehe S. 15

Dabei geht es nicht um den ersten Buchstaben, der am Anfang eines Wortes geschrieben steht, sondern um den jeweils ersten Laut, mit dem das

Wort ausgesprochen wird. Z. B. wird das Wort union zwar mit einem Vokal
(→ S. 16) am Anfang geschrieben, d. h. mit **u**, ausgesprochen wird das Wort
aber ['ju:njən], d. h. mit einem Konsonanten [j] am Anfang (→ siehe auch a/
an S. 65).

The **[ðə]** wird ausgesprochen vor Wörtern wie:

the founder	*der Gründer*	the game	*das Spiel*
the house	*das Haus*	the money	*das Geld*

und auch:

the unit	*die Einheit*	the university	*die Universität*
the Europeans	*die Europäer*		

Hier wird der Buchstabe **u** bzw. die Buchstaben **eu** [ju] ausgesprochen.

The **[ði]** wird ausgesprochen vor Wörtern wie:

the apple	*der Apfel*	the egg	*das Ei*
the ice	*das Eis*	the Indian	*der Inder*
the orange	*the orange*	the umbrella	*der Regenschirm*

und auch:

the hour	*die Stunde*	the honour	*die Ehre*

Hier ist der Buchstabe **h** stumm und wird nicht ausgesprochen, somit ist der
erste ausgesprochene Laut **au** [aʊ] bzw **a** [a].

Gebrauch des bestimmten Artikels

Der bestimmte Artikel wird gebraucht:

* beim Bezug auf etwas, was **bereits erwähnt** worden oder **allgemein
  bekannt** ist:

Did you take the dog for a walk?	*Hast du den Hund ausgeführt?*
(Wir wissen welcher Hund gemeint ist.)	

What is the name of the street?	*Wie heißt die Straße?*
(Wir wissen welche Straße gemeint ist.)	

- **vor Superlativen**

Tom is the youngest in the team.
Tom ist der Jüngste in der Mannschaft.
He goes to one of the best universities in the country.
Er besucht einer der besten Universitäten im Land.

- **vor einzigartigen Dingen**

The sun is shining in the sky.   *Die Sonne scheint am Himmel.*
Rome is the capital of Italy.   *Rom ist die Hauptstadt von Italien.*

- **vor Einrichtungen und anderen Begriffen mit *of***

the Tower **of** London   the Bank **of** England
the University **of** Cambridge   the South **of** France

- **vor einigen Sehenswürdigkeiten**

the White House   the Empire State building
the Bundestag   the Senate

- **meistens vor Hotels, Museen, Theatern und Kinos**

the Hilton Hotel   the Haymarket Theatre
the National Gallery   the Odeon Cinema

- **vor Zeitungen und Parteien**

the Sunday Times   the New York Times
the Republican Party   the Labour Party

- **vor Ozeanen, Meeren Flüssen und Kanälen**

the Atlantic Ocean   the Red Sea
the (River) Thames   the Suez Canal

- **vor Ländernamen im Plural**

the United States	the Netherlands
the Irish Republic	the United Kingdom

- **vor Straßen mit Nummern**

the M25	the A1

- **vor Adjektiven, die sich auf Gruppen beziehen**

the Italians	*die Italiener*
the unemployed	*die Arbeitslosen*

- **vor beruflichen und offiziellen Titel ohne Personennamen**

the CEO (Chief Exceutive Officer)	*der Geschäftsführer*
the Chancellor	*der Kanzler*

- **vor Musikinstrumenten**

She plays the piano and the violin.	*Sie spielt Klavier und Geige.*
I'd like to play the guitar.	*Ich würde gerne Gitarre spielen.*

- **nach *all* und *half***

All the engineers were involved.	*Alle Ingenieure waren mit einbezogen.*
Half the team was ill.	*Die halbe Mannschaft war krank.*

Hier finden Sie einige **Beispiele zur Verwendung des bestimmten Artikels** bei Redewendungen.

around-**the**-clock	*rund um die Uhr*
at **the** moment	*gerade*
behind **the** scenes	*hinter den Kulissen*
on **the** hour	*zur vollen Stunde*
to face **the** facts	*den Tatsachen ins Auge sehen*

WORTARTEN

in **the** end	*am Ende (der Geschichte), schließlich*
at **the** end	*am Ende (der Straße)*
on **the** whole	*im Großen und Ganzen*
on **the** other hand	*andererseits*
on **the** spot	*sofort*
(to be) out of **the** question	*nicht in Frage kommen*
with **the** help of	*mit Hilfe von*
with **the** exception of	*mit Ausnahme von*
at **the** expense of	*auf Kosten (von)*
from **the** beginning	*von Anfang an*

Wegfall des Artikels

In manchen Fällen wird kein Artikel verwendet. Man spricht hier von **Nullartikel** (*zero article*).

Kein Artikel wird benutzt:

- **bei Generalisierungen** mit Substantiven im Plural (Mehrzahl) oder mit unzählbaren Substantiven – auch wenn ein Adjektiv davor steht.

He likes reading books.	*Er liest gerne Bücher.*
She is studying modern art.	*Sie studiert moderne Kunst.*

- **vor Wochentagen und Monaten**

I'll see you on Monday.	*Wir sehen uns am Montag.*
She is going on holiday in June.	*Sie fährt im Juni in den Urlaub.*

- **vor beruflichen und offiziellen Titel mit Personennamen**

I'll call President Obama.	*Ich werde Präsident Obama anrufen.*
She saw Dr Dawson.	*Sie sah Dr. Dawson.*

- **vor Kontinenten, Ländern, Städten und Straßen** (→ siehe aber auch ‚Der bestimmte Artikel' S. 56)

Hans comes from Switzerland.	*Hans kommt aus der Schweiz.*
He is visiting Rome.	*Er besucht Rom.*

- **vor Mahlzeiten**

Can you come to dinner?	*Können Sie zum Abendessen kommen?*
What did you have for breakfast?	*Was hast du zum Frühstück gegessen?*

- **vor Institutionen** wie z. B. Universität, Krankenhaus, Kirche, Gefängnis, Schule usw. – wenn der Zweck der Einrichtung gemeint ist (→ siehe aber den Tipp unten).

The injured were taken to hospital.
Die Verletzten wurden ins Krankenhaus gefahren.
(Sie werden dort ärztlich behandelt.)

After the trial Toby was taken straight to prison.
Toby wurde nach der Verhandlung direkt ins Gefängnis gebracht.
(Er ist als Gefangener dort.)

Der Artikel bei öffentlichen Gebäuden und Institutionen

In vielen Fällen sind – je nach Kontext – **sowohl der bestimmte** Artikel **wie auch der unbestimmte Artikel** möglich. Die Bedeutung ist dann aber unterschiedlich. Wenn es um den eigentlichen Zweck der Einrichtung geht, wird der bestimmte Artikel verwendet, geht es dagegen um das Gebäude als Ort, wird der unbestimmte Artikel benutzt, z. B.:

When Jane was **in hospital** all the doctors were very friendly.
Als Jane im Krankenhaus war, waren alle Ärzte sehr freundlich.
(Wir sagen *in hospital* (also ohne Artikel), weil wir ausdrücken wollen, dass Jane dort ärztlich behandelt wurde, es geht also um den primären Zweck eines Krankenhauses.)

∷

Her mother went to **the hospital** every day to visit her.
Ihre Mutter ist jeden Tag ins Krankenhaus gefahren, um sie zu besuchen.
(Wir sagen *to the hospital*, weil wir das Krankenhaus als Gebäude meinen.)

Jane wants to work in **a hospital** one day, too.
Jane möchte eines Tages auch in einem Krankenhaus arbeiten
(Wir sagen *in a hospital*, weil wir irgendein Krankenhaus meinen.)

She met her boyfriend **at school** (when they were pupils).
Sie hat ihren Freund in der Schule kennengelernt (, als sie Schüler waren).
(Sie haben sich während der Schulzeit kennengelernt.)

I'll meet you at **the school**.
Wir treffen uns an der Schule.
(Die Schule ist hier nur der Treffpunkt.)

Amerikanisches und britisches Englisch

Im amerikanischen Englisch (AmE) stehen die Wörter *university* und
hospital immer mit einem Artikel.

BrE   She really enjoyed her time at university.
AmE   She really enjoyed her time at the university.
      Sie hat ihre Zeit an der Uni sehr genossen.

BrE   She has to spend six weeks in hospital.
AmE   She has to spend six weeks in the hospital.
      Sie muss sechs Wochen im Krankenhaus verbringen.

- **vor** *midday, noon, midnight,* **bei** *by day* **und** *at night*

They arrived before midnight.	*Sie kamen vor Mitternacht an.*
He needs the report by noon.	*Er braucht den Bericht bis Mittag.*
I don't like driving at night.	*Ich fahre nachts nicht gerne.*

- **vor Bergnamen** (aber nicht Bergketten) **und Seen**

Mont Blanc is one of the highest mountains in the world.
Mont Blanc ist einer der höchsten Berge der Welt.
Lake Constance is an important drinking water source for southwestern Germany.
Der Bodensee ist eine wichtige Wasserquelle für Südwestdeutschland.

- **vor Straßen, Plätzen und Parkanlagen**

Piccadilly Circus is near Trafalgar Square and Regent Street.
Piccadilly Circus ist in der Nähe von Trafalgar Square und Regent Street.
Hyde Park is a popular tourist attraction in London.
Hyde Park ist eine beliebte Sehenswürdigkeit in London.

- **vor Sportarten**

Basketball is one of her hobbies.	*Basketball ist eines ihrer Hobbies.*
A lot of boys play football.	*Viele Jungen spielen Fußball.*

- **vor Substantiven mit Zahlen**

We will meet him at gate 3.	*Wir treffen ihn am Tor 3.*
Mr Koops is in room 11.	*Herr Koops ist in Zimmer 11.*

Hier finden Sie einige Beispiele zur **Verwendung des Nullartikels** bei Redewendungen.

at first sight	*auf den ersten Blick*
to be at work	*bei/an der Arbeit sein*
by bus	*mit dem Bus*
by car	*mit dem Auto*
to go to bed	*ins Bett gehen*
by train	*mit dem Zug*
in public	*in der Öffentlichkeit*
to keep in mind	*im Gedächtnis behalten*
on time	*pünktlich (zur Zeit)*
in time	*rechtzeitig*

to lose sight of sth.	*etwas aus den Augen verlieren*
to lose interest in sth.	*das Interesse an etwas verlieren*
to lose patience	*die Geduld verlieren*
to be in office	*im Amt sein*
in reception	*in der Rezeption/Empfangshalle*
at reception	*an der Rezeption*
to go to town	*in die Stadt gehen/auch: sich besonders viel Mühe geben*
to be in town	*in der Stadt sein*

Der unbestimmte Artikel

Der unbestimmte Artikel begleitet unbestimmte **zählbare** Begriffe, die im **Singular** stehen und **unbekannt** sind bzw. **zum ersten Mal erwähnt** werden.

Man benutzt den unbestimmten Artikel, wenn man **neue Informationen** einführen will.

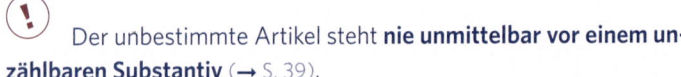 Der unbestimmte Artikel steht **nie unmittelbar vor einem un-zählbaren Substantiv** (→ S. 39).

Der unbestimmte Artikel heißt im Englischen *a* [eɪ] bzw. *an* [æn].

I bought **an** apple and **a** pear. **The** apple was a bit sour but **the** pear was delicious.
Ich habe einen Apfel und eine Orange gekauft. Der Apfel war etwas sauer, aber die Birne war köstlich.
(Im ersten Satz sagen wir *an* apple und *a* pear, weil wir das erste Mal darüber sprechen (unbestimmt). Im zweiten Satz sagen wir *the* apple und *the* pear, weil wir nun wissen, um welchen Apfel, welche Birne es sich handelt (bestimmt)).

a oder *an*?

Der Artikel *a* wird verwendet, wenn das folgende Wort mit einem gesprochenen Konsonanten (→ S. 18) anfängt.

a book	*ein (irgendein) Buch*	a cat	*eine (irgendeine) Katze*
a heart	*ein Herz*	a foot	*ein Fuß*
a man	*ein Mann*	a radio	*ein Radio*

Man gebraucht den Artikel *an*, wenn das folgende Wort mit einem gesprochenen Vokal (→ S. 16) anfängt.

an egg	*ein (irgendein) Ei*	an umbrella	*ein Regenschirm*
an ant	*eine Ameise*	an earring	*ein Ohrring*
an eye	*ein Auge*	an orange	*eine Orange*

Die Unterscheidung zwischen *a* und *an* beruht ausschließlich auf dem **gesprochenen** Laut, nicht auf dem geschriebenen Buchstaben – genau wie bei der Unterscheidung von *the* [ðə] und *the* [ði] (→ siehe S. 56).

Deshalb steht *a* vor Wörtern wie European, union oder one, obwohl diese Wörter mit einem Vokal (→ S. 16) am Anfang geschrieben werden. *Eu* bzw. *u* werden allerdings wie *you* [ju] ausgesprochen, *one* wird wie *won* [wʌn] (→ für phonetische Lautschrift siehe S. 15) ausgesprochen.

Germany is **a Eu**ropean country.	*Deutschland ist ein europäisches Land.*
They want to form **a u**nion.	*Sie wollen eine Gewerkschaft bilden.*
We live in **a o**ne-way street.	*Wir wohnen in einer Einbahnstrasse.*

Umgekehrt kann auch vor einem Wort, das mit einem Konsonanten (→ S. 18) beginnt, **der Artikel** *an* stehen. Das ist der Fall,

- wenn der Konsonant (→ S. 18) nicht ausgesprochen wird.

He'll be here in **an h**our.	*Er wird in einer Stunde hier sein.*
She is **an h**onest woman.	*Sie ist eine ehrliche Frau.*

(Hier wird in beiden Fällen das *h* nicht ausgesprochen)

→ siehe auch ‚Aussprache von *the*' S. 56

WORTARTEN

- bei Kurzwörtern, wenn die Buchstaben einzeln, d. h. wie die Laute im Alphabet, gesprochen werden.

an MBA student [ˌembiˈeɪ]	*ein MBA-Student*
an FBI agent [ˌefbiˈaɪ]	*ein FBI-Agent*
an LH plane [elˈeitʃ]	*ein LH-Maschine*
an SAS flight [ˌeseɪˈes]	*ein SAS-Flug*
an X-ray [ˈeksreɪ]	*ein Röntgenbild*
an SOS [ˌesəʊˈes]	*ein SOS*

Vergleichen Sie die Sätze:

James did **an MBA**.	*James hat ein MBA gemacht.*
James did **a M**aster of Business Administration.	

Betonung des unbestimmten Artikels

Im Allgemeinen werden sowohl *a* als auch *an* **unbetont** ausgesprochen.

Mr. Jones is an expert.	*Mr Jones ist ein Experte.*
Fred is a friend of mine.	*Fred ist ein Freund von mir.*

Der unbestimmte Artikel wird selten **betont** ausgesprochen. Meistens nur, wenn man etwas Vorangegangenes ergänzen oder korrigieren möchte.

Mr Jones is not just **an** expert, he is **the** expert.
*Mr Jones ist nicht nur **(irgend)ein** Experte, er ist **der** Experte.*
Actually, Fred isn't just **a** friend of mine; he's the best friend I have ever had.
Eigentlich ist Fred nicht nur (irgend)ein Freund von mir, er ist der beste Freund, den ich jemals hatte.

Gebrauch des unbestimmten Artikels

Der unbestimmte Artikel wird häufig gebraucht:

- **wenn man sich das erste Mal auf etwas bezieht**

I've had an idea about how we can solve the problem.
Ich habe eine Idee gehabt, wie wir das Problem lösen können.

I've bought a dress.   *Ich habe mir ein Kleid gekauft.*

- **wenn etwas stellvertretend für eine Gruppe gemeint ist**

Having a garden means having a lot of work.
Ein Garten zu haben bedeutet viel arbeit zu haben.
A car gives you a feeling of independence.
Ein Auto gibt einem das Gefühl der Unabhängigkeit.

- **bei Berufsbezeichnungen**

Sean Connery is a famous actor.
Sean Connery ist ein berühmter Schauspieler.
We should ask an engineer to help us.
Wir sollten einen Ingenieur um Hilfe bitten.

- **wenn etwas über die Art einer Person oder einer Sache gesagt wird**

Claudia is a very friendly person.
Claudia ist eine sehr freundliche Person.
Jan has bought an old house.
Jan hat ein altes Haus gekauft.

- **bei Mitgliedern einer religiösen oder politischen Gruppierung**

Angela Merkel is a member of the CDU.
Angela Merkel ist Mitglied der CDU.
John F. Kennedy was a member of the Roman Catholic church.
John F. Kennedy war (ein) Mitglied der römisch katholischen Kirche.

- bei Zahlen wie ***hundred***, ***thousand***, ***million***, ***billion*** (*Milliarde*) und ***trillion*** (*Billion*)

They invested over a billion Euros into the new plant.
Sie haben über ein Milliarde Euro in das neue Werk investiert.
The tickets cost a hundred and ten Euros.
Die Karten kosten einhundert zehn Euro.

hundred, thousand, million, billion, trillion

Achtung: Vor diesen Zahlen muß immer eine Zahl oder der unbestimmte Artikel stehen. Also immer:

100 = **one** hundred   oder   **a** hundred

- **bei Mengen-, Maß- und Zeitangaben in der Bedeutung** *pro/je*

Hans learns English twice a week.
Hans lernt Englisch zwei Mal pro Woche.
It costs about £50 a day to rent a car in the GB.
Ein Auto in GB zu mieten kostet ungefähr £50 pro Tag.

Hier finden Sie einige **Beispiele zur Verwendung des unbestimmten Artikels** in Redewendungen.

to be in **a** hurry	*in Eile sein*
to be in **a** good/bad mood	*gute/schlechte Laune haben*
to come to **an** end	*zum Ende kommen*
for **a** change	*zur Abwechslung*
to have **a** headache	*Kopfschmerzen haben*
to have **a** quarrel	*sich streiten*
to make **a** noise	*Lärm machen*
to make **a** condition	*eine Bedingung stellen*
to take **an** interest in	*Interesse haben an*
without **a** break	*ohne Unterbrechung*
what **a** pity	*wie schade*
as **a** result /result of	*infolge*
as **a** rule	*in der Regel*
to take **a** seat	*Platz nehmen*
to have **a** birthday	*Geburtstag haben*
as **a** whole	*als Ganzes*

PRONOMEN

ÜBERSICHT

. . . .

Pronomen als Stellvertreter → S. 70

Pronomen sind Wörter, die meist **stellvertretend** für Substantive oder Wortgruppen stehen.

Monica is ten years old. **She** likes football.
Monica ist zehn Jahre alt. Sie mag Fussball.

Pronomen als Begleiter → S. 70

Manche Pronomen stehen als **Begleiter** zusammen mit dem Substantiv, auf das sie sich beziehen.

Is this **your bicycle**? *Ist das dein Fahrrad?*

Pronomen in der Übersicht

Personalpronomen	I, you, he, she, it …	→ S. 70
Possessivpronomen	my, your, his, her, its …	→ S. 76
Reflexivpronomen	myself, yourself, himself …	→ S. 79
Demonstrativpronomen	this, that, these, those	→ S. 82
Relativpronomen	that, which, who, whom …	→ S. 83
Fragepronomen	who, whom, whose, what …	→ S. 87
Indefinitpronomen	all, both, each, some, any …	→ S. 90

WORTARTEN

Was ist ein Pronomen?

Pronomen sind Wörter, die meist **stellvertretend** für Substantive (→ S. 30) oder Wortgruppen (→ S. 370) stehen. Sie werden auch **Fürwörter** genannt.

Edward goes to school by bus.	*Edward fährt mit dem Bus zur Schule.*
He goes to school by bus.	*Er fährt mit dem Bus zu Schule.*

The boy with black hair goes to school by bus.
Der Junge mit schwarzen Haaren fährt mit dem Bus zu Schule.
He goes to school by bus.
Er fährt mit dem Bus zu Schule.

Manche Pronomen werden auch als **Begleiter** für Substantive verwendet, d. h. sie stehen zusammen mit einem Substantiv, statt stellvertretend dafür zu stehen.

I hate **this weather**.	*Ich hasse dieses Wetter.*
What time is he arriving?	*Um wie viel Uhr kommt er an?*

Personalpronomen

Personalpronomen sind persönliche Fürwörter, d. h. sie ersetzen einen Namen oder ein Substantiv. Man unterscheidet zwischen Personalpronomen als Subjekt (→ S. 372) und Personalpronomen als Objekt (→ S. 374).

Personalpronomen als Subjekt

Die folgenden Personalpronomen können als Subjekt stehen. Nach dem Subjekt fragt man mit **wer?/was?** (→ S. 372).

Singular		Plural	
I	*ich*	**we**	*wir*
you	*du/Sie*	**you**	*ihr/Sie*
he	*er*	**they**	*sie*

:· ·:

she	*sie*
it	*es*

Personalpronomen als Subjekt stehen **vor dem Verb**.

I like fast cars.	*Ich mag schnelle Autos.*
She likes football.	*Sie mag Fußball.*

Das englische *you* im Singular und Plural (*du/ihr*) wird auch für die **höfliche Anredeform *Sie*** im Singular und Plural gebraucht.

Do **you** know where the keys are?
Weißt du/Wisst ihr/Wissen Sie, wo die Schlüssel sind?

Ob es sich um *du*, *ihr* oder um *Sie* handelt, erkennt man meistens aus dem Zusammenhang.

Christopher, would **you** please clear the table?
Christopher, würdest du bitte den Tisch abräumen?
Excuse me, could **you** please tell me how to get to the train station?
Entschuldigung, könnten Sie mir bitte sagen, wie ich zum Bahnhof komme?

Im britischen und amerikanischen Englisch spricht man sich sehr viel häufiger mit dem **Vornamen** an. Der höfliche Umgangston wird aber durch den Vornamen und das *you* nicht gemindert.

Personalpronomen als Objekt

Personalpronomen können auch Objekt eines Satzes sein. Die Formen für das **direkte Objekt** (Akkusativ, → S. 375) und das **indirekte Objekt** (Dativ, → S. 375) sind im Englischen identisch.

Singular	Akkusativ	Dativ		Plural	Akkusativ	Dativ
me	*mich*	*mir*		us	*uns*	*uns*
you	*dich/Sie*	*dir/Ihnen*		you	*euch/Sie*	*euch/Ihnen*
him	*ihn*	*ihm*		them	*sie*	*ihnen*
her	*sie*	*ihr*				
it	*es*	*ihm*				

Direktes Objekt

Nach dem direkten Objekt fragt man mit **wen?/wem?** (→ S. 375).

He invited **me**.   *Er hat **mich** eingeladen.*
(Wen hat er eingeladen? – Mich.)

She missed **the train**.   *Sie hat **den Zug** verpasst.*
(Was hat sie verpasst? – Den Zug.)

Indirektes Objekt

Nach dem indirektem Objekt fragt man mit ***wem?*** (→ S. 375).

I gave **Mary** the book.   *Ich schenkte Mary das Buch.*
(Was schenkte ich? – Das Buch. → direktes Objekt)
(Wem schenkte ich das Buch? – Mary → indirektes Objekt)

Im Englischen werden **indirekte Objekte** immer **von einem direkten Objekt begleitet**.

Personalpronomen in Präpositionalgruppe

Nach bestimmten Verben kann neben dem direkten Objekt (→ S. 375) wahlweise ein indirektes Objekt (→ S. 375) oder stattdessen eine Präpositionalgruppe (→ S. 371) mit **to** stehen. Diese Verben sind z. B.:

give	geben	sell	verkaufen
lend	leihen	send	schicken
pass	reichen	show	zeigen
promise	versprechen	tell	sagen

Im Gegensatz zum indirekten Objekt, das vor dem direkten Objekt steht, steht die Präpositionalgruppe nach dem direkten Objekt.

He gave **me** the book.   *Er hat **mir** das Buch gegeben.*
(Das indirekte Objekt (*me*) steht **vor** dem direkten Objekt (*the book*).)

He gave the book **to me**.   *Er hat **mir** das Buch gegeben.*
(Die Präpositionalgruppe (*to me*) steht **nach** dem direkten Objekt (*the book*) und wird mit *to* angehängt.)

Indem das indirekte Objekt als Präpositionalgruppe ans Ende des Satzes gerückt wird, ändert sich der Fokus und es wird **stärker betont**.

(i)   Bei den meisten Verben, nach denen ein Objekt folgt, kann das Objekt mit **to** angegeben werden. Es gibt aber ein paar Verben, bei denen **for** verwendet wird, z. B.:

| make | *machen* | cook | *kochen* | find | *finden* |
| buy | *kaufen* | get | *holen* | | |

She made a cup of coffee **for him**.   *Sie hat ihm eine Tasse Kaffee gemacht.*

Nur wenn eine Präpositionalgruppe mit **to** oder **for** nach dem direkten Objekt steht, kann auch **das direkte Objekt durch ein Pronomen ersetzt werden**.

He gave **it** (the book) **to me**.   *Er gab **es** (das Buch) **mir**.*
I bought **it** (the chair) **for her**.   *Ich habe **ihn** (den Stuhl) **ihr** gekauft.*
nicht: ~~He gave me it.~~

Pronomen in der Objek- und Subjektform

Steht ein Pronomen *alleine* oder direkt nach dem Verb *be*, so wird in der englischen Umgangssprache meistens die **Objektform** verwendet.

Vergleichen Sie:

I'm taller than **her**.   *Ich bin größer als sie.*

I am taller than **she** <u>is</u>.

(Im ersten Satz steht das Pronomen *her* alleine.)

Hi. It's **me**.   *Hallo. Ich bin's.*

(Hier steht das Pronomen direkt nach dem Verb *be*.)

In der sehr formellen Sprache kann man die **Subjektform** nach *be* verwenden. Diese Form kommt jedoch viel seltener vor.

Vergleichen Sie:

It was **I** who told him to do it.   (formell, Subjektform)

It was **me** who told him to do it.   (informell, Objektform)

Ich war es, der ihm gesagt hat, dass er es tun soll.

Allgemeine Personalpronomen

Allgemeine Personalpronomen sind neutrale Personalpronomen und können für jede beliebige Person stehen. Sie werden verwendet, wenn man einen Sachverhalt **verallgemeinern** möchte oder man **niemand Bestimmtes** meint.

Der Sprecher kann sich dabei selbst mit einschließen oder an eine oder mehrere andere Personen denken.

one	*man*	they	*man/sie/die Leute*
you	*man*	people	*man/Leute*
someone	*(irgend)jemand*		

one

Mit der Verwendung von *one* schließt sich häufig der Sprecher mit ein.

One is only as old as **one** feels.
Man ist nur so alt, wie man sich fühlt.
One might ask why that wasn't done earlier.
Man könnte fragen, warum das nicht früher gemacht wurde.

Heute ist *one* hauptsächlich in der sehr **gehobenen Sprache**, in Redewendungen und in der Schriftsprache zu finden.

you

Anstelle von *one* wird gewöhnlich *you* in der Umgangssprache verwendet. Mit *you* kann sich der Sprecher ebenfalls mit einschließen.

There is a tennis court, and **you** can also hire bicycles.
Es gibt einen Tennisplatz und man kann auch Fahrräder mieten.
You can never tell.
Man kann nie wissen.

someone

Man verwendet *someone*, wenn man an eine **Einzelperson** denkt und der Sprecher sich nicht mit einschließen möchte.

Someone has stolen my purse.
Jemand/Irgendjemand hat mein Portemonnaie gestohlen.
I'll ask **someone** to substitute for me on Saturday.
Ich werde jemanden bitten, mich am Samstag zu vertreten.

people/they

Wenn man betonen möchte, dass man an **mehrere unbekannte Personen** denkt und der Sprecher nicht mit eingeschlossen ist, wird *people* oder *they* verwendet.

They/People say the price of petrol will double in the next five years.
Man sagt, die Benzinpreise werden sich in den nächsten fünf Jahren verdoppeln.
People/they are expecting the final results tomorrow.
Man erwartet morgen die Endergebnisse.

Bei *they* kann man auch an eine **bestimmte Personengruppe** denken.

They should sit together and discuss the problem.
Man sollte (sie sollten) sich zusammensetzen und das Problem diskutieren.
They want to raise income tax.
Man will (sie wollen) die Einkommenssteuer erhöhen.

Possessivpronomen und -begleiter

Possessivwörter werden verwendet, wenn man über **Besitzverhältnisse** spricht (→ siehe auch s-Genitiv S. 46).
Man unterscheidet zwischen Possessivbegleiter (die bei einem Substantiv stehen) und Possessivpronomen (die ein Substantiv ersetzen).

Possessivbegleiter

Possessivbegleiter geben Besitzverhältnisse an. Sie stehen wie ein Artikel vor dem Substantiv, ersetzen es aber nicht.

Singular		Plural	
my	*mein*	**our**	*unser*
your	*dein/Ihr*	**your**	*euer/Ihr*
his	*sein*	**their**	*ihr*
her	*ihr*		
its	*sein*		

My father is Dutch.   ***Mein*** *Vater ist Holländer.*
Her sister is married.   ***Ihre*** *Schwester ist verheiratet.*

Eine **neutrale Form** des Possessivbegleiters ist *one's* (*eigener*).

Possessivbegleiter bleiben **unverändert**, egal ob sie ein Substantiv im **Singular** oder **Plural** begleiten.

Is this **your** bicycle?   *Ist dies dein Fahrrad?*
Are these **your** brothers?   *Sind dies deine Brüder?*

Possessivbegleiter bleiben auch im **Nominativ**, **Akkusativ** und **Dativ unverändert**.

My brother is friendly.   ***Mein** Bruder ist freundlich.* (Nominativ)
→ siehe auch Subjekt S. 372

I like **my** brother.   *Ich mag **meinen** Bruder.* (Akkusativ)
→ siehe auch indirektes Objekt S. 375

I often give **my** brother presents.   *Ich gebe **meinem** Brudern oft Geschenke.* (Dativ)
→ siehe auch direktes Objekt S. 375

Soll die **Zugehörigkeit** zu etwas oder jemandem **betont** werden, dann wird der entsprechende Possessivbegleiter durch ***own*** (*eigen*) verstärkt.

He wants **his own** car.   *Er möchte sein eigenes Auto.*
Children have **their own** ideas.   *Kinder haben ihre eigenen Ideen.*

 one's own und *its own*

One's and ***its*** werden nur im Zusammenhang mit (***very***) ***own*** verwendet.

When one first has **one's own** flat, one feels totally free.
Wenn man seine erste eigene Wohnung hat, fühlt man sich total frei.
Have you ever seen a dog chase **its** (own) tail?
Hast du jemals gesehen, wie ein Hund seinem (eigenen) Schwanz hinterher rennt?

Possessivpronomen

Wie Personalpronomen ersetzen auch Possessivpronomen Substantive.
Sie **stehen für ein Substantiv mit Possessivbegleiter** (→ S. 76), das zuvor
genannt wurde oder bekannt ist. Possessivpronomen können alleine stehen.

Pronomen		Pronomen	
mine	*meiner, meine, meines*	**ours**	*unserer, unsere, unseres*
yours	*deiner, deine, deines*	**yours**	*euer, eure, eures*
	Ihrer, Ihre, Ihres		*Ihrer, Ihre, Ihres*
his	*seiner, seine, seines*	**theirs**	*ihrer, ihre, ihres*
hers	*ihrer, ihre, ihres*		
its	*seiner, seine, seines*		
	ihrer, ihre, ihres		

Possessivpronomen **bleiben unverändert**, egal ob das Substantiv, das sie
ersetzen, im Singular oder Plural steht.

Is that your book? **Yes, it's** mine.
*Ist das dein **Buch**? Ja, es ist **meines**.*   (Singular)
Are those your **books**? Yes, they're **mine**.
*Sind das deine **Bücher**? Ja, es sind **meine**.*   (Plural)

Besonders häufig treten Possessivpronomen mit dem Verb **be** (*sein*) auf.

That wasn't his idea. It was **hers**.   *Das war nicht seine Idee. Es war **ihre**.*
Their house is different from **ours**.   *Ihr Haus ist anders als **unseres**.*

Oft wird auch die Konstruktion **of + Possessivpronomen** benutzt.

Madeleine is a very good friend **of mine**.
*Madeleine ist eine sehr gute Freundin **von mir**.*
Although Neil was our boss; he was like a good colleague **of ours**.
*Obwohl Neil unser Chef war, war er wie ein guter Kollege **von uns**.*

its ≠ it's

Verwechseln Sie nicht das Possessivpronomen ***its*** mit der Kurzform ***it's*** (für ***it is*** oder ***it has***).

The dog has lost **its** collar.	*Der Hund hat **sein** Halsband verloren.*
The car isn't his, **it's** hers.	*Das Auto ist nicht seins, **es ist** ihrs.*
It's got two doors.	***Es hat** zwei Türen.*

° Reflexivpronomen

Reflexivpronomen **beziehen sich zurück** auf das Subjekt (→ S. 372) im Satz. Sie werden auch rückbezügliche Fürwörter genannt. Sie enden immer mit **-self** (Singular) bzw. **-selves** (Plural).

Personalpronomen	Reflexivpronomen	Übersetzung
I	**myself**	*mich/mir*
you	**yourself**	*dich/dir, sich (für Sie)*
he	**himself**	*sich*
she	**herself**	*sich*
it	**itself**	*sich*
we	**ourselves**	*uns*
you	**yourselves**	*euch, sich (für Sie)*
they	**themselves**	*sich*
one	**oneself**	*selbst*

 Achtung Schreibweise!

Singular: ***your<u>self</u>***   Plural: ***your<u>selves</u>***

Reflexivpronomen werden gebraucht, wenn Subjekt (wer? was?, → S. 372) und Objekt (wen? wem?, → S. 374) im Satz **die gleiche Person oder Sache** sind.

He cut **himself**.	*Er hat **sich** geschnitten.*	(sich selbst)

(Hier sind das Subjekt *he* und das Objekt *himself* identisch.)

He cut him.	*Er hat ihn geschnitten.*	(jemand anderen)

(Hier sind Subjekt *he* und das Objekt *him* nicht identisch.)

One must learn to fend for **oneself**.	*Man muss lernen für sich selbst zu sorgen.*
We saw **ourselves** in the mirror.	*Wir sahen uns im Spiegel.*

→ siehe auch reflexive Verben S. 110

Reflexivpronomen als Verstärkung

Reflexivpronomen werden im Englischen auch gebraucht, um den Handelnden **besonders hervorzuheben**. Sie werden dann auch etwas stärker betont.

Did the children paint the pictures **themselves**?
*Haben die Kinder die Bilder **selbst** gemalt?*
The bank manager wrote to us **himself**.
*Der Bankdirektor hat uns **selbst** geschrieben.*

Reflexivpronomen können **als Begleiter des Personalpronomens** stehen, um dieses besonders hervorzuheben.

He himself told me he was leaving.
Er selbst erzählte mir, dass er geht.
I myself couldn't attend the meeting.
Ich selbst konnte an dem Meeting nicht teilnehmen.

Reflexivpronomen in der Bedeutung alleine

Reflexpronomen können auch die Bedeutung von *alleine*, d. h. *ohne fremde Hilfe* ausdrücken. Hierzu wird häufig die Präposition *by* verwendet.

Leave her. **She** wants to do it **herself**.
Lass sie. Sie will es selbst machen.
That's the first time **he** has managed to do it all **by himself**.

Das ist das erste Mal, dass er es ganz alleine gemacht hat.

Höflichkeitsformen mit Reflexivpronomen

Reflexivpronomen können anstatt Personalpronomen verwendet werden, wenn man etwas **besonders höflich** bzw. **förmlich** ausdrücken möchte.

Weniger förmlich:
Everyone was late for the party, including **me**.
Alle kamen zu spät zur Party, mich eingeschlossen.

Höflicher bzw. förmlicher:
Most of the delegates arrived late for the conference, including **myself**.
Die meisten Delegierten kamen zu spät zur Konferenz, ich selbst auch.

 ## Redewendungen mit Reflexivpronomen

Es gibt ein paar nützliche, recht häufige Redewendungen, deren Verben mit einem Reflexivpronomen verwendet werden.

Do it yourself.	*Mach es/Machen Sie es selbst.*
Please, help yourself.	*Bedien dich./Bedienen Sie sich.*
Make yourself at home.	*Fühl dich/Fühlen Sie sich wie zu Hause.*
Have I made myself understood?	*Habe ich mich verständlich gemacht?*
How can I make myself useful?	*Wie kann ich mich nützlich machen?*
Behave yourself!	*Benimm dich!/Benehmen Sie sich!*

Reziproke Pronomen

Reziproke Pronomen werden benutzt, um eine **wechselseitige Beziehung** auszudücken. Die reziproken Pronomen im Englischen sind:

each other	*einander, sich (gegenseitig)*
one another	*einander, sich (gegenseitig)*

We write to **each other** every week.
Wir schreiben uns (gegenseitig) jede Woche.
We haven't seen **one another** for over a year.
Wir haben uns seit über einem Jahr nicht gesehen.

nicht: ~~We write to us every week.~~ und ~~We haven't seen us for over a year.~~

Demonstrativpronomen und -begleiter

Demonstrativpronomen und -begleiter **weisen** besonders betont auf jemanden oder etwas **hin**. Sie haben eine Singularform und eine Pluralform, aber sie verändern ihre Form im Dativ oder Akkusativ nicht.

Singular		Plural	
this	*dieser/diese/dieses*	**these**	*diese*
that	*das, jener/jene/jenes*	**those**	*jene*

Demonstrativpronomen

Demonstrativpronomen stehen **alleine stellvertretend** für das Substantiv, das betont, bzw. auf das hingewiesen werden soll. Die Person bzw. Sache, für die das Pronomen steht, ist dabei bekannt.

Demonstrativpronomen werden benutzt, um zwischen Dingen oder Personen, die vom Sprecher aus gesehen **näher oder ferner** sind, **zu differenzieren**. So können eine räumliche und zeitliche Distanz sowie auch eine innere, geistige Distanz, z. B. bei der Prioritätensetzung, ausgedrückt werden.

This und *these* werden für räumlich, zeitlich oder geistig **nahe** Personen oder Gegenstände verwendet.

This is the best part of the film.
Dies ist der beste Teil des Films.

These are the pictures I told you about.
Dies sind die Bilder, von denen ich dir erzählte.

That und *those* werden für räumlich, zeitlich oder geistig **weiter entfernte** Personen oder Gegenstände verwendet.

That was a lovely holiday we had last year.
Das (Jener) war ein wunderschöner Urlaub, den wir letztes Jahr hatten.
Those were my parents' best friends.
Das (Jene) waren die besten Freunde meiner Eltern.

Demonstrativbegleiter

This, *that*, *these*, oder *those* vor einem Substantiv sind keine Pronomen, sondern Demonstrativbegleiter, d. h. sie begleiten Personen oder Gegenstände, die besonders hervorgehoben werden sollen und stehen nicht stellvertretend für diese Substantive.

This und *that* stehen vor Substantiven im **Singular**.

Christopher, is **that** book exciting?	*Christopher, ist das Buch spannend?*
I hate **this** weather.	*Ich hasse dieses Wetter.*

These und *those* stehen vor Substantiven im **Plural**.

Those books belong to Jan.	*Jene Bücher gehören Jan.*
These trousers are too tight.	*Diese Hose ist zu eng.*

ᵒ Relativpronomen

Relativpronomen und Relativsätze

Die Relativpronomen *who*, *whom*, *which*, *that* und *whose* leiten Nebensätze ein, und zwar Relativsätze (→ S. 410).
Sie beziehen sich auf ein Substantiv oder ein Pronomen im übergeordneten Satz und bestimmen dieses näher, indem sie Personen oder Dinge identifizieren oder zusätzliche Informationen zu Personen oder Dingen geben.

Do you know the people **who** live next door?

Kennst du die Leute, die nebenan wohnen?

(Hier wird *who* benutzt, um *the people* zu identifizieren. Man wüsste sonst nicht, wer gemeint ist.)

→ siehe auch bestimmende Relativsätze S. 410

Her husband, **who** loves cars, has bought himself a new Mercedes.

Ihr Mann, der Autos liebt, hat sich einen neuen Mercedes gekauft.

(Hier wird *who* benutzt, um zusätzliche Informationen zu *her husband* zu geben. Man braucht diese Information nicht unbedingt, man weiß, wer gemeint ist.)

→ siehe auch nicht bestimmende Relativsätze S. 413

In Verbindung mit einem Relativpronomen können auch **Präpositionen** (z. B. *to*, *for*, *of*) auftreten. Diese stehen meist – vor allem in der **gesprochenen Sprache** – am Ende des Relativsatzes.

The businesswoman **who** Graham was talking **to** was his aunt.

Die Geschäftsfrau, mit der Graham gesprochen hat, war seine Tante.

The vegetables **which** the chef had asked **for** were delivered.

Das Gemüse, um das der Koch gebeten hatte, wurde geliefert.

Im **formellen Sprachgebrauch** steht die Präposition jedoch vor dem Relativpronomen. Hier findet man auch häufiger das Relativpronomen *whom* (→ siehe auch S. 85).

The businesswoman **to whom** Graham was talking was his aunt.

Die Geschäftsfrau, mit der Graham gesprochen hat, war seine Tante.

who

Who bezieht sich meistens auf Personen und Personengruppen, die sowohl **Subjekt** (wer? was?, → S. 372) als auch **Objekt** (wen? wem?, → S. 374) sein können.

who **als Subjekt**

People **who** read a newspaper every day are well-informed.

Leute, die jeden Tag eine Tageszeitung lesen, sind gut informiert.

The manager **who** accepted illegal payments was forced to resign.

Der Manager, der illegale Zahlungen angenommen hat, wurde gezwungen zurückzutreten.

who als Objekt

John has been married to Barbie, **who** he met in Italy, for twenty years.

John ist seit 20 Jahren mit Barbie, die er in Italien kennengelernt hat, verheiratet.

Jan showed his brother Christopher, **who** he had invited to New York, the Statue of Liberty.

Jan zeigte seinem Bruder, den er nach New York eingeladen hatte, die Freiheitsstatue.

 Who als Objekt wird vor allem in der gesprochenen Sprache verwendet.

whom

Im gehobenen Sprachgebrauch wird statt *who* als Objekt ***whom*** verwendet, in der Umgangssprache ist ***whom*** dagegen eher selten. Vergleichen Sie:

Jan asked Philip, **who** he has known for thirty years, to be his best man.

Jan asked Philip, **whom** he has known for thirty years, to be his best man.

Jan bat Philip, den er seit dreißig Jahre kennt, sein Trauzeuge zu sein.

(Beide Sätze sind korrekt, das zweite Beispiel klingt aber formeller.)

Folgt das Pronomen allerdings einer **Präposition**, so muss ***whom*** verwendet werden. Vergleichen Sie:

Nick founded his company together with Chris, **who(m)** he worked **with** in New York.

(Hier ist die Präpostion *with* nachgestellt)

Nick founded his company together with Chris, **with whom** he worked in New York.

(Hier ist die Präposition *with* vorangestellt)

Nick gründete seine Firma zusammen mit Chris, mit dem er in New York gearbeitet hat.

whose

Whose ist die Possessivform von **who** und leitet Relativsätze ein, die sich nicht nur auf Personen sondern auch auf Tiere und Dinge beziehen.

That's the man **whose** daughter moved to Berlin.
Das ist der Mann, dessen Tochter nach Berlin gezogen ist.
SAP, **whose** shareprice rose last year, has its headquarters in Waldorf.
SAP, deren Aktie letztes Jahr gestiegen ist, hat ihren Hauptsitz in Waldorf.

→ siehe auch bestimmende und nicht bestimmende Relativsätze S. 410

which

Das Relativpronomen **which** leitet Relativsätze ein, die sich auf Tiere und Gegenstände beziehen.

That's the car **which** rolled into the river.
Das ist das Auto, das in den Fluss gerollt ist.
The car, **which** belongs to my neighbour, rolled into the river.
Das Auto, das meinem Nachbar gehört, ist in den Fluss gerollt.

→ siehe auch bestimmende und nicht bestimmende Relativsätze S. 410

Which kann als **Subjekt** (wer? was?, → S. 372) oder **Objekt** (wen? wem?, → S. 374) stehen.

They are looking for a house **which** is close to the sea.   (Subjekt)
Sie suchen ein Haus, welches in der Nähe des Meeres ist.
That's the crate with **which** they transported the goods.   (Objekt)
Das ist die Kiste, mit der sie die Ware transportierten.

 Weglassen von which

Which als **Objekt** kann auch weggelassen werden. Der Satz wird trotzdem verstanden. Die Präposition, die sonst vor *which* steht, rutscht in diesem Fall an das Satzende (→ siehe auch Relativsätze *(contact caluses)* S. 412).

That's the crate **with which** they transported the goods.
That's the crate they transported the goods **with**.
Das ist die Kiste, mit der sie die Ware transportierten.

that

Das Relativpronomen *that* wird als **Ersatz für *who*** und ***which*** verwendet. Es leitet Relativsätze ein, die sich auf Personen, Tiere und Gegenstände beziehen. Relativsätze, die mit *that* eingeleitet werden, sind eher in der **Umgangssprache** zu finden.

That was the man **that** (who) lent us his car.
Das war der Mann, der uns sein Auto geliehen hat.
That's the book **that** (which) was really exciting.
Das ist das Buch, das so spannend war.

That kann zwar als **Subjekt** (wer? was?, → S. 372) oder **Objekt** (wen? wem?, → S. 374) stehen, es steht aber häufiger als Subjekt. Die Objektform wird oft weggelassen.

Can you recommend a play **that** is suitable for teenagers?   (Subjekt)
Kannst du ein Theaterstück empfehlen, das für Teenager geeignet ist?
Can you recommend a play **(that)** I could go to with teenagers?   (Objekt)
Kannst du ein Theaterstück empfehlen, in das ich mit Teenager hingehen könnte?

→ siehe auch Relativsätze (*contact cluases*) S. 412

° Fragepronomen und -begleiter

Fragepronomen *who*, *whom*, *whose*, *what* and *which* sind Wörter, mit denen Fragen eingeleitet werden. Sie stehen meist am Anfang des Satzes und bestimmen, nach was gefragt bzw. welche Antwort erwartet wird.

who

Mit *who* werden **Fragen** nach einer oder mehreren **Personen** eingeleitet. Man verwendet *who*, wenn man nach dem **Subjekt** (wer? was?, → S. 372) fragt. In der Umgangssprache wird *who* aber auch verwendet, um nach dem **Objekt** (wen? wem?, → S. 374) zu fragen.

Who is at the door?	*Wer ist an der Tür?*	(Subjekt)
Who are you talking to?	*Mit wem sprichst du?*	(Objekt)

Who wird bei **direkten** und **indirekten Fragen** verwendet.

Who is going to the conference?. (direkt)
Wer geht zur Konferenz?

Could you please let me know **who** is going to the conference?   (indirekt)
Könnten Sie mir bitte Bescheid geben, wer zur Konferenz geht?

→ siehe auch ‚Indirekte Fragesätze' S. 415

whom

Whom ist die Objektform von *who*. Mit *whom* fragt man korrekterweise nach Personen im Objekt (wen? wem?). Allerdings findet man *whom* fast nur noch **im gehobenen** bzw. **förmlichen Sprachgebrauch**, in der Umgangssprache wird es heute nur noch selten verwendet.

Whom/Who did you buy the book for?
Für wen hast du das Buch gekauft?
Whom/Who are you sending invitations to?
An wen verschicken Sie Einladungen?

Wenn die Frage mit einer **Präposition** anfängt, ist allerdings nur *whom* möglich.

Who/**whom** did you write the letter to?
To whom did you write the letter?
An wen haben Sie den Brief geschrieben?

Who have you received a reply from?

From whom have you received a reply?
Von wem hast du eine Antwort erhalten?

whose

Mit *whose* wird nach dem **Besitz** bzw. der **Zugehörigkeit** gefragt (wessen?),
d. h. danach, wem etwas gehört. *Whose* kann im Satz allein als **Pronomen**
(Stellvertreter, → S. 70) für einen Substantiv oder vor einem Substantiv als
Begleiter (→ S. 70) stehen.

Whose are these clothes?	(Pronomen)
Whose clothes are these?	(Begleiter)
Wessen Kleider sind das?	

what

Mit *what* wird allgemein nach Informationen zu Personen oder Dingen aus
einer unbegrenzten Menge gefragt. *What* kann im Satz allein als **Pronomen**
(Stellvertreter, → S. 70) oder vor einem Substantiv als **Begleiter** (→ S. 70)
stehen.

What is your telephone number?	(Pronomen)
Wie ist deine Telefonnummer?	
What time is he arriving?	(Begleiter)
Um wie viel Uhr kommt er an?	

which

Which wird meistens in Fragen benutzt, wenn man spezifische Informatio-
nen bekommen möchte und man an eine **begrenzte** Anzahl von Möglich-
keiten denkt, d. h. an eine bereits genannte oder aus dem Kontext hervorge-
hende Menge. *Which* kann im Satz allein als **Pronomen** (Stellvertreter, → S.
70) oder vor einem Substantiv als **Begleiter** (→ S. 70) stehen.

There are two coats here. **Which** is your coat?	(Pronomen)
Es gibt hier zwei Mäntel. Welcher ist dein Mantel?	
Which train is he taking? The 10.25 or the 10.55?	(Begleiter)
Welchen Zug nimmt er? Den um 10:25 oder 10:55?	

WORTARTEN

Indefinitpronomen und -begleiter

Wenn Personen, Sachen oder Orte **nicht näher spezifiziert** werden können oder sollen, gebraucht man Indefinitpronomen. Sie werden auch unbestimmte Fürwörter genannt.

Einige Indefinitpronomen können als **Pronomen** (Stellvertreter, → S. 70) und **Begleiter** (→ S. 70), andere nur als Pronomen verwendet werden.

She had three children and gave **each** an apple.   (Stellvertreter)
Sie hatte drei Kinder und gab jedes ein Apfel.
She gave **each** of the children an apple.   (Begleiter)
Sie gab jedem Kind einen Apfel.

Die wichtigsten Indefinitivpronomen sind:

all	*alle(s)*	**either**	*eine(r,s) von beiden*
both	*beide(s)*	**neither**	*keine(r,s) von beiden*
each	*jede(r,s)*	**some**	*einige(s)*
one	*ein(e,es)*	**any**	*irgendwelche*
none	*kein(er,es)*		

all

Wenn man *all* (*alle, alles*) benutzt, meint man die gesamte Menge von etwas. Damit werden häufig allgemeingültige Aussagen gemacht. Das unbestimmte Pronomen *all* steht alleine im Satz.

All you need is love.   *Alles was man braucht, ist Liebe.*
I beat them **all**.   *Ich schlug sie alle.*

💡 Da *all* nur in wenigen Fällen als Pronomen (Stellvertreter, → S. 70) verwendet werden kann, benutzt man in den meisten anderen Fällen die Ausdrücke **everything** (*alles*) und **everyone** bzw. **everybody** (*alle*) (→ S. 102).

All kommt häufiger als **Begleiter** (→ S. 70) vor und steht dann zusammen mit einem Substantiv.

Nearly **all** boys like playing football.	*Fast alle Jungen spielen gerne Fußball.*
Children love **all** sweets.	*Kinder lieben alle Süßigkeiten.*

In Verbindung **mit dem bestimmten Artikel *the*** kann sich *all* auf alle Personen oder Gegenstände einer begrenzten Menge beziehen. In diesem Fall wird *all* auch häufig mit *der/die/das ganze(n)* übersetzt.

Mark has eaten **all the** bread.	*Mark hat das ganze Brot aufgegessen.*

all of

Statt *all the* kann man auch *all of* the sagen. Die Bedeutng ändert sich dadurch nicht.

All of the children behaved well.	*Alle Kinder haben sich gut benommen.*

Wenn *all* zum Subjekt eines Satzes (→ S. 372) gehört, dann kann man das Pronomen auch direkt **hinter das Subjekt** setzen, oder – wenn der Satz ein Hilfsverb (→ S. 112) enthält – hinter das erste Hilfsverb.

Several teachers were ill so the children **all** went home early.
Einige Lehrer waren krank, also gingen alle Kinder früh nach Hause.
When I arrived at school, they were **all** leaving.
Als ich an der Schule ankam, sind gerade alle gegangen.

both

Both wird meistens im Sinne von *sowohl das eine als auch das andere* benutzt, Als Pronomen steht *both* (*beide*) alleine im Satz.

I was worried about the packages, but **both** arrived safely.
Ich machte mir Sorgen um die Pakete, aber beide sind heil angekommen.
Which flavour is better: chocolate or vanilla? – **Both** are good.
Welcher Geschmack ist besser: Schokolade oder Vanille? – Beide sind gut.

Both kann an unterschiedlichen Positionen im Satz stehen, z. B.:

Mac and Toni **both** arrived punctually.
Mac und Toni sind beide pünktlich angekommen.
Now the teacher and the substitute are **both** ill.
Jetzt sind die Lehrerin und ihre Vertretung beide krank.

Both kommt sehr häufig als Begleiter (→ S. 70) vor und steht dann zusammen mit einem Substantiv.

Both cars are old. *Beide Autos sind alt.*

both/both of

Vor einem Substantiv mit einem Begleiter (the, my, these usw.) können sowohl *both* als auch *both of* verwendet werden.

Both my cars are old. *Meine beiden Autos sind alt.*
Both of my cars are blue. *Meine beiden Autos sind blau.*

In Verbindung mit Personalpronomen wird meistens *both of + us/you/them* benutzt. Diese Konstruktion kann als Subjekt (wer? was?, → S. 372) oder Objekt (wen? wem?, → S. 374) stehen.

Both of us went to Teresa's wedding. (Subjekt)
Wir sind beide zu Teresas Hochzeit gegangen.
Teresa invited **both of us**. (Objekt)
Teresa hat uns beide eingeladen.

💡 *Both* kann **zusammen mit einem Pronomen** als Objekt stehen. *Both* steht dann nach dem Pronomen.

Teresa invited **us both**. (Objekt)
Teresa hat uns beide eingeladen.

Both kann aber nicht nach *be* oder in Kurzantworten stehen – hier wird

➣

:> :>

both of benutzt.

Who planted the tree? Bill or Ben? – It was **both of** them.
Wer hat den Baum gepflanzt? Bill oder Ben? – Es waren beide.
nicht: ~~It was them both.~~
Who did Teresa invite? **Both of** us.
Wen hat Teresa eingeladen? Uns beide.
nicht: ~~Us both.~~

each/every

Mit *each* ist *jede/r/s* Einzelne von einer Gruppe gemeint. Als **Begleiter** (→ S. 70) steht *each* vor einem Substantiv im Singular.

We invited **each** member of the family and gave **each** a present.
Wir haben jedes einzelne Familienmitglied eingeladen und haben jedem ein Geschenk überreicht.

Each wird sehr häufig **in der Verbindung mit *of*** gebraucht: *Each of* steht vor Pronomen im Plural oder vor Begleitern wie the, my, these zusammen mit einem Substantiv im Plural.

Each of us sees the problem differently.
Jeder von uns sieht das Problem anders.
The boss spoke to **each of** the employees individually.
Die Chefin sprach mit jedem der Mitarbeiter einzeln.

 each **als Pronomen**

Each bezieht sich als Pronomen meist auf ein Substantiv zurück, das im Satz bereits genannt wurde.

There were five boys, **each** had their own bike.
Es waren fünf Jungen, jeder hatte sein eigenes Fahrrad.

WORTARTEN

every statt **each**

Man benutzt **each** vor allem, um eine einzelne Person oder Sache aus einer Gruppe hervorzuheben. Möchte man generell **jede/jeder/jedes von einer Gruppe** in einem ganz allgemeinen Sinn hervorheben, so verwendet man eher **every**.

Each of the houses has a garden.
Jedes der Häuser hat einen Garten.
Every house should have a door to get in.
Jedes Haus sollte eine Tür haben, damit man hinein kommt.

In Sätzen mit zwei Objekten (→ S. 375) bezieht sich **each** meistens auf das erste Objekt und steht dann meist **nach dem ersten Objekt**.

The nurse gave the children **each** a toy.
Die Krankenschwester gab jedem der Kinder ein Spielzeug.

Enthält **das zweite Objekt** jedoch eine **Mengenangabe**, dann steht **each** oft dahinter, vor allem, wenn man die Mengenangabe betonen möchte.

Uncle Willy gave the boys five dollars **each**.
Onkel Willy gab jedem der Jungen fünf Dollar.

Auch bei **Preisangaben** ist es üblich, **each** nach dem Preis zu stellen.

These pens are 95 cents **each**.
Diese Kugelschreiber kosten 95 Cent pro Stück.

one

Das Pronomen **one** (*ein, eine*) wird häufig verwendet, wenn man vermeiden möchte, ein zuvor **bereits genanntes zählbares Substantiv** zu wiederholen und man es nicht einfach weglassen kann. Dabei ersetzt **one** ein Substantiv im Singular und **ones** ein Substantiv im Plural.

Did you buy a bike? No, I've already got **one** and I can't really afford a new **one**.

Hast du ein Fahrrad gekauft? Nein, ich habe schon eins und ich kann mir eigentlich kein neues leisten.
These shoes are quite comfortable, but the **ones** over there are nicer.
Diese Schuhe sind ziemlich bequem, aber die dort drüben sind schöner.

One steht oft nach dem bestimmten Artikel **the**, den Demonstrativpronomen **this/these**, **that/those**, dem Fragewort **which** und nach Adjektiven.

Which dress do you like? I like **the one** with short sleeves.
Welches Kleid magst du? Ich mag das mit den kurzen Ärmeln.
Do you prefer **this one** or **that one**?
Ziehst du dieses oder jenes vor?
Which ones shall I take? The red ones or the blue ones?
Welche soll ich nehmen? Die roten oder die blauen?

One wird wie **each** oft in der Verbindung mit **of** gebraucht.

One of the books was about horse races.
Eines der Bücher handelte von Pferderennen.

Anders als im Deutschen braucht man im Englischen **immer one/ones** als Ersatz für das Substantiv.

I'll take the green one.
Ich nehme den grünen/die grüne/das grüne.
nicht: ~~I'll take the green.~~

none

None (*keiner, keine, keins*) steht nur dann alleine für etwas, wenn die Bedeutung aus dem Kontext klar hervorgeht.

How much money have you got? **None**.
Wie viel Geld hast du dabei? Keins.
How many books did you read on holiday? **None**.

Wie viele Bücher hast du im Urlaub gelesen? Keine.

Man findet **none** häufiger als **Begleiter** (→ S. 70) in der Verbindung mit *of*.

We believed **none of** her excuses.
Wir glaubten keiner ihrer Ausreden.
I've done **none of** the things I wanted to do.
Ich habe keines der Dinge gemacht, die ich machen wollte.

Wenn in einem Satz nach **none of** ein zählbares Substantiv im Plural folgt, kann das **Verb im Singular** (etwas förmlicher) oder ebenfalls **im Plural** (etwas informeller) stehen.

None of my clients <u>was</u> there.   (etwas förmlicher)
None of my clients <u>were</u> there.   (etwas informeller)
Keiner meiner Kunden war da.

→ siehe auch *nobody* und *no one* S. 102

either, neither

Wenn das Indefinitpronomen *either* alleine oder in der Verbindung *either of* steht, bedeutet es *jeder/jede/jedes der beiden* oder auch *entweder das eine oder das andere*.

Should we have red wine or white wine? – **Either** would be suitable.
Sollen wir Rotwein oder Weißwein nehmen? – Beide wären geeignet.
Either of the boys will be glad to help you – if you pay them.
Jeder der beiden Jungen hilft dir gern – wenn du ihn bezahlst.

Either kann allein **ohne Substantiv** benutzt werden, wenn das Substantiv bereits erwähnt worden ist.

Would you like sparkling or still water? I don't mind. **Either**.
Möchten Sie Wasser mit Kohlensäure oder ohne? Das ist mir egal. Das eine oder das andere.

Wenn ein Pronomen in einem Satzteil benutzt wird, das sich auf *either* mit Substantiv bzw. *either* mit Pronomen zurückbeziehen soll, kann dieses Pronomen im Singular (formell) oder Plural (weniger formell) stehen.

If **either of** my sisters calls, tell **her/them** I'll be back around 8 p.m.
Wenn eine meiner Schwestern anruft, sag ihr, dass ich um 8 Uhr zurück bin.

Parallel dazu bedeutet ***neither*** alleine oder in der Verbindung ***of*** etwa *keiner/keine/keines der beiden* oder *weder das eine noch das andere*.

Neither really appeals to me.
Keiner der beiden sagt mir wirklich zu.
Neither of them did a good job.
Keiner der beiden hat seine Arbeit gut gemacht.

Wenn der Satz bereits eine **Verneinung** enthält (z. B. ein verneintes Verb oder Wörter wie never), so wird nicht *neither*, sondern *either* verwendet, was dann *keiner/keine/keines der beiden* bedeutet.

He didn't recognise **either** of the girls.
Er hat keines der Mädchen erkannt.
I never saw **either** of them again.
Ich habe keinen der beiden jemals wieder gesehen.

 Aussprache von *either* und *neither*

Either und ***neither*** können unterschiedlich ausgesprochen werden: [ˈ(n)aɪðəʳ] oder [ˈ(n)iːðəʳ]. Im amerikanischen Englisch hört man vor allem die zweite Variante.

some

Das unbestimmte Pronomen *some* (*manche, einige, welche*) bezieht sich meistens auf eine **unbestimmte Menge** und wird in bejahten Aussagesätzen benutzt, wenn die genaue Zahl oder Menge unwichtig ist.

Es kann entweder alleine oder häufig auch (als Begleiter, → S. 70) in der Verbindung mit *of* stehen.

Roger didn't like cheese, but he bought **some** anyway.
Roger mochte keinen Käse, aber er hat trotzdem welchen gekauft.
Some of the waiters were more elegant than the patrons.
Einige Kellner waren eleganter als die Gäste.

→ für unbestimmte Mengenangaben siehe S. 367

Ausnahme: *Some* in Fragen

Some wird auch in Fragen benutzt, wenn man auf die Frage die positive Antwort *ja* erwartet. Dabei handelt es sich meistens um ein **höfliches Angebot** oder eine **höfliche Bitte**.

Can we listen to **some** music?   *Können wir etwas Musik hören?*
Would you like **some** more tea?   *Möchten Sie noch etwas Tee?*

any

In **verneinten Sätzen** benutzt man nach dem Verb anstelle von *some* das unbestimmte Pronomen *any*. Übersetzt wird *any* mit *keiner/keine/keines*.

I asked for secondhand computers, but they didn't have **any**.
Ich fragte nach gebrauchten Computern, aber sie hatten keine.
I haven't heard from **any** of them.
Ich habe bislang von keinem von ihnen gehört.

In **Fragesätzen** verwendet man *any*, wenn man nicht weiß, ob die Antwort *ja* oder *nein* lauten wird (→ vgl. *some* oben).

Do you have **any** left?   *Haben Sie irgendwelche übrig?*
(Die Antwort kann *ja* oder *nein* lauten.)

Could I have **some**, please?   *Könnte ich bitte etwas bekommen?*
(Man erwartet die Antwort *ja*.)

 Ausnahme: *Any* in bejahten Aussagesätzen

Any (und seine Zusammensetzungen ***anyone/anybody/anything***, →
S. 101 und 102) kann man auch in bejahten Aussagesätzen verwenden,
wenn es die Bedeutung von *jede/r/s beliebige* hat.

You can choose **any** ring you like.
Du kannst dir jeden (beliebigen) Ring aussuchen.
You can bring **anyone** you like.
Du kannst jeden mitbringen, den du magst.

Weitere Indefinitpronomen und -begleiter

→ siehe auch ‚Adjektive' S. 307 sowie ‚Mengenangaben' S. 364

few/a few

Few (*wenige*) und ***a few*** (*einige*) beziehen sich auf zählbare Begriffe.

Few people go skiing in May.
Wenige Leute gehen im Mai skifahren.
How many books have you taken? Only **a few**.
Wie viele Bücher hast du mitgenommen? Nur ein paar.

fewer

Fewer (*weniger*) bezieht sich wie ***few*** auch auf zählbare Begriffe.

How many people voted in the election this year? **Fewer** than last year.
Wie viele Menschen sind dieses Jahr zur Wahl gegangen? Weniger als letztes Jahr.

Quite a few bedeutet *relativ viele bzw. nicht wenige.*

little/a little

Little (*wenig*) und *a little* (*ein wenig*) beziehen sich auf nicht zählbare Begriffe.

The **little** money they had was spent on food.
Das wenige Geld, das sie hatten, wurde für Nahrung ausgegeben.
How much sugar have we got left? Only **a little**.
Wie viel Zucker haben wir noch? Nur ein wenig.

less

Less (*weniger*) bezieht sich wie *little* auf nicht zählbare Begriffe.

How much money does he owe you? **Less** than I thought.
Wieviel Geld schuldet er dir? Weniger als ich dachte.

many

Many (*viele*) drückt eine **unbestimmte Menge** aus und bezieht sich wie sein Gegenteil *few* auf zählbare Begriffe. *Many* wird meistens in Fragen und verneinten Aussagesätzen verwendet.

How **many** colleagues have you invited? Not **many**.
Wie viele Kollegen hast du eingeladen. Nicht viele.

much

Much (*wenig*) drückt eine **unbestimmte Menge** aus und bezieht sich wie sein Gegenteil *little* auf nicht zählbare Begriffe. Wie *many* wird auch *much* meistens in Fragen und verneinten Aussagesätzen verwendet.

How **much** time have we got? Not **much**.
Wie viel Zeit haben wir? Nicht viel.

a lot / a lot of

In bejahten Aussagesätzen wird statt *much* und *many* in der Umgangs-
sprache meistens *a lot* bzw. *a lot of* verwendet (→ siehe auch S. 367).

How much money has he got? **A lot**.	*Wie viel Geld hat er? Viel.*
He has invited **a lot of** friends.	*Er hat viele Freunde eingeladen.*

Indefinitpronomen mit *-one* and *-body*

Zusammensetzungen mit *-one* oder *-body* sind in der Bedeutung und im
Gebrauch gleich und austauschbar. Die Zusammensetzung mit *-one* kommt
insgesamt häufiger vor, die Zusammensetzung mit *-body* ist dafür in der
Umgangssprache etwas geläufiger.

someone/somebody/anyone/anybody

Someone/somebody und *anyone/anybody* beziehen sich meistens auf
eine unbestimmte Person. Sie werden, wie auch die Zusammensetzungen
something/anything, nach den gleichen Regeln verwendet wie *some* und *any*
(→ S. 98).

Somit werden *someone* und *somebody* (*irgendjemand*) in **bejahten Aussage-
sätzen** verwendet.

There is **someone/somebody** in the garden.
(Irgend)Jemand ist im Garten.

In **Fragen** und **verneinten Aussagesätzen** werden dagegen grundsätzlich
anyone bzw. *anybody* (*irgendjemand, niemand*) verwendet.

Have you seen anyone/anybody?	*Hast du (irgend)jemand gesehen?*
No, I haven't seen anyone/anybody.	*Nein, ich habe niemand gesehen.*

no one/nobody

No one/nobody bedeutet *keiner/niemand*. Bei der Verwendung von **no one/ nobody** ist keine weitere Verneinung des Verbs nötig, da die Verneinung in dem Wort *no one/nobody* bereits vorhanden ist.

No one/Nobody knew where he was.   *Niemand wusste, wo er war.*

everyone/everybody

Das Gegenteil von **no one/nobody** (*niemand*) ist **everyone/everybody** (*jede/ jeder/jedes*).

He knows **everyone/everybody**.   *Er kennt alle.*
nicht: ~~He knows all.~~

everyone/everybody als Subjekt

Wenn **everyone/everybody** als Subjekt (wer? was?, → S. 372) benutzt wird, steht das Verb im Singular.

Everyone/Everybody knows who he really is.
Jeder weiß wer er wirklich ist.

Indefinitpronomen mit -thing

Die Zusammensetzungen mit *-thing* sind **something**, **anything**, **nothing** und **everything**. Sie beziehen sich auf Sachen und nicht auf Personen.

something und anything

Something und **anything** beziehen sich meistens auf eine unbestimmte Sache und werden wie *somebody/someone* auch nach den gleichen Regeln verwendet wie **some** und **any** (→ S. 98).

Something (*(irgend)etwas*) wird in bejahten Aussagesätzen verwendet.

Something is wrong.   *(Irgend)Etwas stimmt nicht.*

(**i**) In Fragen und verneinten Aussagesätzen wird grundsätzlich
anything (*(irgend)etwas*) verwendet (→ siehe ,Negation' S. 420).

Is there **anything** you want to tell me?
Gibt es (irgend)etwas, was du mir erzählen willst?
No, I don't know **anything**.
Nein, ich weiß nichts.

nothing

Nothing (*nichts*) wird nur in bejahten Aussagesätzen verwendet, da die
Verneinung in dem Wort ***nothing*** bereits vorhanden ist.

He said **nothing**.   *Er sagte nichts.*

(**i**) In verneinten Aussagesätzen wird an seiner Stelle immer ***not ...***
anything verwendet (→ siehe ,Negation' S. 420).

He did**n't** say **anything**.   *Er sagte nichts.*
nicht: ~~He didn't say nothing.~~

everything

Everything (*alles*) ist das Gegenteil von ***nothing***.

Is **everything** clear?   *Ist alles klar?*
I gave him **everything**.   *Ich habe ihm alles gegeben.*

VERBEN

ÜBERSICHT

Mit Verben wird eine **Tätigkeit**, ein **Zustand** oder ein **Geschehen** ausgedrückt.

Vollverben → S.106

Vollverben haben eine lexikalische Bedeutung und bilden alleine oder mit Hilfsverben das **Prädikat** eines Satzes.

She doesn't **eat** meat. *Sie isst kein Fleisch.*

Reflexive Verben → S.110

Diese Verben bringen zum Ausdruck, dass sich ein Geschehen oder eine Handlung auf **das Subjekt des Satzes rückbezieht**.

He **cut himself**. *Er hat sich geschnitten.*

Hilfsverben → S.112

Die Verben *be*, *do*, *have* und *will* unterstützen die Vollverben bei der Bildung von Zeitformen, Fragen und Passiv.

Do you have any money? *Hast du Geld dabei?*

Modale Hilfsverben → S.123

Die Modalverben *can*, *could*, *shall*, *should*, *may*, *might*, *will*, *would*, *must* sowie *dare*, *need*, *ought to* und *used to* geben genauere Auskunft über die **Art und Weise** einer Handlung.

I **can't** hear anything. *Ich kann nichts hören.*

Phrasal verbs und Präpositionalverben → S.140

Phrasal verbs sind Verben, die zusammen mit **adverbialen Partikeln**

---

verwendet werden. Dabei ändert sich die Bedeutung des Verbs.

| wake up | *aufwachen* | take over | *übernehmen* |

Nach Präpositionalverben folgt eine **Präposition**, mit der eine Nominal-gruppe mit dem Verb verbunden wird.

She looked at the picture.   *Sie schaute sich das Bild an.*

Formen der Verben   → S. 148

Verben nehmen unterschiedliche Formen an, womit verschiedene Zeitformen gebildet werden können.

Infinitiv	play, sing, go …
past simple-**Form**	played, sang, went …
past participle	played, sung, gone …
present participle	playing, singing, going …

Konjugation   → S. 166

Bei der Konjugation werden **Verben** nach folgenden Kriterien **verändert**:

- **Person:** *I, you, he, she, it, we, you, they*
- **Numerus:** Singular, Plural
- **Tempus:** *present simple, present continuous, past simple …*
- **Modus:** Indikativ, Konjunktiv, Imperativ
- **Genus** Aktiv, Passiv

Die indirekte Rede   → S. 184

Mit der indirekten Rede wird berichtet, was ein anderer oder man selbst gesagt hat.

She told him he should leave.   *Sie sagte ihm, er solle gehen.*

WORTARTEN

Was ist ein Verb?

Verben sind Wörter, mit denen eine **Tätigkeit**, ein **Zustand** oder ein **Geschehen** ausgedrückt wird, d. h. sie sagen, was getan wird, was man fühlt oder was geschieht. Sie werden auch Tätigkeitswörter oder Tunwörter genannt. Ohne ein Verb kann kein vollständiger Satz gebildet werden.

sing	*singen*	work	*arbeiten*	be	*sein*
rain	*regnen*	argue	*streiten*	have	*haben*
shine	*scheinen*	sleep	*schlafen*	feel	*fühlen*
can	*können*	want	*wollen*	swim	*schwimmen*

Mit Hilfe der Verben wird die Zeit (Tempus) ausgedrückt, d. h. wann eine Tätigkeit – vom Zeitpunkt des Sprechens aus betrachtet – passiert oder ein Zustand andauert. Bei den meisten Verben kann zu diesem Zweck die Form geändert werden. Verben werden deshalb auch **Zeitwörter** genannt.

→ siehe auch ‚Formen der Verben' S. 148

Funktionen der Verben

Man unterscheidet im Englischen drei wichtige Verbgruppen nach ihrer Funktion: **Vollverben**, **Hilfsverben** und **modalen Hilfsverben**.

Vollverben

Die größte Gruppe der Verben sind Vollverben (*lexical verbs, full verbs*). Vollverben haben eine **konkrete Bedeutung** und bilden eine offene Gruppe, d. h. dass immer wieder neue Vollverben entstehen. Sie bilden alleine oder mit Hilfsverben im Satz das Prädikat (→ S. 371).

I read books.	*Ich lese Bücher.*	(Vollverb)
I will sing.	*Ich kann singen.*	(modales Hilfsverb + Vollverb)

Das Prädikat

Das Prädikat sagt aus, was eine Person oder Sache macht oder was mit einer Sache passiert. Prädikate können aus einem oder mehreren Wörtern bestehen.

Vollverben können **Formen in jeder Zeitstufe** bilden (Vergangenheit, Gegenwart und Zukunft) (→ siehe ‚Formen der Verben' S. 148).

Karen **works** as a teacher. (Gegenwart)
Karen arbeitet als Lehrer.
Last Year Jan **worked** in London. (Vergangenheit)
Jan arbeitete letztes Jahr in London.

Je nachdem, wie die Vollverben ihre Formen bilden, unterscheidet man zwischen **regelmäßigen** Verben und **unregelmäßigen Verben** (→ S. 168).

regelmäßig: work – worked – worked
unregelmäßig: sing – sang – sung

Vollverben benötigen bei der Bildung von Fragen und verneinten Sätzen im *present simple* (→ S. 197) oder *past simple* (→ S. 209) sowie bei der Bildung der meisten Zeitformen (außer *present simple* und *past simple*) die **Hilfsverben** (→ S. 112) *be*, *do*, *have* und *will*.

Transitive und intransitive Verben

Transitive Verben (*transitive verbs*) nennt man Verben, die im Satz mindestens ein **Objekt** (eine Ergänzung, → S. 374) brauchen, damit der Satz sinnvoll ist.

Mary likes dogs. *Mary mag Hunde.*
(*Mary likes* kann nicht alleine stehen, weil der Satz so nicht sinnvoll wäre.)

Transitive Verben können im Satz auch mit **zwei Objekten** stehen.

Mary wrote Eric a letter. *Mary hat Eric einen Brief geschrieben.*

Intransitive Verben (*intransitive verbs*) nennt man Verben, die im Satz **kein Objekt** (keine Ergänzung) brauchen, damit der Satz sinnvoll ist.

Christopher is sleeping. *Christopher schläft (gerade).*

The children cried. *Die Kinder weinten.*

Manche Verben können **sowohl transitiv als auch intransitiv** benutzt werden.

John is reading the newspaper. *John liest (gerade) die Zeitung.* (transitiv)
John is reading. *John liest (gerade).* (intransitiv)

Tätigkeits- und Zustandsverben

Tätigkeitsverben (*action verbs*) sind Verben, die eine Tätigkeit beschreiben. Sie können in allen Formen stehen.

I **work** for an international company. *Ich arbeite bei einer internationalen Firma.*

Zustandsverben (*state verbs*) sind Verben, die einen Zustand beschreiben. Sie werden häufig zusammen mit dem Verb *can* verwendet. Zustandsverben bilden keine Verlaufsformen (*continuous forms*, → S. 156).

Die wichtigsten Zustandsverben sind:

believe	*glauben*	own	*besitzen*
enjoy	*genießen*	prefer	*bevorzugen*
feel	*fühlen*	remember	*erinnern*
have	*besitzen*	see	*sehen*
hear	*hören*	smell	*riechen*
know	*wissen/kennen*	taste	*schmecken*
like	*mögen*	think	*denken*
need	*benötigen*	understand	*verstehen*

I don't need a car.	*Ich brauche kein Auto.*
I can't hear you.	*Ich kann dich nicht hören.*
nicht: ~~I am not hearing you.~~	

Manche Verben können, dadurch dass sie mehrere Bedeutungen haben, **sowohl** als **Zustandsverben als auch** als **Tätigkeitsverben** verwendet werden.

Beispielsweise beschreibt das Verb **taste** in der Bedeutung von *schmecken* eine Wahrnehmung (= Zustandsverb). In der Bedeutung von *abschmecken* drückt taste aber eine Handlung aus (= Tätigkeitsverb). Als Tätigkeitsverb kann taste auch in der Verlaufsform (→ S. 156) verwendet werden.

This dessert **tastes** fantastic.   (Zustandsverb)
Dieser Nachtisch schmeckt wirklich fantastisch.
I**'m tasting** the soup to see if it needs any more salt.   (Tätigkeitsverb)
Ich schmecke gerade die Suppe ab, um zu sehen, ob Salz fehlt.

Weitere Verben, die sowohl einen Zustand als auch eine Tätigkeit ausdrücken können:

Zustand	Tätigkeit
have = *besitzen*	**have** = *essen, trinken*
I have a car.	He has breakfast at 8.
Ich habe ein Auto.	*Er frühstückt um 8.*

see = *sehen*	**see** = *treffen*
Can you see the cat?	I'm seeing him on Monday
Kannst du die Katze sehen?	*Ich treffe ihn am Montag.*
think = *glauben*	**think** = *nachdenken*
I think it's going to rain.	What are you thinking about?
Ich glaube, es wird regnen.	*Über was denkst du gerade nach?*

Reflexive Verben

Reflexive Verben (*reflexive verbs*) bringen zum Ausdruck, dass sich ein Geschehen oder eine Handlung auf **das Subjekt des Satzes** (→ S. 372) **rückbezieht**.

Reflexive Verben werden stets von einem **Reflexivpronomen** (→ S. 79) begleitet.

He **cut himself**.	*Er hat sich geschnitten*
Behave yourself!	*Benimm dich!*

Bei Sachsubjekten (d. h. Subjekten, die keine Person sondern eine Sache sind) wird im Englischen das Verb normalerweise nicht reflexiv gebraucht.

Her cashmere coat felt soft.	*Ihr Kaschmirmantel fühlte sich weich an.*
The new release is selling well.	*Die neue Ausgabe verkauft sich gut.*

 Verben sind im Englischen viel seltener reflexiv als im Deutschen!

 Verben mit und ohne Reflexivpronomen

Es gibt reflexive Verben, die im Deutschen mit Reflexivpronomen benutzt werden, im Englischen dagegen im Normalfall **ohne Reflexivpronomen** stehen, z. B.:

adapt	*sich anpassen*	prepare	*sich vorbereiten*

WORTARTEN

| behave | sich benehmen | shave | sich rasieren |
| identify | sich identifizieren | wash | sich waschen |

Diese Verben beschreiben oft allgemeine, tägliche Tätigkeiten. Im Englischen wird ein **Reflexivpronomen nur zur Betonung** hinzugefügt.

Vergleichen Sie:

He washed and shaved before he got dressed.
Er hat sich gewaschen und rasiert, bevor er sich angezogen hat.

He washed **himself** and shaved **himself** before he got himself dressed.
Er hat sich gewaschen und rasiert, bevor er sich angezogen hat.
(Dieser Satz könnte darauf hindeuten, dass er das normalerweise nicht macht oder dass es eine besondere Anstrengung war.)

Sally is only three, but she can already wash **herself** (alone).
Sally ist erst drei, aber sie kann sich bereits (alleine) waschen.

→ für Reflexivpronomen siehe S. 79

 Verben ohne Reflexivpronomen

Es gibt Verben, die im Deutschen reflexiv benutzt werden, im Englischen allerdings nicht. Sie stehen **ohne Reflexivpronomen**, z. B.:

apologise	sich entschuldigen	get dressed	sich anziehen
argue	sich streiten	imagine	sich vorstellen
be angry	sich ärgern	lie down	sich hinlegen
be interested	sich interessieren	meet	sich treffen
complain	sich beschweren	move	sich bewegen
concentrate	sich konzentrieren	relax	sich ausruhen
feel	sich fühlen	remember	sich erinnern
hurry	sich beeilen	sit down	sich hinsetzen

I feel terrible.   *Ich fühle mich schrecklich.*
We must meet again, soon.   *Wir müssen uns bald wieder treffen.*

⋮⋮

nicht: ~~I feel myself terrible./We must meet us again soon.~~

→ für Reflexivpronomen siehe S. 79

Reziproke Verben

Reziproke Verben drücken eine **wechselseitige Beziehung** aus. Sie werden von den reziproken Pronomen **each other** (*einander, sich (gegenseitig)*) und **one another** (*einander, sich (gegenseitig)*) begleitet (→ S. 81).

We gave each other a Christmas present.
Wir haben uns (gegenseitig) ein Weihnachtsgeschenk gegeben.
We asked each other how it could have happened.
Wir fragten uns (/einander), wie es passieren konnte.

 Vorsicht beim Übersetzen

Wenn *each other* oder *one another* in der Bedeutung von *einander* oder *gegenseitig* steht, sagt man im Deutschen oft **uns**.

We'll see **each other** on Monday.　　　*Wir werden **uns** am Montag sehen.*
nicht: ~~We'll see us on Monday.~~

Hilfsverben

Hilfsverben (*auxiliary verbs*) sind Verben, die keine lexikalische Bedeutung besitzen, sondern **bestimmte Funktionen im Satz** haben: Sie unterstützen die Vollverben bei der Bildung von Zeitformen, Fragen und Passiv (→ S. 173). Sie dienen auch dazu, Kurzantworten (→ S. 386) zu bilden.

Die Hilfsverben sind: **be**, **have**, **do** und **will**.

be

Als **Hilfsverb** ist *be* bei der Bildung von Verlaufsformen (→ S. 156) und des Passivs (→ S. 173) notwendig.

Tim **is** flirting with Helen.   (Verlaufsform)
Tim flirtet gerade mit Helen.
Eight people **were** killed.   (Passiv)
Acht Menschen wurden getötet.

Be hat einige unregelmäßige Formen, die keiner Regel folgen. Man lernt sie am besten auswendig.

Gegenwart: *am/is/are*   *past participle*: **been**
Vergangenheit: *was/were*   *ing*-Form: **being**

Be im *present simple* (→ S. 197)

Singular	Plural
I **am**	we **are**
you **are**	you **are**
he/she/it **is**	they **are**

In der gesprochenen Sprache verwendet man oft die folgenden **Kurzformen**.

Singular	Plural
I**'m**	we**'re**
you**'re**	you**'re**
he/she/it**'s**	they**'re**

WORTARTEN

Kurzformen in der gesprochenen Sprache

Kurzformen werden gewöhnlich in der **gesprochenen Sprache** verwendet, weil sie das Sprechen flüssiger machen. **Langformen** werden in der gesprochenen Sprache meist nur **zur besonderen Betonung** verwendet.

I'**m** glad you'**re** feeling better, now.
Es freut mich, dass es dir/Ihnen jetzt besser geht.
Jack **isn't** happy. – Yes, he **is**. He **is** happy.
*Jack ist nicht sehr glücklich. – **Doch**, das ist er. Er **ist** glücklich.*

→ siehe auch S. 496

Be im *past simple* (→ S. 209)

Singular	Plural
I **was**	we **were**
you **were**	you **were**
he/she/it **was**	they **were**

Be im *present perfect simple* (→ S. 223)

Singular	Plural
I **have been**	we **have been**
you **have been**	you **have been**
he/she/it **has been**	they **have been**

Be im *will-future simple* (→ S. 248) **und** *conditional* (→ S. 271)

Im *will-future* und *conditional* gibt es jeweils nur **eine Form für alle Personen**.

Singular	Plural
I **will/would be**	we **will/would be**

| you **will/would be** | you **will/would be** |
| he/she/it **will/would be** | they **will/would be** |

be als Vollverb

Das Verb *be* kann auch als Vollverb in der Bedeutung *sein* verwendet werden.

| Roderick **is** in the dining room. | *Roderick ist im Esszimmer.* |
| Jan **is** a good tennis player. | *Jan ist ein guter Tennisspieler.* |

Be in der Verlaufsform

Die Bildung der **Verlaufsform** (*continuous form*) (→ S. 156) ist auch bei *be* möglich. Sie folgt der Regel **Form von *be* + *being*** (*present participle* von *be*). Diese Form wird häufig verwendet, wenn man ein vorübergehendes, eventuell absichtlich gezeigtes Verhalten ansprechen will.

| James **is being** very charming today. | *James ist heute aber sehr charmant.* |
| You**'re** just **being** really stupid. | *Du bist gerade echt doof.* |

Be ist eine Ausnahme, weil es – im Gegensatz zu anderen Vollverben – bei der Bildung von **Fragen** und **verneinten Sätzen** im *present simple* oder *past simple* kein Hilfsverb (*do/does* bzw. *did*) benötigt.

Be leitet selbst **Fragen** ein.

| **Is** Philip in Hamburg? | *Ist Philip in Hamburg?* |

Be steht vor **not** in verneinten Sätzen.

| He**'s not** a very good liar. | *Er ist kein sehr guter Lügner.* |

Auch **Kurzantworten** (→ S. 386) können mit *be* gebildet werden.

| Yes, he **is**./No, he **isn't**. | *Ja(, ist er)./Nein(, ist er nicht).* |

WORTARTEN

Frageanhängsel (→ S. 390) lassen sich ebenfalls mit *be* bilden.

Philip **is** in Hamburg, **isn't** he?   *Philip ist in Hamburg, nicht wahr?*

there is/there are

There is (*es gibt/ist*) und **there are** (*es gibt/sind*) drücken meist die Existenz, die Anwesenheit oder das Erscheinen von etwas aus.

There is a rabbit in the garden.
Im Garten ist ein Kaninchen.
There are a lot of small castles along the Loire.
Es gibt viele Burgen entlang der Loire.

Das **there** in *there is* oder *there are* wird [ðəˑ] ausgesprochen.

have

Have wird als Hilfsverb verwendet, um das *present perfect* (→ S. 223) und das *past perfect* (→ S. 238) zu bilden.

I **have eaten.**   *Ich habe gegessen.*
He **had met** her before.   *Er hatte sie bereits kennengelernt.*

have im *present simple* (→ S. 197)

Singular	Plural
I **have**	we **have**
you **have**	you **have**
he/she/it **has**	they **have**

have im *past simple* (→ S. 209)

Im *past simple* hat **have** nur **eine Form für alle Personen**.

Singular	Plural
I **had**	we **had**
you **had**	you **had**
he/she/it **had**	they **had**

have im *present perfect simple* (→ S. 223)

Singular	Plural
I **have had**	we **have had**
you **have had**	you **have had**
he/she/it **has had**	they **have had**

Auch bei *have* sind **Kurzformen** möglich.

Singular	Plural
I**'ve had**	we**'ve had**
you**'ve had**	you**'ve had**
he's/she's/it**'s had**	they**'ve had**

 Keine Kurzformen in der formellen Schriftsprache

Kurzformen werden **nicht in der formellen Schriftsprache** verwendet.
D. h. sie werden weder in Berichten noch in formellen Briefen oder
anderen formellen Schriftstücken benutzt.
In E-Mails, die häufig aus einer Mischung von gesprochener und ge-
schriebener Sprache bestehen, werden jedoch Kurzformen benutzt.

have im *will-future simple* (→ S. 248) **und** *conditional* (→ S. 271)

Im *will-future* und *conditional* gibt es jeweils nur **eine Form für alle Personen**.

WORTARTEN

Singular	Plural
I **will/would have**	we **will/would have**
you **will/would have**	your **will/would have**
he/she/it **will/would have**	they **will/would have**

have als Vollverb

Als **Vollverb** bedeutet *have* meist *besitzen, haben*. In dieser Bedeutung bildet
have keine Verlaufsform (→ S. 156).

I **have** four brothers and one sister.
Ich habe vier Brüder und eine Schwester.
His mother **has** brown eyes.
Seine Mutter hat braune Augen.
nicht: ~~His mother is having brown eyes.~~

Wie alle anderen Vollverben benötigt *have* bei der Bildung von **Fragen** und
verneinten Sätzen im *present simple* (→ S. 197) und im *past simple* (→ S. 209)
meistens das Hilfsverb *do*, *does* bzw. *did*.

Do you **have** any money?	*Hast du Geld dabei?*
They **don't have** any children.	*Sie haben keine Kinder.*
He **didn't have** a clue.	*Er hatte keine Ahnung*

have got

In der Bedeutung von *besitzen* wird *have* in der Umgangssprache häufig
durch *have got* ersetzt, das kein Hilfsverb benötigt. Somit können die
obigen Beispiele auch wie folgt ausgedrückt werden:

Have you got any money?	*Hast du etwas Geld dabei?*
They haven't got any children.	*Sie haben keine Kinder.*
He hadn't got a clue.	*Er hatte keine Ahnung.*

have ohne do/got

Es ist grundsätzlich möglich, Frage und Verneinung ohne **do** oder **got** zu bilden. Diese Form wird aber heute sehr selten verwendet.

Have you any money?	*Hast du etwas Geld dabei?*
They **haven't** any children.	*Sie haben keine Kinder.*

 Weitere Bedeutungen von have

Wenn **have** nicht in der Bedeutung von *besitzen* steht, sondern – in bestimmten Wendungen – als *essen* (have breakfast), *trinken* (have a drink), *feiern* (have a party) usw. verstanden wird, benötigt man das **Hilfsverb do**, um **Fragen** und **verneinte Sätze** in der Gegenwart (*present simple*) und Vergangenheit (*past simple*) zu bilden. Dann kann mit *have* auch die **Verlaufsform** gebildet werden.

Do you **have breakfast** before you leave the house?
Frühstückst du, bevor du das Haus verlässt?
Does Christopher **have coffee** after dinner?
Trinkt Christopher Kaffee nach dem Abendessen?
I**'m** not **having lunch** with Fiona today.
Ich esse heute nicht mit Fiona zu Mittag.
Emily **is having a baby** in July.
Emily bekommt im Juli ein Kind.

do

Als Hilfsverb wird **do** benutzt, um Fragen und verneinte Sätze in der Gegenwart (*present simple*, → S. 197) und der Vergangenheit (*past simple* → S. 209) zu bilden.

Do you live here?	*Wohnen Sie/Wohnst du hier?*
He **didn't** like spinach.	*Er mochte kein Spinat.*

WORTARTEN

Zur **Betonung** (aber nur dann) kann das Hilfsverb *do* auch in positiven Sätzen verwendet werden.

Please **do** try to come to the party. We'd love to see you again.
Bitte versuch doch zur Party zu kommen. Ich würde dich wahnsinnig gerne wieder sehen.

do im *present simple* (→ S. 197)

Singular	Plural
I **do**	we **do**
you **do**	you **do**
he/she/it **does**	they **do**

do im *past simple* (→ S. 209)

Im *past simple* hat *do* nur **eine Form für alle Personen**.

Singular	Plural
I **did**	we **did**
you **did**	you **did**
he/she/it **did**	they **did**

do im *present perfect simple* (→ S. 223)

Singular	Plural
I **have done**	we **have done**
you **have done**	you **have done**
he/she/it **has done**	they **have done**

do im *will-future simple* (→ S. 248) **und** *conditional* (→ S. 271)

Im *will-future* und *conditional* gibt es jeweils nur **eine Form für alle Personen**.

Singular	Plural
I **will/would do**	we **will/would do**
you **will/would do**	you **will/would do**
he/she/it **will/would do**	they **will/would do**

do **als Vollverb**

Als **Vollverb** bedeutet *do* *tun, machen.*

We can **do** that together.
Wir können das zusammen machen.
His mother always **did** the washing on Mondays.
Seine Mutter machte montags immer die Wäsche.

Wie alle anderen Vollverben benötigt *do* bei der Bildung von **Fragen** und verneinten **Sätzen** im *present simple* (→ S. 197) und im *past simple* (→ S. 209) auch *do*, **does** bzw. *did* als Hilfsverb. Das bedeutet, dass man *do* gleich zweimal im Satz findet.

When **do** you **do** your homework? *Wann machst du deine Hausaufgaben?*
I **didn't do** anything. *Ich habe nichts gemacht.*

  do* und *make

Sowohl *do* als auch *make* bedeuten *machen*. Sie sind im Englischen aber nicht austauschbar. ***Do*** wird häufig im Zusammenhang mit *Arbeit* oder *Aufgaben* verwendet. ***Make*** wird eher im Sinne von (*kreativem*) *Herstellen* gebraucht.

do one's job make clothes
seine Arbeit machen *Kleidungsstücke machen*
do the shopping make breakfast
Einkäufe erledigen *Frühstück machen*

∷

do the washing	make a fire
Wäsche waschen	*ein Feuer machen*

Weitere wichtige feste Wendungen mit **do** sind:

do badly/well	*schlecht/gut abschneiden/stehen*
do one's best	*sein Bestes geben*
do business	*Geschäfte machen*
do sb a favour	*jdm. einen Gefallen tun*
do something	*etwas machen*

Weitere wichtige feste Wendungen mit **make** sind:

make a decision	*eine Entscheidung treffen*
make an exception	*eine Ausnahme machen*
make fun of sb	*sich über jdn. lustig machen*
make a mistake	*einen Fehler machen*
make a noise	*Krach machen*
make progress	*Fortschritte machen*
make a telephone call	*telefonieren*
make trouble	*Ärger mac hen*

will

Will ist ein Hilfsverb, das zur Bildung der **Zukunft**, d. h. der Bildung von *will-future* (→ S. 248), *future continuous* (→ S. 260), *future perfect* (→ S. 263) und *future perfect continuous* (→ S. 267) benutzt wird.

In all diesen Zeitformen gibt es jeweils nur **eine Form für alle Personen**.

It **will** probably **rain** tomorrow.
Es wird morgen wahrscheinlich regnen.
I **will be seeing** Lisa tomorrow evening.
Ich werde Lisa morgen Abend sehen.

He **will have written** the report by next Monday.
Er wird den Bericht bis nächsten Montag geschrieben haben.

⚠️ *Will* ist kein vollständiges Hilfsverb, weil es keine *ing*-Form (→ S. 155) und auch kein *past participle* (→ S. 154) bilden kann.

Will wird auch zur Bildung der *conditional*-**Formen** benutzt (→ S. 271).

If he doesn't come, he will phone you.   *Wenn er nicht kommt, wird er dich anrufen.*

Will wird außerdem als **Modalverb**, u. a. für Bitten, Befehle und Vermutungen verwendet (→ siehe dazu S. 126).

Modalverben

Modalverben (*modal verbs*) sind ebenfalls Hilfsverben und werden auch modale Hilfsverben genannt.

Modalverben können **nur zur Unterstützung eines Vollverbs** benutzt werden. Mit Modalverben wird die Bedeutung des Vollverbs im Satz näher bestimmt z. B. in Bezug darauf, wie zwingend oder mit welcher Sicherheit eine Handlung passiert, passieren wird oder passiert ist.

Zu den Modalverben gehören:

can	**shall**	**may**	**will**	**must**
could	**should**	**might**	**would**	

Auf Modalverben folgen Infinitive ohne *to* (→ S. 148).

Nobody **can predict** the future.   *Niemand kann die Zukunft vorhersagen.*

Modalverben werden nicht verwendet für Dinge, die definitiv geschehen oder nicht geschehen.

The sun rises in the east.   *Die Sonne geht im Osten auf.*

WORTARTEN

Weitere Modalverben

Zu den Modalverben zählen auch *dare*, *need*, *ought to* und *used to*.

Im Gegensatz zu den typischen Modalverben weisen sie jedoch Besonderheiten auf: *Dare* und *need* können auch Vollverben sein, bei *ought to* und *used to* trifft die Regel nicht zu, dass Modalverben ohne *to* angeschlossen werden. Diese vier Modalverben werden auch *semi modals* genannt.

Modalverben werden grundsätzlich nur in der **einfachen Gegenwart** (*present simple*) verwendet. Für andere Zeiten benutzt man Ersatzformen wie be able to, be allowed to usw. (→ siehe S. 134).

He **wasn't allowed to** go to the cinema.   *Er durfte nicht ins Kino gehen.*
He **will be able to** repair his car.   *Er wird sein Auto reparieren können.*

Eine Ausnahme davon bilden *would* und *could*, die auch als *past simple* von *can* und *will* verstanden werden.

Modalverben haben **in allen Personen die gleiche Form** – sie haben also keine s-Form in der 3. Person Singular. Ihnen folgt immer ein Vollverb in der Grundform (Infinitiv).

She **can** sing.	*Sie kann singen.*
She **could** sing.	*Sie konnte/könnte singen.*
She **may** sing.	*Sie darf/wird vielleicht singen.*
She **might** sing.	*Sie könnte eventuell singen.*
She **must** sing.	*Sie muss singen.*
She **mustn't** sing.	*Sie darf nicht singen.*
She **needn't** sing.	*Sie braucht/muss nicht singen.*
She **ought to** sing.	*Sie sollte (wirklich) singen.*
She **shall** sing.	*Sie soll singen.*

She **should** sing.	*Sie sollte singen.*
She **will** sing.	*Sie wird singen.*
She **would** sing.	*Sie würde singen.*

Modalverben bilden **Kurzantworten** (→ S. 386) und **Frageanhängsel** (→ S. 390) alleine, d. h. ohne ein weiteres Verb.

I can go swimming, **can't** I? – Yes, you **can**!
Ich kann schwimmen gehen, oder? – Ja, das kannst du.

Die verneinte Form wird nicht mit dem Hilfsverb **do + not** gebildet, sondern nur durch das Anhängen von **not** (bzw. **-n't** in der Kurzform).

Annette **can't** stay to supper, can she?
Annette kann nicht zum Abendessen bleiben, oder?
John **shouldn't** be so impolite.
John sollte nicht so unhöflich sein.
Nicht: ~~Annette don't can stay to supper, or?~~

 Kurzformen für Modalverben

Die folgenden Kurzformen sind in der Verneinung sehr gebräuchlich:

can't für *cannot*	**won't** für *will*	**mustn't** für *must not*
couldn't für *could not*	**shouldn't** für *should not*	

Modalverben bilden **Fragen** alleine, d. h. ohne das Hilfsverb **do**.

Can you play tennis?   *Kannst du Tennis spielen?*
nicht: ~~Do you can play tennis?~~

can/could

Mit **can/could** kann man **Fähigkeiten** zum Ausdruck bringen, insbesondere bei Verben der Wahrnehmung.

I can't hear anything.	*Ich kann nichts hören.*

Could wird oft als **Vergangenheitsform** von ***can*** benutzt.

We couldn't see anything because of the fog.
Wir konnten wegen dem Nebel nichts sehen.

Can und *could* können auch **Erlaubnis** ausdrücken (→ siehe dazu auch den Tipp auf S. 129).

Could I use your pen?	*Kann ich deinen Stift benutzen?*

Mit *can/could* kann ausgedrückt werden, dass etwas unter gegebenen Umständen **möglich** ist.

It's warm so we can go swimming.
Es ist warm, also können wir schwimmen gehen.

Can/could wird auch für höfliche **Fragen** und **Vorschläge** verwendet.

Can I help you?	*Kann ich Ihnen helfen?*
We could ask Jack to help us.	*Wir könnten Jack bitten uns zu helfen.*

will

Will kann aussagen, dass etwas mit großer **Sicherheit** passiert, passieren wird oder passiert ist.

I'm sure you will understand our situation.
Ich bin sicher, dass sie unsere Situation verstehen werden.
You will recently have received your final delivery.
Sie werden kürzlich ihre letzte Lieferung erhalten haben.

Mit ***will*** kann man informelle **Bitten** und **Einladungen** ausdrücken.

Will you pass me the butter, please?	*Kannst du mir bitte die Butter reichen?*
Will you join us for lunch?	*Kommst du mit uns zum Mittagessen?*

Mit *will* drückt man auch **Befehle** aus.

Will you be quiet!   *Sei ruhig!*

Die verneinte Form von *will* kann in der Bedeutung von *nicht wollen/sich weigern* benutzt werden.

He won't open the door.   *Er weigert sich, die Tür aufzumachen.*

Auch **Gewohnheiten**, **Neigungen**, **Veranlagungen** und **Eigenschaften** können mit *will* ausgedrückt werden.

She'll sit there playing with her doll for hours.
Sie sitzt da und spielt (oft) stundenlang mit ihrer Puppe.

Will wird außerdem bei **Vermutungen** verwendet.

She'll be home by now.   *Sie wird bereits zu Hause sein.*
That'll be Mike.   *Das wird Mike sein.*

would

Would wird auch für höfliche **Bitten** benutzt.

Would you bring us some bread, please?   *Würden Sie uns bitte etwas Brot bringen?*

Mit *would* werden manchmal frühere **Gewohnheiten** zum Ausdruck gebracht (→ siehe auch *used to* S. 133).

When we were children my brothers would eat my sweets.
Als wir Kinder waren, haben meine Brüder (immer) meine Süßigkeiten gegessen.

shall/should

Shall ist gewissermaßen eine etwas gehobene **Alternative zu *will***, um **zukünftige Handlungen** auszudrücken. Es wird nur in der 1. Person Singular (*I*) und Plural (*we*) verwendet.

I shall see what we can do.
Ich werde sehen, was wir machen können.

Mit *shall* werden höfliche **Vorschläge** gemacht.

Shall I reserve a table?   *Soll ich einen Tisch reservieren?*

Mit *should* werden **Empfehlungen**, **Verpflichtungen** und **Kritik** ausgedrückt.

I think you should go to the meeting.   (Empfehlung)
Ich glaube, du solltest an dem Treffen teilnehmen.
You should always stop at a zebra crossing.   (Verpflichtung)
Du solltest an einem Zebrastreifen immer anhalten.
You should have asked before you borrowed my car.   (Kritik)
Du hättest fragen sollen, bevor du mein Auto ausgeliehen hast.

shall und *should* mit *past participle*

In Verbindung mit dem *past participle* (→ S. 154) werden die Modalverben *could* und *should* benutzt, um über Dinge zu berichten (auch vorwurfsvoll), die in der Vergangenheit nicht geschehen sind.

You could have told me.   *Du hättest es mir sagen können.*
I should have invited you.   *Ich hätte dich einladen sollen.*

may/might

May wird benutzt, um höflich **Erlaubnis** zu erteilen bzw. zu verwehren oder um Erlaubnis zu bitten.

May I go to the party?   *Darf ich zur Party gehen?*
Yes, you may./No, you may not.   *Ja, du darfst./ Nein, das darfst du nicht.*

mit *can, could* oder *may* um Erlaubnis bitten

Man kann sowohl mit *can* und *could* als auch mit *may* um Erlaubnis bitten. Der Unterschied liegt darin, dass *could* etwas höflicher ist als *can*, und

WORTARTEN

may etwas formeller und höflicher als *could*.

Can I use your phone?	*Kann ich Ihr Telefon benutzen?*
Could I use your phone?	*Könnte ich Ihr Telefon benutzen?*
May I use your phone?	*Dürfte ich Ihr Telefon benutzen?*

(i) **mit *can* oder *may* Erlaubnis geben**

Um Erlaubnis zu geben, werden *can* und *may* benutzt (aber nicht *could*). *May* ist hier zwar etwas formeller und höflicher als *can*, wird aber viel seltener verwendet.

Peter, you can watch television after you have finished your homework.
Peter, du kannst/darfst fernsehen, wenn du mit den Hausaufgaben fertig bist.
You may now leave the room.
Sie dürfen das Zimmer nun verlassen.

May und *might* können ausdrücken, dass etwas vielleicht in der **Zukunft** stattfinden wird.

We may/might go to England in July.   *Wir fahren eventuell im Juli nach England.*

Mit *may* und *might* kann auch eine (starke) **Vermutung** in der Gegenwart ausgedrückt werden.

You may/might have heard this story.
Du wirst diese Geschichte vielleicht schon gehört haben.

 Wahrscheinlichkeit mit *could*, *may* and *might*

Could, *may* und *might* werden benutzt, um den **Grad der Wahrscheinlichkeit**, mit der etwas passieren wird, anzugeben.

May ist formeller als *could* und drückt einen etwas höheren Grad der

Wahrscheinlichkeit aus.

Mit *could* denkt man auch an die Fähigkeit etwas tun zu können.

Might ist etwas vorsichtiger in der Aussage als *could* und *may*, die Wahrscheinlichkeit, dass etwas eintritt, ist kleiner.

She may find the dress in Harrods.
Vielleicht findet sie das Kleid bei Harrrods.
She could find he dress in Harrods.
Sie könnte das Kleid eventuell bei Harrods finden.
She might find the dress in Harrods.
Unter Umständen könnte sie das Kleid bei Harrods finden.

must

Mit *must* drückt man einen starken **Zwang** oder eine **Verpflichtung** aus.

We must go now or we'll be late.
Wir müssen jetzt gehen, sonst kommen wir zu spät.

Mit *must not* (Kurzform *mustn't*) wird ein **Verbot** ausgedrückt.

You mustn't do that or it will break.
Das darfst du nicht machen, sonst geht es kaputt.

must und *must not*

Die Bedeutung von *must* ist *müssen*. Aber die Bedeutung von *must not* ist *nicht dürfen*!

I **must** finish it today.	*Ich **muss** es heute fertig machen.*
You **mustn't** eat in the library.	*Man **darf** in der Bibliothek **nicht** essen.*

Die Bedeutung von *nicht müssen* wird mit *don't have to* (→ S. 134) ausgedrückt.

Must hat keine anderen Formen (~~to must, musted, musting~~). Für andere Zeiten benutzt man die **Ersatzform** *have to*. (→ S. 134).

We will have to leave at ten o'clock.
Wir werden um zehn Uhr gehen müssen.
nicht: ~~We will must leave at ten o'clock.~~

Man kann über **Vermutungen** über Geschehnisse **in der Vergangenheit** sprechen, indem man *must + have + past participle* (→ S. 154) benutzt.

She **must have left** home later.
Sie muss später von zu Hause losgefahren sein.

must oder *should*?

Bei *must* ist die Vermutung wesentlich stärker als bei *should* und liegt zwingend nahe.

Emma must be in London by now.   *Emma muss bereits in London sein.*
(Ich glaube, sie ist sicher schon dort.)
Emma should be in London by now.   *Emma müsste bereits in London sein.*
(Ich glaube, sie ist wahrscheinlich schon dort.)

need

Need ist sowohl Modalverb als auch Vollverb. Als Modalverb wird *need* meistens nur in der verneinten Form (*needn't*) im Sinne von *nicht müssen/ nicht brauchen* benutzt. Wie üblich bei Modalverben folgt auf *needn't* ein Infinitiv ohne *to*.

You needn't do that now. We can do it later.
Du brauchst das jetzt nicht zu machen. Wir können es später machen.
We needn't reserve seats. There are a lot left.
Wir brauchen keine Plätze zu reservieren. Es gibt noch viele.

***need* als Vollverb**

Need ist viel häufiger **Vollverb** (Zustandsverb, → S. 109) als Modalverb und hat meistens die Bedeutung von *benötigen*. Als Vollverb hat *need* in der 3. Person Singular ein **-s**. *Need* kann nicht in der Verlaufsform stehen.

Christopher **needs** a new jacket. *Christopher braucht eine neue Jacke.*
nicht: ~~Christopher is needing a new jacket.~~

Nach *need* kann ein anderes Verb im Infinitiv mit *to* (→ S. 149) ange-schlossen werden.

He **needs to** water the garden. It hasn't rained for weeks.
Er sollte den Garten bewässern. Es hat seit Wochen nicht geregnet.

Nach *need* kann auch eine *ing*-Form (→ S. 155) folgen, wenn der Satz im Passiv steht.

Your hair needs cutting. (auch möglich: to be cut.)
Deine Haare sollten geschnitten werden.

ought to

Ought to hat eine ähnliche Bedeutung wie *should*. Beide Modalverben sind daher meist austauschbar. *Should* ist aber häufiger als *ought to*.

You ought to eat more fruit and vegetables.
Du solltest mehr Obst und Gemüse essen.
Yes, and I should drink more water, too.
Ja, und ich sollte auch mehr Wasser trinken.

Man kann ***ought to*** verwenden, um **Fragen** zu bilden, aber sie sind eher formeller und auch hier wird ***should*** häufiger benutzt.

Ought we to call the police? *Sollten wir die Polizei anrufen?*

Should we call the police?   *Sollten wir die Polizei anrufen?*

Verneinte Sätze können mit ***ought not to*** bzw. ***oughtn't to*** gebildet werden. Beide Formen kommen allerdings relativ selten vor. Auch hier ist ***should*** eine Alternative zu ***ought to***.

I knew I wouldn't enjoy it. I ought not to have gone in the first place.
Ich wusste, dass es mir keinen Spaß machen würde. Ich hätte gar nicht erst hingehen sollen.
I shouldn't have gone in the first place.
Ich hätte gar nicht erst hingehen sollen.

used to

Used to bezieht sich auf wiederkehrende **Handlungen, Gewohnheiten und Zustände** in der vollendeten **Vergangenheit**, die heute nicht mehr zutreffen (→ siehe *past simple* S. 209).

She used to live in London.   *Sie hat früher in London gelebt.*

Die **Verneinung** wird mit ***didn't use to*** bzw. ***didn't used to*** (die beiden Formen sind gleichermaßen korrekt) oder formeller auch ***used not to*** gebildet.

He didn't use/used to like classical music. Now he loves it.
Früher mochte er keine klassische Musik. Jetzt liebt er sie.
We used not to sell other brands.
Früher haben wir keine anderen Marken verkauft.

Fragen mit ***used to*** werden meistens mit ***did*** gebildet.

Did you use/used to work in England?   *Hast du früher in England gearbeitet?*
(Auch Used you to work in England? ist möglich, aber inzwischen sehr selten.)

dare

Dare ist ein semi-modales Verb – es ist sowohl ein Vollverb als auch ein modales Hilfsverb. Meistens wird *dare* als Vollverb benutzt und zieht dann einen Infinitiv (→ S. 148) nach sich.

Not many people dare to say what they really think. (*dare* als Vollverb)
Nicht viele Menschen trauen sich zu sagen, was sie denken.
I dare say you're right. (*dare* als Modalverb)
Du hast wahrscheinlich recht.

(ABC) Kinder benutzen oft den Ausdruck *I dare you to ...* Nach *dare* folgen Objekt (→ S. 374) und Infinitiv (→ S. 148).

I dare you to jump off the highest diving board.
Ich wette, du traust dich nicht, vom höchsten Sprungbrett zu springen.

Ersatzformen für Modalverben

Modalverben kommen, bis auf *can* und *will*, nur in der Gegenwart (*present simple*) vor. In anderen Zeitstufen müssen **Ersatzformen** mit gleicher Bedeutung benutzt werden.

Hier die Ersatzformen im Überblick:

Modalverb		Ersatzform	Bedeutung
can	→	**be able to**	*können*
will, shall	→	**be going to**	*werden*
may, might	→	**be allowed to**	*dürfen, können*
must	→	**have to**	*müssen*
should, ought	→	**be supposed to**	*sollten*
needn't	→	**not have to**	*nicht brauchen/müssen*
mustn't	→	**not be allowed to**	*nicht dürfen*

Alle Ersatzformen werden mit einer Form von *be* oder *have* gebildet. Der Rest der Ersatzform (*able to, allowed to, supposed to, ...*) bleibt bei der Zeitenbildung immer gleich.

Häufig gebrauchte Zeitstufen am Beispiel von *be able to*

be able to im *present simple* (→ S. 197)

Singular	Plural
I **am able to**	we **are able to**
you **are able to**	you **are able to**
he/she/it **is able to**	they **are able to**

Kurzformen sind natürlich ebenfalls möglich.

Singular	Plural
I**'m able to**	we**'re able to**
you**'re able to**	you**'re able to**
he**'s** / she**'s** / it**'s able to**	they**'re able to**

The children are able to walk to school.   *Die Kinder können zur Schule laufen.*
He's able to repair the clock.   *Er kann die Uhr reparieren.*

 Ersatzformen im *present simple*

Im *present simple* kann man sowohl das **Modalverb** als auch seine **Ersatzform** benutzen. Da Modalverben kürzer sind, werden sie häufiger verwendet.

They can/are able to walk to school.   *Sie können zur Schule laufen.*

be able to im *past simple* (→ S. 209)

Singular	Plural
I **was able to**	we **were able to**
you **were able to**	you **were able to**

WORTARTEN

| he/she/it **was able to** | they **were able to** |

We were supposed to stay home.   *Wir hätten zu Hause bleiben sollen.*

be able to im *present perfect simple*

Singular	Plural
I **have been able to**	we **have been able to**
you **have been able to**	you **have been able to**
he/she/it **has been able to**	they **have been able to**

Molly has been able to crawl for three weeks.
Molly kann seit drei Wochen krabbeln.

be able to im *will-future simple* (→ S. 248) und *conditional* (→ S. 271)

Im *will-future* und *conditional* gibt es nur **eine Form für alle Personen**.

Singular	Plural
I **will/would be able to**	we **will/would be able to**
you **will/would be able to**	you **will/would be able to**
he/she/it **will/would be able to**	they **will/would be able to**

He'll be able to be there at 8 o'clock if you ask him to.
Er wird um acht Uhr dort sein können, wenn du ihn darum bittest..
She would be able to see you if you were here before ten o'clock.
Sie würde Sie sehen können, wenn Sie vor zehn Uhr hier wären.

Häufig gebrauchte Zeitstufen am Beispiel von *have to*

present simple   (→ S. 197)
Robert **has to** go to work.   *Robert muss zur Arbeit gehen.*
I **don't have to** go to work.   *Ich muss nicht zur Arbeit gehen.*

past simple (→ S. 209)
Robert **had to** go to work.   *Robert musste zur Arbeit gehen.*
I **didn't have to** go to work.   *Ich musste nicht zur Arbeit gehen.*

present perfect simple (→ S. 223)
Robert **has had to** go to work.   *Robert musste zur Arbeit gehen.*
I **haven't had to** go to work.   *Ich musste nicht zur Arbeit gehen.*

future simple (→ S. 248)
Robert **will have to** go to work.   *Robert wird zur Arbeit gehen müssen.*
I **won't have to** go to work.   *Ich werde nicht zur Arbeit gehen müssen.*

conditional simple (→ S. 271)
He **would have to** go to work.   *Er würde zur Arbeit gehen müssen.*
I **wouldn't have to** go to work.   *Ich würde nicht zur Arbeit gehen müssen.*

Auch die **Verlaufsform** (vor allem im Präsens) kann mit Ersatzformen gebildet werden.

present continuous (→ S. 202)
Car companies **are having to** develop more economical engines.
Autofirmen müssen gerade ökonomischere Motoren entwickeln.
Children **are being allowed to** leave school earlier.
Kinder dürfen früher (von der Schule) nach Hause gehen.

 Weitere modale Wendungen

Es gibt auch so genannte *modal phrases*, die **mit dem Infinitiv** stehen: be meant to (*sollen*), be obliged to (*verpflichtet sein*), be due to (*sollen*), ...

I'm sorry. That wasn't meant to be rude.
Entschuldigung. Das sollte nicht unhöflich sein.
They were obliged to give me a refund.
Sie waren verpflichtet, mir eine Rückerstattung zu geben.

WORTARTEN

Fragen mit Modalverben

Fragen mit Modalverben und deren Ersatzformen werden gebildet, indem das Modalverb (oder das Hilfsverb bei den Ersatzformen) an den **Anfang des Satzes** gestellt wird.

Can you come to my party?
Are you **able to** come to my party?
Kannst du/Können Sie zu meiner Party kommen?

May I sign here?
Am I **allowed to** sign here?
Darf ich hier unterschreiben?

Should I go to gate 3?
Am I **supposed to** go to gate 3?
Sollte ich zum Tor 1 gehen?

Fragewörter wie *why, how, who, what, where, when* und *how many* stehen **vor den Modalverben**.

Who can come to dinner?
Who is able to come to dinner?
Wer kann zum Abendessen kommen?

When must I go to Paris?
When do I have to go to Paris?
Wann muss ich nach Paris fahren?

Why needn't he go to Paris?
Why doesn't he have to go to Paris?
Warum braucht er nicht nach Paris zu fahren?

Höflichkeitsformen

Fragen und Bitten kann man im Englischen mit *can*, *could*, *may*, *might*, *will* und *would* bilden.

Grundsätzlich ist **could** höflicher als *can*, **would** ist höflicher als *will* und **might** höflicher als *may*.

Would you like a cup of tea?   *Möchten Sie eine Tasse Tee?*
Could I speak to Mr Taylor, please?   *Könnte ich bitte Mr. Taylor sprechen?*

 **Might** ist sehr formell und wird selten in der Umgangssprache benutzt.

Ausdrucksmöglichkeiten mit Modalverben

Mit Modalverben können feine Unterschiede in der Bedeutung ausgedrückt werden. Sie modifizieren das Vollverb, indem sie es abschwächen oder verstärken.

Vermutungen in der Gegenwart können mit Hilfe von Modalverben in der Konstruktion mit **be + ing**-Form (*present participle,* → S. 155) unterschiedlich stark ausgedrückt werden.

Mary might be going.   *Es könnte sein, dass Mary vielleicht geht.*
John may be going.   *John geht vielleicht.*
Val could be going.   *Es könnte sein, dass Val geht.*
Sue must be going.   *Sue geht bestimmt/höchstwahrscheinlich.*
You must be joking.   *Das ist nicht dein Ernst.*

Vermutungen über Ereignisse **in der Vergangenheit** können mit Hilfe von Modalverben in der Konstruktion mit **have + past participle** (→ S. 154) formuliert werden:

Ann might have seen Tim.   *Ann könnte Tim vielleicht gesehen haben.*
Ann may have seen Tim.   *Ann könnte Tim gesehen haben.*
Ann will have seen Tim.   *Ann wird Tim gesehen haben.*
Ann must have seen Tim.   *Ann muss Tim gesehen haben.*
Ann can't have seen Tim.   *Ann kann Tim nicht gesehen haben.*

Beispiele für unterschiedliche Bedeutungen für **nicht eingetroffene Möglichkeiten** in der Vergangenheit sind:

Ann might have seen Tim.	*Ann hätte Tim möglicherweise gesehen.*
Ann could have seen Tim.	*Ann hätte Tim sehen können.*
Ann should have seen Tim.	*Ann hätte Tim sehen sollen.*
Ann would have seen Tim.	*Ann hätte Tim gesehen.*

 might

Nur **might** kann sowohl eine Vermutung als auch eine nicht eingetroffene Möglichkeit in der Vergangenheit ausdrücken.

Ann might have seen Tim.　　　　　(Vermutung)
Ann könnte Tim vielleicht gesehen haben.
Ann might have seen Tim.　　　　　(nicht eingetroffenen Möglichkeit)
Ann hätte Tim sehen können.

Mit **might** können auch **Vorwürfe** artikuliert werden.

You might have told me.　　　　　*Das hättest du mir aber sagen können.*

Phrasal verbs und Präpositionalverben

Im Englischen stehen Verben häufig **zusammen mit Präpositionen und Adverbien**. Man nennt sie dann auch manchmal *multi-word verbs*.

Man unterscheidet zwischen *prepositional verbs, phrasal verbs und phrasal-prepostional verbs.*

Präpositionalverben

Wenn eine **Präposition** (→ S. 329) benutzt wird, um eine Nominalgruppe (→

S. 371) mit dem Verb zu verbinden, spricht man von einem Präpositionalverb (*prepositional verb*).

Christopher is listening to classical music.   *Christopher hört gerade klassische Musik.* (*To* verbindet *is listening* mit *classical music.*)

Beispiele für typische Präpositionalverben:

approve of	*zustimmen*	laugh at	*lachen über*
ask for	*bitten um*	listen to	*hören*
break into	*einbrechen*	look at	*anschauen*
check into	*einchecken*	look for	*suchen*
depend on	*sich verlassen auf*	wait for	*warten auf*

→ für eine Liste gebräuchlicher Präpositionalverben siehe S. 485

She **looked at** the picture.   *Sie schaute sich das Bild an.*
He **asked for** the bill.   *Er bat um die Rechnung.*

Bei Präpositionalverben wird die Nominalgruppe von einer Präposition eingeleitet. Die **Nominalgruppe** ist Objekt (→ S. 374) und steht **immer nach** der Präposition, auch wenn das Objekt ein Pronomen ist. Das heißt, dass die Präpositionalverben immer ungeteilt bleiben.

He **asked for** it. (the bill)   *Er bat darum. (um die Rechnung)*
nicht: ~~He asked it for.~~

They were **listening to** the radio.   *Sie hörten gerade Radio.*
The radio was being **listened to**.   *Radio wurde gerade gehört.*

Phrasal verbs

Wenn eine **adverbiale Partikel** (z. B. *in*, *off*, *on*, → siehe Tipp unten) verwendet wird, um die **Bedeutung eines Verbs zu ändern**, spricht man von einem *phrasal verb*. Diese zwei Wörter (Verb + Partikel) bilden zusammen ein Idiom, d. h. eine feste Redewendung.

give in	*nachgeben*	carry on	*weitermachen*

141

WORTARTEN

Adverbiale Partikeln

Adverbiale Partikeln sind eine kleine Gruppe von **Adverbien** (wie z. B. away, back, down, on, over usw.), die zusammen mit bestimmten Verben *phrasal verbs* bilden können. In dieser Funktion geht die ursprüngliche Bedeutung der Adverbien weitgehend verloren.

Häufig gebrauchte adverbiale Partikeln sind:

about	aside	forward	out	up
across	away	in	over	
ahead	back	home	past	
along	by	off	round	
around	down	on	through	

Man spricht von einem *phrasal verb* nur dann, wenn die ursprüngliche **Bedeutung des Verbs verändert** wird. So bedeutet z. B. das Verb *carry* tragen, *on* bedeutet *auf* , das *phrasal verb carry on* bedeutet aber *weitermachen*.

Your bag looks heavy. Let me **carry** it for you.
Deine Tasche sieht schwer aus. Lass mich sie für dich tragen.
I don't wish to interrupt you. **Carry on** until you have finished.
Ich möchte Sie nicht unterbrechen. Mach Sie weiter, bis Sie fertig sind.

Phrasal verbs werden im Englischen sehr häufig **in der Umgangssprache** verwendet.

Für ein *phrasal verb* gibt es meistens auch ein anderes (formelleres) Vollverb.

fall out	→	quarrel	**give in**	→	relent
find out	→	discover	**put off**	→	postpone
fix up	→	arrange			

Linda pleaded with her father until he finally **gave in**.

Linda pleaded with her father until he finally **relented**.

Linda flehte ihren Vater an, bis er schließlich nachgab.

Phrasal verbs ohne Objekt

Phrasal verbs können im Satz entweder mit oder ohne Objekt (→ S. 374) stehen. *Phrasal verbs* ohne Objekt sind intransitiv (→ S. 108), ihre Bestandteile (d. h. das Verb und die Partikel) bleiben im Satz immer zusammen.

Jan's old car **has broken down**.   *Jans alter Wagen hat eine Panne.*

Beispiele für *phrasal verbs*, die intransitiv (d. h. ohne Objekt) verwendet werden können:

break down	*eine Panne haben*	hang on	*warten*
carry on	*weitermachen*	join in	*mitmachen*
drop off	*einschlafen*	move in	*einziehen*
eat out	*auswärts essen*	move out	*ausziehen*
get back	*zurückkommen*	ring off	*auflegen*
go off	*schlecht werden* (Nahrung)	run away	*weglaufen*
go off	*klingeln* (Wecker)	set off	*losgehen*
go off	*hochgehen* (Bombe)	wake up	*aufwachen*

They both work, so they **eat out** a lot.

Sie arbeiten beide, deshalb gehen sie oft essen.

Hang on, I'll get him for you. (am Telefon)

Warten Sie ein Moment, ich hole ihn für Sie.

Phrasal verbs mit Objekt

Wenn *phrasal verbs* zusammen mit einem Objekt (→ S. 374) im Satz stehen (d. h. transitiv (→ S. 108) verwendet werden), müssen ihre Bestandteile (das Verb und die Partikel) nicht unbedingt zusammenstehen. Die Partikel kann

WORTARTEN

nicht nur vor dem Objekt sonder auch danach stehen.

My husband **gave up** smoking several years ago.
Mein Mann hat vor einigen Jahren mit dem Rauchen aufgehört.
Jan **has given** smoking **up**, as well.
Jan hat das Rauchen auch aufgegeben.

Beispiele für *phrasal verbs*, die transitiv (d. h. mit Objekt) verwendet werden:

blow up	*aufblasen, sprengen*	make up	*erfinden*
break down	*niederreißen*	phone up	*anrufen*
bring up	*erziehen*	put off	*verschieben*
carry on	*weitermachen*	put on	*einschalten, anziehen*
check out	*investigate*	ring up	*anrufen*
close down	*stillegen, schließen*	save up	*sparen*
drink up	*austrinken*	shut down	*schließen*
eat up	*aufessen*	sort out	*ordnen*
find out	*entdecken*	take back	*zurücknehmen, -bringen*
finish off	*fertigstellen*	take over	*übernehmen*
give away	*verschenken, verraten*	throw away	*wegwerfen*
give up	*aufgeben*	try on	*anprobieren*
hand in	*einreichen*	turn down	*abweisen, runterschalten*
hand out	*austeilen*	wake up	*aufwachen*
leave out	*auslassen*	work out	*ausrechnen*
look up	*nachschlagen*	write down	*aufschreiben*

The company was finally **shut down**.
Die Firma wurde letztendlich geschlossen.
We'll have to put the meeting off until Monday.
Wir werden das Meeting auf Montag verschieben müssen.

(i) Manche *phrasal verbs* können **sowohl transitiv als auch intransitiv** benutzt werden. Dabei verändert sich häufig die Bedeutung des

Verbs ein wenig.

They **blew up** the house.	*Sie haben das Haus in die Luft gejagt.*
My mother **blew up**.	*Meine Mutter ist an die Decke gegangen.*
They **broke** the door **down**.	*Sie haben die Tür aufgebrochen.*
The car **broke down**.	*Das Auto hatte eine Panne.*

Phrasal verb oder Präpositionalverb?

Phrasal verbs können auch wie Präpositionalverben aussehen, weil manche Partikeln (z. B up, down, across, under usw.) auch Präposition sein können.

Ob ein Wort eine Präposition oder eine adverbiale Partikel ist, lässt sich an dessen Verschiebbarkeit im Satz feststellen: Muss das Wort vor dem Objekt (→ S. 374) stehen, so handelt es sich um eine **Präposition**. Kann es jedoch im Satz entweder vor oder nach dem Objekt stehen, so hat man es mit einer **Partikel** zu tun.

They **pulled down** the building.   *Sie haben das Gebäude abgerissen.*
They **pulled** the building **down**.
(Hier kann die Partikel auch nach *the building* stehen = *phrasal verb*.)

He walked **down the road**.   *Er ging die Straße hinunter.*
(~~He walked the road down.~~ ist nicht möglich = Präpositionalverb.)

Außerdem kann eine Präposition auch am Anfang des Satzes stehen, eine Partikel nicht.

Down the road he wallked.   *Er ging die Straße hinunter*
aber nicht: ~~Down the building they pulled.~~

Wortfolge bei *phrasal verbs*

Die Wortfolge bei *phrasal verbs* ist abhängig davon, ob sie transitiv oder intransitiv (→ S. 108) benutzt werden.

Transitiv benutzte *phrasal verbs*, d. h. solche, die von einem Objekt (→ S. 374) gefolgt werden, stehen entweder **ungeteilt** vor dem Objekt oder werden **geteilt**. Dann steht das Objekt zwischen Verb und Partikel.

They **broke down** the door.
They **broke** the door **down**.
Sie haben die Tür aufgebrochen.

Wenn das Objekt ein **Pronomen** ist, steht es **immer** zwischen dem Verb und der Partikel.

They **broke** it **down**.
nicht: ~~They broke down it.~~

Intransitiv benutzte *phrasal verbs* können **nur ungeteilt** stehen. Sie stehen in positiven Aussagesätzen und Fragen meist nach dem Subjekt (→ S. 372).

The girl **broke down**.	*Das Mädchen brach zusammen.*
Did the girl **break down**?	*Ist das Mädchen zusammengebrochen?*

Im **Passiv** (→ S. 173) bleiben *phrasal verbs* immer **ungeteilt**.

They **broke down** the door./They **broke** the door **down**.   (Aktiv)
Sie haben die Tür aufgebrochen
The door was **broken down**.   (Passiv)
Die Tür wurde aufgebrochen.

→ für Wortstellung im Satz siehe auch S. 380

Phrasal-prepositional verbs

Ein *phrasal verb* kann nicht nur mit einer **Partikel** sondern zusätzlich auch noch mit einer **Präposition** (→ S. 329) stehen, die von einer Nominalgruppe (→ S. 371) gefolgt wird. Solche Verben werden *phrasal-prepositional verbs* genannt.

phrasal verb + Präposition
↓   ↓
catch up   with   *einholen*

Beispiele für *phrasal-prepositional verbs*:

catch up with	*einholen*
check out of	*räumen (Hotelzimmer)*
do away with	*abschaffen, umbringen*
fall back on	*zurückgreifen auf*
get out of	*herumkommen um; herauskommen aus*
give in to	*sich beugen, nachgeben*
hand over to	*übergeben*
keep up with	*Schritt halten mit; mithalten mit*
look down on	*herabsehen auf*
look forward to	*sich freuen auf*
look out for	*achten auf; Ausschau halten nach*
pull away from	*zurücklassen zurückweichen*
put up with	*sich gefallen lassen*
run out of	*kein ... mehr haben*
watch out for	*achten auf*

I'll let you get on with your work.   *Arbeite ruhig weiter.*

I am looking forward to the party next week. *Ich freue mich auf die Party nächste Woche.*

(ABC) *Phrasal-prepostional verbs* können durch andere (formellere)
Verben und Wendungen ersetzt werden.

catch up with	→	join
put up with	→	tolerate
get on with	→	continue
look forward to	→	await with pleasure
go up to	→	approach

I don't know how you **put up** with his bad behaviour.

I don't know how you **tolerate** his bad behaviour.

Ich weiß nicht, wie du mit sein schlechtes Benehmen dulden kannst.

°Formen der Verben

Englische Verben können durch Änderungen im Verbstamm oder durch Endungen unterschiedliche Formen annehmen. Diese Veränderungen der Form dienen dazu, die verschiedenen Zeitformen zu bilden.

Die wichtigsten vier Formen sind:

Infinitiv	play, sing, go ...
past simple-**Form**	played, sang, went ...
past participle	played, sung, gone ...
present participle	playing, singing, going ...

Present participle wird oft auch *ing*-**Form** genannt.

Der Infinitiv

Der Infinitiv ist die Nennform des Verbs und somit die erste Form des Verbs. Sie wird auch die **Grundform** des Verbs genannt. In Grammatiken und Wörterbüchern werden Infinitive mit *to* als Kennzeichen angegeben.

to play	*spielen*	to work	*arbeiten*

Infinitiv ohne *to*

Ohne *to* wird der Infinitiv nach *will* im *future simple* (→ S. 248) sowie nach *would* im *conditional* (→ S. 271) verwendet.

I will **play**.	*Ich werde spielen.*
I would **play**.	*Ich würde spielen.*

Der Infinitv ohne *to* wird auch nach **Modalverben** (→ S. 123) benutzt.

You should **go** to the fair.	*Sie sollten zur Messe gehen.*
He must **be** careful.	*Er muss vorsichtig sein.*

Verbformen im *present simple*

Im *present simple* entsprechen die Formen des Verbs der Infinitivform –
bis auf die 3.Person Singular. Hier gilt: **He, she, it, das s muss mit**.

I **play**.	*Ich spiele.*
She **plays**.	*Sie spielt.*

Infinitiv mit *to*

Der Infinitiv mit *to* steht **nach bestimmten Verben**. Die geläufigsten Verben,
die den Infinitiv nach sich ziehen, sind:

afford	*sich leisten*	agree	*übereinstimmen*
aim	*zielen*	arrange	*ask*
attempt	*versuchen*	begin	*anfangen*
choose	*auswählen*	claim	*behaupten*
continue	*weitermachen*	decide	*entscheiden*
demand	*verlangen*	fail	*versagen/scheitern*
forget	*vergessen*	hate	*hassen*
help	*helfen*	hope	*hoffen*
intend	*beabsichtigen*	learn	*lernen*
would like	*möchten*	long	*sich danach sehnen*
love	*lieben*	mean	*etwas wollen*
need	*benötigen*	neglect	*versäumen*
offer	*anbieten*	plan	*planen*
prepare	*vorbereiten*	pretend	*vortäuschen*
promise	*versprechen*	refuse	*verweigern*
remember	*sich erinnern*	want	*wollen*

She remembered **to take** an umbrella.
Sie dachte daran, einen Regenschirm mitzunehmen.
She hopes **to go** to Spain in August.
Sie hofft, im August nach Spanien zu gehen.

WORTARTEN

Remember

Auf **remember** kann auch die *ing*-Form folgen. Dann aber ändert sich die Bedeutung.

I must remember **to phone** the doctor.
Ich muss daran denken, den Arzt anzurufen.
I remember **seeing** John for the first time.
Ich erinnere mich daran, wie ich John das erste Mal sah.

→ siehe auch ‚Verben mit *gerund* oder Infinitiv' Seite 163

Der **Infinitiv mit *to*** wird auch mit Konstruktionen wie ***I want*** (*ich will*), ***I'd like*** (*ich möchte*) oder ***I expect*** (*ich erwarte, dass ...*) verwendet. Diese Konstruktionen können auch mit vorangestelltem Objekt (→ S. 347) stehen, d. h. dass das Objekt zwischen Verb und Infinitiv steht.

I want **to listen** to the radio.	(ohne Objekt)
Ich will Radio hören.	
I want <u>you</u> **to listen** to the radio.	(mit Objekt)
Ich will unbedingt, dass du Radio hörst.	
I'd like <u>you</u> **to meet** my wife.	(mit Objekt)
Ich möchte, dass Sie meine Frau kennenlernen.	

Weitere Infinitive

Außer dem einfachen Infinitiv (*simple infinitive*) gibt es auch andere Infinitivformen.

Infinitiv in der **Verlaufsform** (*continuous infinitive*):

This time tomorrow I hope **to be swimming** in the Mediterranean.
Ich hoffe, dass ich morgen um diese Zeit im Mittelmeer schwimme.

Infinitiv in der **Perfektform** (*perfect infinitive*):

It's nice **to have finished** the report.   *Es ist schön, den Bericht fertig zu haben.*

Infinitiv in der **Passivform** (*passive infinitive*):

A lot of people still need **to be informed**.   *Viele Leute müssen noch informiert werden.*

Die Verneinung des Infinitivs

Der **verneinte Infinitiv** (*negative infinitive*) wird mit *not* + **Infinitiv** gebildet.
Dabei steht *not* vor dem Infinitiv.

She promised **not to come** home late.
Sie versprach, nicht zu spät nach Hause zu kommen.
Try **not to arrive** late.
Versuche, nicht zu spät anzukommen.
nicht: ~~Try to be not late~~ oder ~~Try to don't be late.~~

He was sorry **not to have arrived** earlier.
Es tat ihm leid, nicht früher angekommen zu sein.
The manager **is not to be dirsturbed**.
Der Manager soll nicht gestört werden.

(!)   Die **Verneinung** des einleitenden Verbs (und nicht des Infinitivs)
ändert die Bedeutung des Satzes. Vergleichen Sie:

He **promised** to phone Marian.
Er hat versprochen, Marian anzurufen.
He **didn't promise** to phone Marian.   (Verneinung des einleitenden Verbs)
Er hat nicht versprochen, Marian anzurufen.
He **promised not to phone** Marian.   (Verneinung des Infinitivs)
Er hat versprochen, Marian nicht anzurufen.
He **didn't promise not to phone** Marian.   (Verneinung von beidem)
Er hat nicht versprochen, Marian nicht anzurufen.

WORTARTEN

Fragen mit *why*

Fragen mit *why* können einen **Infinitiv ohne *to*** nach sich ziehen. Damit drückt man aus, dass etwas unnötig oder sinnlos ist.

Why ask James? He doesn't know either.
Warum willst du James fragen? Der weiß es auch nicht.
Why pay more than you have to?
Warum willst du mehr bezahlen als du musst?

Fragen mit *why not*

Fragen mit *why not* können einen **Infintiv ohne *to*** nach sich ziehen. Damit kann man informelle Vorschläge ausdrücken.

Why not go to the cinema?
Warum (wollen wir) nicht ins Kino gehen?
Why not have spaghetti?
Warum nicht Spaghetti nehmen?

Die *past-simple*-Form

Past simple-Formen sind Verbformen, die im ***past simple*** verwendet werden (→ S. 209). Sie werden häufig auch **die zweite Form** des Verbs genannt.

Man unterscheidet zwischen *past simple*-Formen der regelmäßigen und der unregelmäßigen Verben.

Bei den **regelmäßigen Verben** fügt man **-ed** ans Ende der Grundform.

work   →   work**ed**   *arbeitete*
play   →   play**ed**   *spielte*

Endet die Grundform auf einen Konsonanten (Mitlaut, → S. 18) + **-e** wird nur **-d** hinzugefügt.

hope	→	hope**d**	*hoffte*
like	→	like**d**	*mochte*

Endet die Grundform auf einen Konsonanten (Mitlaut, → S. 18) + **-y**, wird **y** zu *i* und man fügt **-ed** hinzu.

try	→	tr**ied**	*versuchte*
hurry	→	hurr**ied**	*beeilte*

Endet die Grundform auf einen Konsonanten (→ S. 18) (außer **w** oder **y**) nach einem kurzen Vokal (Selbstlaut, → S. 16), wird der Konsonant verdoppelt.

stop	→	stop**ped**	*hielt*
plan	→	plan**ned**	*plante*

 Amerikanisches und britisches Englisch

travel	→	travelled (BrE)	traveled (AmE)
cancel	→	cancelled (BrE)	canceled (AmE)

Für die Bildung des *past simple* bei den **unregelmäßigen Verben** gibt es keine Regel, man muss die Formen auswendig lernen.

catch	→	**caught**	*fing*
eat	→	**ate**	*aß*
sit	→	**sat**	*saß*

→ siehe Liste der unregelmäßigen Verben S. 480

Die *past simple*-Form wird häufig auch **die zweite Form** des Verbs oder die **einfache Vergangenheitsform** genannt.

Die *past simple*-Form wird ausschließlich zur **Bildung der Vergangenheit** (***past simple***, → S. 209) benutzt.

Christopher **worked** in the garden yesterday.
Christopher arbeitete gestern im Garten.
The car **stopped** at the traffic lights.
Das Auto hielt an der Ampel an.

Das *past participle*

Das *past participle* wird auch die **dritte Form** des Verbs genannt. Auch hier unterscheidet man zwischen Formen der regelmäßigen und unregelmäßigen Verben.

Bei den **regelmäßigen Verben** sind das *past participle* (die dritte Form) und die *past simple*-Form (die zweite Form) identisch.

Grundform	*past simple*-**Form**	*past participle*	Übersetzung
play	play**ed**	**played**	*gespielt*
work	work**ed**	**worked**	*gearbeitet*
stop	stop**ped**	**stopped**	*gestoppt*
hope	hope**d**	**hoped**	*gehofft*
try	tr**ied**	**tried**	*versucht*

Bei den **unregelmäßigen Verben** gibt es für die dritte Form (*past participle*) – genauso wie für die zweite Form (*past simple*) – keine Bildungsregeln. Man muss die Formen auswendig lernen.

Grundform	*past simple*-**Form**	*past participle*	Übersetzung
catch	caught	**caught**	*gefangen*
drive	drove	**driven**	*gefahren*
forget	forgot	**forgotten**	*vergessen*
go	went	**gone**	*gegangen*

→ siehe Liste der unregelmäßigen Verben S. 480

Gebrauch des *past participle*

Das *past participle* wird bei den folgenden **Zeitformen** benutzt:

present perfect (→ S. 223)

I **have** just **had** a break.	*Ich habe gerade eine Pause gehabt.*
He **has lost** his keys again.	*Er hat seine Schlüssel wieder verloren.*

past perfect (→ S. 238)

I **had lost** my suitcase.	*Ich hatte meinen Koffer verloren.*
He **had** already **met** Peter.	*Er hatte Peter bereits kennengelernt.*

future perfect (→ S. 263)

He **will have gone** home.	*Er wird nach Hause gegangen sein.*
I **will have finished** it by ten.	*Ich werde es bis zehn fertig haben.*

condtional perfect (→ S. 280)

He **would have gone** home.	*Er wäre nach Hause gegangen.*
Ben **would have helped**.	*Ben hätte geholfen.*

Das *past participle* wird auch zur Bildung des **Passivs** benutzt (→ S. 173).

The car **was stolen**.	*Das Auto wurde gestohlen.*
The boy **was injured**.	*Der Junge wurde verletzt.*

Das *past participle* kann auch als **Adjektiv** benutzt werden (→ S. 290).

The police found the **stolen** car.	*Die Polizei fand das gestohlene Auto.*
He replaced the **broken** door.	*Er ersetzte die kaputte Tür.*

Das *present participle*

Das *present participle* ist die vierte Form eines Verbs. Sie wird aus der **Grundform** des Verbs **+ -ing** gebildet und wird häufig auch ***ing*-Form** genannt.

laugh	→	laugh**ing**	play	→	play**ing**
fly	→	fly**ing**	catch	→	catch**ing**

(!) Das *present participle* kann **nur aus Vollverben** (→ S. 106) gebildet werden.

Endet die Grundform auf ein nicht ausgesprochenes **-e**, entfällt dieses **-e** vor dem hinzugefügten **-ing**.

hope	→	hop**ing**	smile	→	smil**ing**
argue	→	argu**ing**	prepare →	prepar**ing**

Endet die Grundform auf einen Konsonanten (→ S. 18) (außer **w** oder **y**) nach einem kurzen Vokal (→ S. 16), wird der Endkonsonant verdoppelt und **-ing** hinzugefügt.

stop	→	stop**ping**	plan	→	plan**ning**
swim	→	swim**ming**	sit	→	sit**ting**

(⚡) Die Bildung des *present participle* ist für regelmäßige und unregelmäßige Verben gleich.

see	→	see**ing**	begin	→	begin**ning**
think →	think**ing**	sit	→	sit**ting**

Amerikanisches und britisches Englisch

travel	→	travel**ling** (BrE)	travel**ing** (AmE)
cancel	→	cancel**ling** (BrE)	cancel**ing** (AmE)

Das *present participle* wird benutzt, um alle **Verlaufsformen** (*continuous forms*, → S. 195) zu bilden.

present continuous

Christopher **is playing** the piano.
Christopher spielt (gerade) Klavier.

past continuous

Christopher **was playing** the piano.
Christopher spielte (gerade) Klavier.

present perfect continuous

Christopher **has been playing** the piano for two hours.
Christopher spielt seit zwei Stunden Klavier.

past perfect continuous

When they arrived Christopher **had been playing** the piano for one hour.
Als sie ankamen, hatte Christopher eine Stunde Klavier gespielt.

future continuous

This time next week Christopher **will be playing** the piano.
Nächste Woche um diese Zeit wird Christopher Klavier spielen.

future perfect continuous

Next January I **will have been working** in France for three years.
Nächsten Januar werde ich drei Jahre in Frankreich gearbeitet haben.

Das *present participle* wird verwendet, um das ***gerund*** (→ S. 158) zu bilden.

Diving can be a dangerous sport.
Tauchen kann eine gefährliche Sportart sein.

Das *present participle* kann auch als **Adjektiv** (→ S. 290) verwendet werden.

Try not to disturb the **sleeping** baby.
Versuche das schlafende Kind nicht zu stören.

Das *gerund*

Ein Substantiv kann ein Gegenstand, eine Person, ein Tier oder ein abstrakter Begriff sein. Aber auch Tätigkeiten können mit einem Substantiv ausgedrückt werden: das Lesen, das Laufen, das Sprechen usw. Im Englischen wird hierfür das ***gerund*** benutzt.

I like **reading**.	*Ich mag (das) Lesen.*
Singing can be fun.	*Singen kann Spaß machen.*

Bildung des *gerund*

Das *gerund* wird mit der **Grundform** des Verbs + ***-ing*** gebildet.

read	→	**reading**	run → **running**	speak →	**speaking**

Die Schreibweisen beim *gerund* sind identisch mit denen des *present participle* (→ S. 155).

Das *gerund* als Subjekt

Das *gerund* kann, wie andere Substantive, **Subjekt** (wer? oder was?, → S. 372) eines Satzes sein. Als Subjekt steht es unmittelbar vor dem Verb.

Dancing is her hobby.   *Tanzen ist ihr Hobby.*

Das *gerund* kann auch mit einem weiteren Substantiv oder mit anderen Wörtern eine Wortgruppe (→ S. 370) bilden.

Writing books can be fun.
Bücherschreiben kann Spaß machen.
Discussing views on politics can become very emotional.
Das Diskutieren politischer Ansichten kann sehr emotional werden.

Das *gerund* als Objekt

Das *gerund* (alleine oder in einer Wortgruppe) kann, wie andere Substantive, auch **Objekt** (wen? oder was?, → S. 374) eines Satzes sein. Als Objekt steht es häufig nach Verben, die eine Vorliebe (z. B. like, love, enjoy) oder eine Abneigung (z. B. hate, dislike, not like, can't stand, detest) ausdrücken.

Uli loves **repairing vintage cars**.	*Uli liebt das Reparieren von Oldtimern.*
Ann didn't like **living abroad**.	*Ann mochte es nicht, im Ausland zu leben.*

 Das **Übersetzen** von Sätzen mit dem *gerund* **ins Deutsche** ist nicht immer ganz einfach, da es oft mehrere Möglichkeiten gibt.

I love baking cakes.	*Ich liebe es, Kuchen zu backen.*
	Ich liebe das Kuchenbacken.
	Ich liebe das Backen von Kuchen.

(!) *Gerund* **und Verlaufsform**

Achtung! Verwechseln Sie das *gerund* nicht mit Verben in *continuous-*Formen (z. B. *present continuous* oder *past continuous*).

gerund:	**Verb + -ing**
present/past continuous:	**Form von be + Verb + -ing**

Skiing is fun.   *Skifahren macht Spaß.*
(*gerund* als Subjekt – wer oder was macht Spaß?)

My sons love **skiing**.   *Meine Söhne lieben **das Skifahren**.*
(*gerund* als Objekt – wen oder was lieben sie?)

They **are skiing** in Switzerland.   *Sie **fahren** gerade in der Schweiz **Ski**.*
(*present continuous* – Form von *be* (*are*) + *present participle* (*skiing*))

They **were skiing** in Italy this time last year.
Letztes Jahr um diese Zeit waren sie in Italien Ski fahren.
(*past continuous* – Form von *be* (*were*) + *past participle* (*skiing*))

Das *gerund* nach bestimmten Verben

Die geläufigsten Verben, nach denen das *gerund* steht, sind:

abhor	*verabscheuen*	feel like	*Lust haben zu*
acknowledge	*zugeben*	finish	*beenden*
admit	*zugeben*	give up	*aufgeben*
adore	*bewundern, lieben*	imagine	*sich etw. vorstellen*
appreciate	*schätzen*	involve	*beinhalten*
avoid	*vermeiden*	loathe	*nicht leiden können*
can't help	*verhindern*	mention	*erwähnen*
commence	*beginnen*	mind	*etw. dagegen haben*
consider	*daran denken*	miss	*verpassen*
contemplate	*erwägen*	postpone	*verschieben*
debate	*diskutieren*	practise	*üben*
defer	*vertagen*	prevent	*verhindern*
delay	*aufschieben*	put off	*verschieben*
deny	*abstreiten*	quit	*aufhören*
detest	*verabscheuen*	recall	*sich erinnern*
discuss	*diskutieren*	recommend	*empfehlen*
dislike	*nicht mögen*	relish	*genießen*
dread	*große Angst haben*	report	*aussagen*
endure	*ertragen*	resent	*verübeln*
enjoy	*etw. genießen*	risk	*riskieren*
(can) face	*etw. ertragen*	stand	*ertragen*
fancy	*Vorliebe haben*	suggest	*vorschlagen*

I couldn't help laughing.   *Ich konnte mir das Lachen nicht verkneifen.*
Have you finished packing?   *Sind Sie mit dem Packen fertig?*
nicht: ~~Have you finished to pack?~~

Diese Verben können auch ihr **eigenes Subjekt** (→ S. 372) haben.

I don't mind **the children playing** in my garden.
Mir macht es nichts aus, wenn die Kinder in meinem Garten spielen.

Wenn das neue **Subjekt** ein **Pronomen** ist, so steht es in der Objektform (→ S. 71)

I don't mind **them playing** in my garden.
Mir macht es nichts aus, wenn sie in meinem Garten spielen.

 can't help

Nach *can't help* kann auch *but* + **Grundform** des Verbs folgen.

I couldn't help but laugh.   *Ich musste einfach lachen.*

WORTARTEN

Das *gerund* nach Präpositionen

Das *gerund* steht **nach bestimmten Präpositionen** wie z. B.:

after	*nach*	in spite of	*trotz*
because (of)	*wegen*	instead of	*anstatt*
before	*vor*	without	*ohne*

Tom is still tired **in spite of going** to bed early.
Tom ist immer noch müde, obwohl er früh ins Bett gegangen ist.
After leaving London, she drove down to the coast.
Nachdem sie London verlassen hatte, fuhr sie zur Küste hinunter.

Ein *gerund* steht auch nach vielen anderen **Ausdrücken mit Präpositionen** –
hier die wichtigsten:

Verb + Präposition

adjust to	*sich anpassen an*	depend on	*abhängen von*
agree with	*übereinstimmen mit*	dream about	*träumen von*
apologise for	*entschuldigen für*	give up	*aufgeben*
ask about	*fragen nach*	insist on	*bestehen auf*
ask for	*bitten um*	keep on	*fortfahren mit*
be against	*dagegen sein*	look forward to	*sich freuen auf*

begin by	*beginnen mit*	pay for	*bezahlen für*
complain about	*sich beschweren über*	prevent from	*hindern an*
concentrate on	*sich konzentrieren auf*	succeed in	*Erfolg haben mit*
consist of	*bestehen aus*	take part in	*teilnehmen an*
cope with	*fertig werden mit*	talk about	*sprechen über*
decide for	*sich entscheiden für*	think about	*nachdenken über*

I look forward to hearing from you soon.
Ich freue mich, bald von dir/Ihnen zu hören.
I'll begin by telling you something about myself.
Ich werde damit anfangen, Ihnen etwas über mich selbst zu erzählen.

Adjektiv + Präposition

angry about	*verärgert über*	fond of	*begeistert von*
(be) afraid of	*sich fürchten vor*	interested in	*interessiert an*
clever at	*gut in*	proud of	*stolz auf*
crazy about	*verückt nach*	tired of	*überdrüssig* (+ Gen)
excited about	*aufgeregt über*	used to	*gewöhnt an*
famous for	*berühmt für*		

He was angry about missing his flight.
Er war verärgert darüber, dass er sein Flug verpasst hat.
Agatha Christie is famous for writing crime stories.
Agatha Christie ist berühmt dafür, dass sie Kriminalgeschichten schrieb.

 to be used to und *used to*

***To be used to* + *ing*-Form** ist nicht gleich ***used to* + Infinitiv**.

I am used to Jan arriving late.
Ich bin es gewohnt, dass Jan zu spät kommt. (Er kommt immer noch zu spät.)
Jan used to arrive late.

Früher ist Jan zu spät gekommen. (Aber heute ist er pünktlich.)

Substantiv + Präposition

advantage of	*Vorteil von*	experience in	*Erfahrung mit*
chance of	*Chance zu*	place for	*Ort für*
choice between	*Wahl zwischen*	possibility of	*Möglichkeit zu*
doubts about	*Zweifel über*	reason for	*Grund für*

They had a choice between flying and taking the train.
Sie hatten die Wahl zu fliegen oder den Zug zu nehmen.
They are looking for someone with experience in engineering.
Sie suchen jemanden mit Erfahrung im Ingenieurwesen.

Weitere **Wendungen**, die das *gerund* nach sich ziehen, sind:

How/What about …	*Wie wäre es mit …*
It's no good …	*Es nützt nichts …*
It's no use …	*Es macht keinen Sinn …*
It's worth …	*Es lohnt sich …*
Thank you for …	*Vielen Dank für …*
Would you mind …	*Würde es Ihnen etwas ausmachen …*

Thank you for helping me.
Vielen Dank, dass Sie mir geholfen haben.
Would you mind coming a little earlier tomorrrow?
Würde es Ihnen etwas ausmachen, morgen ein wenig früher zu kommen?

Verben mit *gerund* oder Infinitiv

Einige Verben können sowohl ein *gerund* als auch einen **Infinitiv** nach sich ziehen. In manchen Fällen hat dies eine Auswirkung auf die Bedeutung, in anderen Fällen wird die Bedeutung dadurch nicht verändert.

Bei folgenden Verben kann sowohl *gerund* als auch Infinitiv stehen, ohne dass die Bedeutung verändert wird.

begin	*beginnen*	propose	*vorschlagen*
continue	*fortfahren*	start	*anfangen*
intend	*beabsichtigen*		

He started to work for his new company in January.   (Infinitiv)
He started working for his new company in January.   (*gerund*)
Er hat im Januar angefangen, bei seiner neuen Firma zu arbeiten.

Bei folgenden Verben steht ein *gerund*, wenn es kein Objekt (→ S. 374) im Satz gibt und ein Infinitiv, wenn ein Objekt vorhanden ist.

advise	*raten*	permit	*erlauben*
allow	*erlauben*	forbid	*verbieten*

They don't allow drinking in the theatre.   (*gerund*)
Es ist nicht gestattet, im Theater zu trinken.
They didn't allow me to take my drink into the theatre.   (Infinitiv)
Sie haben mir nicht erlaubt, mein Getränk ins Theater mitzunehmen.

Bei Verben, die eine Abneigung oder Vorliebe (**like** (*mögen*), **love** (*lieben*), **dislike** (*nicht mögen*), **hate** (*hassen*) usw.) ausdrücken, gibt es einen kleinen Unterschied in der Bedeutung bei der Verwendung mit *gerund* bzw. Infinitiv. Wenn die **Vorliebe** bzw. **Abneigung ganz allgemein** ausgedrückt werden soll, wird ein *gerund* verwendet.

Gerry loves working in the garden.
Gerry liebt es (gundsätzlich) im Garten zu arbeiten.

Denkt man aber eher an **konkrete Einzelfälle**, oder möchte man die Aussage etwas einschränken, so folgt auf das Verb ein **Infinitiv**.

Gerry loves to work in the garden (every now and again).

Gerry liebt es (ab und zu) im Garten zu arbeiten.

would/should + like, love, hate ... = Infintiv

Wenn die Verben der Abneigung oder der Vorliebe (like, love, dislike, hate usw.) mit **would** oder **should** stehen, folgt meistens ein **Infinitiv**.

Sandy would like to go to Italy.   *Sandy würde gerne nach Italien fahren.*
nicht: ~~Sandy would like going to Italy.~~

Auch andere Verben können sowohl ein *gerund* als auch einen Infinitiv nach sich ziehen, sie ändern ihre Bedeutung aber etwas deutlicher.

Hier die wichtigsten Beispiele und ihre unterschiedlichen Bedeutungen im Satz:

gerund	Infinitiv
She **stopped smoking**. *Sie hat mit dem Rauchen aufgehört.*	She **stopped to smoke**. *Sie hielt an, um zu rauchen.*
She won't **forget telling** him to come. *Sie wird nicht vergessen, als sie ihm sagte, dass er kommen soll.*	She **forgot to tell** him to come. *Sie vergaß ihm zu sagen, dass er kommen soll.*
I **remember telling** her the joke. *Ich erinnere mich, ihr den Witz erzählt zu haben.*	I must **remember to tell** her the joke. *Ich muss daran denken, ihr den Witz zu erzählen.*
I **regret telling** him it is not here. *Ich bedauere es, ihm gesagt zu haben, dass es nicht hier ist.*	I **regret to inform** you it is not here. *Ich bedauere es, Ihnen mitteilen zu müssen, dass es nicht hier ist.*
That **meant washing** her car. *Das bedeutete, dass sie ihr Auto waschen musste.*	She **meant to wash** her car. *Sie hatte fest vor, ihr Auto zu waschen.* (Hat sie aber nicht getan.)
Try doing it like this. *Versuche, es so zu machen.* (als Alternative)	**Try to do** it. *Versuch es doch.* (Betonung auf das Bemühen)

WORTARTEN

165

> She **went on talking**.
> *Sie hat weitergeredet.*
>
> She **went on to talk** about Africa.
> *Dann fing sie an, über Afrika zu reden.*

Grundlagen der Konjugation

Die **Beugung** der Verben wird Konjugation genannt. Bei der Konjugation werden Verben nach folgenden Kriterien verändert:

- **Person:** *I, you, he, she, it, we, you, they*
- **Numerus:** Singular, Plural
- **Tempus:** *present simple, present continuous, past simple ...*
- **Modus:** Indikativ, Konjunktiv, Imperativ
- **Genus** Aktiv, Passiv

Konjugierte Verbformen heißen auch **finite Verbformen**

Person und Numerus

Die konjugierte Form eines Verbs richtet sich nach dem Subjekt des Satzes (→ S. 372) und wird entsprechend an die Person (**1., 2., 3. Person**) und den Numerus (**Singular** oder **Plural**) des Subjekts angepasst.

	Singular	Plural
1. Person	I **work**	we **work**
2. Person	you **work**	your **work**
3. Person	he/she/it **works**	they **work**

Im Englischen sehen die Verbformen in allen Personen im Singular und Plural gleich aus – außer in der 3. Person Singular, hier gilt:

⠆⠆

He, she, it – das *s* muss mit.

Tempus

Verben werden dem Tempus entsprechend verändert. Das Tempus zeigt
an, ob eine Handlung oder ein Geschehen bereits stattgefunden hat, gerade
stattfindet oder noch stattfinden wird.

Im Englischen haben die Zeiten zwei Formen: eine **einfache Form** (*simple*)
und eine **Verlaufsform** (*continuous*).

Gegenwart

present simple	I work.
present continuous	I am working.

Vollendete Gegenwart

present perfect simple	I have worked.
present perfect continuous	I have been working.

Vergangenheit

past simple	I worked.
past continuous	I was working.
past perfect simple	I had worked.
past perfect continuous	I had been working.

Zukunft

going to-future simple	I'm going to work.
going to-future continuous	I'm going to be working.
future simple	I will work.
future continuous	I will be working.
future perfect simple	I will have worked.
future perfect continuous	I will have been working.

WORTARTEN

Konditional

conditional simple	I would work.
conditional continuous	I would be working.
conditional perfect simple	I would have worked.
conditional perfect continuous	I would have been working.

→ siehe auch ‚Die Zeiten' S. 195

Regelmäßige und unregelmäßige Verben

Verben können nach der Art ihrer Formenbildung in regelmäßig und unregelmäßig konjugierte Verben eingeteilt werden.

Diese Unterteilung in regelmäßige und unregelmäßige Verben betrifft im Englischen die Bildung des *past simple* (→ S. 209) und des *past participle* (→ S. 154).

Bei **regelmäßigen Verben** (*regular verbs*) werden das *past simple* und das *past participle* gebildet, indem man die Endung **-ed** an die Grundform anhängt.

Grundform		*past simple*		*past participle*
work	→	work**ed**	→	work**ed**
play	→	play**ed**	→	play**ed**

Unregelmäßige Verben (*irregular verbs*) bilden ihre Formen durch Änderungen im Verbstamm. Sie können nicht aufgrund von Regeln von der Grundform abgeleitet werden. Deshalb müssen die Formen auswendig gelernt werden.

Die *past simple*- und die *past participle*-Form der unregelmäßigen Verben können gleich sein:

Grundform		*past simple*		*past participle*
think	→	**thought**	→	**thought**
teach	→	**taught**	→	**taught**

Sie können aber auch verschieden sein:

Grundform		*past simple*		*past participle*
sing	→	**sang**	→	**sung**
drive	→	**drove**	→	**driven**

→ für eine Liste der unregelmäßigen Verben und ihrer Formen siehe S. 480

Modus

Verben können unterschiedliche **Aussageweisen** aus der Sicht des Sprechers angeben, d. h. dass der Sprecher zu einer Satzaussage subjektiv Stellung bezieht. Der Sprecher kann ausdrücken, ob ein Geschehen wirklich, möglich oder unmöglich ist. Auch Wünsche und Aufforderungen können zum Ausdruck gebracht werden.

Diese unterschiedlichen Aussageweisen werden unter dem Begriff **Modus** (Plural: *Modi*) zusammengefasst. Es gibt im Englischen drei Aussageweisen:

- **Indikativ**   – die Wirklichkeitsform
- **Konjunktiv**   – die Möglichkeitsform
- **Imperativ**   – die Befehlsform

Der Indikativ

Der Indikativ (*indicative*) ist die Aussageweise, die am häufigsten verwendet wird. Mit dem Indikativ wird ausgedrückt, dass etwas aus Sicht des Sprechers/des Schreibenden wirklich und gegeben ist. Daher wird dieser Modus auch **Wirklichkeitsform** genannt.

I'll call you next week.	*Ich rufe dich nächste Woche an.*
Jenny's going home.	*Jenny geht nach Hause.*

Der Konjunktiv

Mit Hilfe des Konjunktivs (*subjunctive*) kann man sich auf Wünsche und noch nicht stattgefundene Tätigkeiten und Ereignisse beziehen.

ⓘ   Der **Konjunktiv** kommt im Englischen **sehr selten** und nur in der formellen Sprache vor.

Der Konjunktiv wird nach einer begrenzten Anzahl von Verben wie z. B. *suggest* (*vorschlagen*), *insist* (*bestehen auf*), *recommend* (*empfehlen*), *demand* (*fordern*), *require* (*verlangen*) verwendet. In solchen Fällen wird die **Grundform des Verbs**, der Infinitiv, benutzt – das Verb wird also nicht konjugiert.

She insisted he **wear** his uniform.
Sie bestand darauf, dass er seine Uniform trage.
He recommended they **leave** immediately.
Er empfahl ihnen, sofort zu gehen.

Ein Verb im Konjunktiv kann auch nach folgenden Wendungen stehen:

on condition that ...	*unter der Bedingung, dass ...*
whether ...	*ob ...*
It is important that ...	*Es ist wichtig, dass ...*
It is essential that ...	*Es ist unabdingbar, dass ...*

She agreed to meet him on conditon that he **arrive** punctually.
Sie stimmte ein, ihn zu treffen, unter der Bedingung, dass er pünktlich ist.

Bei dem Verb *be* kann für alle Personen sowohl die Grundform *be* als auch *were* verwendet werden. Die *were*-Form steht häufig nach *if* (*falls*), *as if* (*als ob*), *though* (*obwohl*) und *as though* (*als ob*).

I remember it as though it **were** yesterday.
Ich erinnere mich daran, als ob es gestern gewesen wäre.
It is essential John **be** on time tomorrow.
Es ist unbedingt erforderlich, dass John morgen pünktlich ist.
It is imperative the Prime Minister be **given** the biggest suite.
Es ist zwingend notwendig, dass dem Premierminister die größte Suite gegeben wird.
(Dieser Satz steht im Passiv (→ S. 173)).

Auf den Konjunktiv verzichten?

Da der Konjunktiv im britischen Englisch sehr selten vorkommt, wird in der Regel die normale Verbform (Indikativ) verwendet. Vergleichen Sie:

It is extremely important we be at the airport by 8.30.   (Konjunktiv)
oder
It is extremely important that we are at the airport by 8.30.   (Indikativ)
Es ist äußerst wichtig, dass wir bis 8:30 am Flughafen sind.

Ausnahme ist:

If I were you, I'd ask John to help.
Wenn ich du wäre, würde ich John um Hilfe bitten.
(*If I was you* ist grundsätzlich möglich, wird aber – vor allem in der Schriftsprache und in der formelleren Sprache – als falsch empfunden.)

Die Verwendung des deutschen Konjunktiv unterscheidet sich von der Verwendung des englischen Konjunktivs. Wenn Sie sich die Beispielsätze anschauen, so wird deutlich, dass viele Sätze, in denen im Englischen ein Konjunktiv verwendet wird, im Deutschen mit einem Indikativ übersetzt werden.

Der Imperativ

Der Imperativ (*imperative*) drückt Aufforderungen, Befehle, Verbote, Wünsche, Bitten oder Ratschläge aus. Er wird auch **Befehlsform** genannt. Damit wendet man sich direkt an eine oder mehrere Personen.

Der Imperativ wird im Englischen mit der **Grundform des Verbs**, dem Infintiv, gebildet. Er hat im Singular, im Plural und in der höflichen Anrede die gleiche Form.

Listen carefully.   *Hör/Hört/Hören Sie gut zu!*

Durch ein voran- oder nachgestelltes *please* wirkt die Aufforderung grund-
sätzlich **höflicher**.

Close the door, please.
Schließ/Schließt/Schließen Sie bitte die Tür.

Fordert man jemanden auf, etwas nicht zu tun, verwendet man ***do not/don't***
+ die Grundform.

Don't forget to lock the door.
Vergiss/Vergesst/Vergessen Sie nicht, die Tür zu schließen!

 Punkt oder Ausrufezeichen?

Aufforderungssätze enden im Englischen meistens mit einem **Punkt**.
Nur bei besonders betonten Befehlen oder Ausrufen steht ein Ausrufe-
zeichen.

Mind the steps.	*Vorsicht, Treppe!*
Danger!	*Gefahr!*

Im Englischen wird der Imperativ besonders häufig benutzt, um zwanglose,
spontane **Einladungen** auszusprechen.

Hi, Brian. Come in and have a drink.
Hallo Brian. Komm doch auf ein Glas rein!

Durch ein zusätzliches ***do*** kann eine Einladung oder Aufforderung etwas
nachdrücklicher formuliert werden.

Do come in and have a drink.
Du kommst doch sicher noch auf ein Glas rein!
Do remind me to water the plants before we go.
Erinnere mich unbedingt noch daran, die Pflanzen zu gießen, bevor wir gehen!

Höfliche Aufforderungen

Der Imperativ kann als Aufforderung auch manchmal recht **unhöflich** klingen. Wenn man nicht sicher ist, kann man auch stattdessen andere, freundlicher wirkende Formen wie Modalverben (→ S. 123) verwenden.

Get up.   →   Could you please get up?
Steh auf!   →   *Könnten Sie bitte aufstehen?*

WORTARTEN

Das Passiv

Genus: Aktiv und Passiv

Die **Aktivformen** des Verbs stellen die **handelnde Person**, also den Täter oder Urheber eines Geschehens, in den Vordergrund. Das Subjekt des Satzes (→ S. 372) hat eine aktive Rolle.

Beim **Passiv** (*passive voice*) wird dagegen ein Geschehen oder eine **Handlung** am Subjekt des Satzes vorgenommen. Die Passivformen des Verbs betonen den **Vorgang**, die Rolle des aktiven Täters tritt in den Hintergrund.

Verben, nach denen ein Objekt (→ S. 374) folgt, können entweder im Aktiv oder Passiv stehen. Sie drücken dadurch verschiedene Perspektiven einer Handlung aus.

(!)   Verben, nach denen kein Objekt folgt – wie laugh (*lachen*) und die (*sterben*) – können kein Passiv bilden.

→ siehe auch transitive und intransitive Verben S. 108

Im **Aktiv** steht das Subjekt (→ S. 372), d. h. derjenige, der die Handlung ausführt, (wer/was?) vor dem Prädikat (→ S. 371). Das Objekt (wen/was?, → S. 374) steht hinter dem Prädikat.

Georgina **baked** a cake.   *Georgina backte einen Kuchen.*

Mit dem **Passiv** wird die Reihenfolge, in der die Information präsentiert wird, geändert. Hier wird das **Objekt zum Subjekt** und steht vor dem Prädikat im Passiv. Derjenige, der die Handlung ausführt (der Täter), wird entweder gar nicht erwähnt oder steht mit der Ergänzung *by* nach dem Prädikat.

A cake **was baked**.   *Ein Kuchen wurde gebacken.*

oder

A cake **was baked** by Georgina.   *Ein Kuchen wurde von Georgina gebacken.*

 Das Objekt des Aktivssatzes wird zum Subjekt des Passivsatzes.

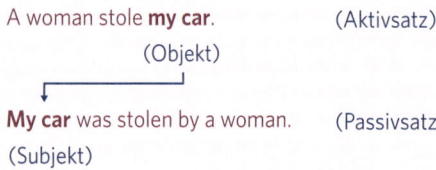

A woman stole **my car**.   (Aktivsatz)

       (Objekt)

My car was stolen by a woman.   (Passivsatz)

(Subjekt)

Bildung des Passivs

Das Passiv wird mit einer Zeitform von *be* + *past participle* (3. Form) des Vollverbs (→ S. 106) gebildet.

Positive Aussagen

Singular *(present simple passive)*	Plural *(present simple passive)*
I **am needed**	we **are needed**
you **are needed**	you **are needed**
he/she/it **is needed**	they **are needed**

Portuguese **is spoken** in Brazil.   *In Brasilien wird Portugiesisch gesprochen.*

Verneinte Aussagen

Bei verneinten Aussagen steht *not* bzw *n't* nach der Form von *be*.

Singular *(present simple passive)*	Plural *(present simple passive)*
I **am not needed**	we **aren't/are not needed**
you **aren't/are not needed**	you **aren't/are not needed**
he/she/it **isn't/is not needed**	they **aren't/are not needed**

The child **wasn't taken** to hospital.
Das Kind wurde nicht ins Krankenhaus gebracht.

Fragen

Fragen im Passiv werden gebildet, indem die jeweilige Form des Hilfsverbs
be mit dem Subjekt (→ S. 372) vertauscht wird. Somit steht *be* **vor dem
Subjekt**.

Singular *(present simple passive)*	Plural *(present simple passive)*
Am I **needed?**	**Are** we **needed?**
Are you **needed?**	**Are** you **needed?**
Is he/she/it **needed?**	**Are** they **needed?**

I'll call you if you **are needed**.   *Ich rufe dich an, wenn du gebraucht wirst.*

WORTARTEN

Obwohl das Passiv theoretisch in jeder Zeitform gebildet werden kann, werden einige Verlaufsformen (*continuous*) im Passiv nur selten oder überhaupt nicht verwendet (→ siehe Tipp unten). Hier Beispiele von häufig verwendeten Zeitformen im Aktiv und im Passiv.

Aktiv	Passiv
present simple Peter **tells** stories. *Peter erzählt Geschichten.*	**present simple** Stories **are told** (by Peter). *Geschichten werden erzählt (von Peter).*
present continuous Peter **is telling** a story. *Peter erzählt (gerade) eine Geschichte.*	**present continuous** A story **is being told** (by Peter). *Eine Geschichte wird (gerade) (von Peter) erzählt.*
present perfect simple Peter **has told** a story. *Peter hat eine Geschichte erzählt.*	**present perfect simple** A story **has been told** (by Peter). *Eine Geschichte ist erzählt worden.*
present perfect continuous Peter **has been telling** a story for the last 30 minutes. *Peter erzählt seit 30 Minuten eine Geschichte.*	**present perfect continuous (selten)** A story **has been being told** for the last 30 minutes. *Eine Geschichte wird bereits seit 30 Minuten erzählt.*
past simple Peter **told** a story yesterday. *Peter erzählte gestern eine Geschichte.*	**past simple** A story **was told** yesterday. *Eine Geschichte wurde gestern erzählt.*
past continuous Peter **was telling** a story when I called. *Peter erzählte (gerade) eine Geschichte, als ich anrief.*	**past continuous** A story **was being told** when I called. *Eine Geschichte wurde (gerade) erzählt, als ich anrief.*
past perfect simple Peter **had told** a story when I arrived. *Peter hatte bereits eine Geschichte erzählt, als ich ankam.*	**past perfect simple** A story **had been told** when I arrived. *Eine Geschichte war bereits erzählt worden, als ich ankam.*

future simple
Peter **will tell** another story tomorrow.
Peter wird morgen eine weitere Geschichte erzählen.

future simple
Another story **will be told** tomorrow.
Eine weitere Geschichte wird morgen erzählt werden.

future perfect
This time tomorrow Peter **will have told** another story.
Morgen um diese Zeit wird Peter bereits eine weitere Geschichte erzählt haben.

future perfect
This time tomorrow another story **will have been told**.
Morgen um diese Zeit wird eine weitere Geschichte erzählt worden sein.

conditional simple
Peter **would tell** another story.
Peter würde eine weitere Geschichte erzählen.

conditional simple
Another story **would be told**.
Eine weitere Geschichte würde erzählt werden.

conditional perfect simple
Peter **would have told** a story.
Peter hätte eine Geschichte erzählt.

conditional perfect simple
A story **would have been told**.
Eine Geschichte wäre erzählt worden.

WORTARTEN

Im Passiv sind das *past perfect continuous*, das *future progressive*, das *conditional continuous* und das *conditional perfect continuous* **nicht gebräuchlich**.

phrasal verbs

Bei *phrasal verbs* (→ siehe S. 141) bleibt die adverbiale Partikel (→ S. 142) im Passiv hinter dem Verb. Vergleichen Sie:

They **laughed at** the child.   *Sie lachten das Kind aus.*   (Aktiv)
The child **was laughed at**.   *Das Kind wurde ausgelacht.*   (Passiv)

Modalverben im Passiv

Modalverben können auch im Passiv stehen. Die meistverwendeten Formen für den Passiveinsatz bei Modalverben sind die Grundform (Infinitiv), *present perfect* und *present perfect continuous*, andere Formen sind sehr selten.

Aktiv	Passiv
They should call Annette. *Sie sollten Annette (an)rufen.*	Annette **should be called** (by them). *Annette sollte (an)gerufen werden.*
They may have called Annette *Sie werden vielleicht Annette schon angerufen haben.*	Annette **may have been called**. *Annette ist vielleicht (an)gerufen worden.*
James should have been calling Annette while I was waiting for Charlie. *James hätte Annette (an)rufen sollen, während ich auf Charlie gewartet habe.*	Annette **should have been being called** while I was waiting for Charlie. *Annette hätte angerufen werden sollen, während ich auf Charlie wartete.* (seltener)

Verben mit zwei Objekten

Verben, die im Aktivsatz von zwei Objekten (→ S. 375) gefolgt werden, können zwei unterschiedliche Passivsätze bilden, je nachdem, welches der beiden Objekte zum Subjekt (→ S. 372) im Passivsatz wird.

Jack gave **Fiona the book**.   *Jack gab Fiona das Buch.*
(*Fiona* und *the book* sind hier Objekte.)

→ **Fiona** was given the book.
(Hier wird *Fiona* zum Subjekt des Passivsatzes.)

oder

→ **The book** was given to Fiona.
(Hier wird *the book* zum Subjekt des Passivsatzes.)

They offered the neighbour a glass of wine.
Sie haben dem Nachbarn ein Glas Wein angeboten.
(*the neighbour* und *a glass of wine* sind hier Objekte.)

→ **The neighbour** was offered a glass of wine.

oder

→ **A glass of wine** was offered to the neighbour.

 Verben mit zwei Objekten

Häufige Verben, die von zwei Objekten gefolgt werden können, sind z. B. **give** (geben), **offer** (anbieten), **promise** (versprechen), **sell** (verkaufen), **teach** (beibringen) und **throw** (werfen).

Die Bildung von zwei Passivsätzen ist allerdings nicht möglich, wenn das zweite Objekt als Präpositionalgruppe mit **to** angeschlossen werden muss – wie bei **explain** (erklären), **describe** (beschreiben), **say** (sagen).

Mum described the old house **to me**.   *Mama beschrieb mir das alte Haus.*
The old house was described to me.   *Das alte Haus wurde mir beschrieben.*

aber nicht: ~~I was described the old house.~~

Gebrauch des Passivs

Das Passiv wird vor allem verwendet, wenn **eine Handlung von Interesse** ist, und der Urheber der Handlung entweder nicht bekannt, unwichtig, oder im Kontext offensichtlich ist. Meistens wird er nicht erwähnt.

Our house was broken into while we were on holiday.
Während wir in Urlaub waren, wurde in unser Haus eingebrochen.
(Wir wissen nicht, wer einbrach.)

Olive oil is made in Italy and Greece.
Olivenöl wird in Italien und Griechenland hergestellt.
(Wer es herstellt, ist nicht wichtig.)

Jane broke her leg and is being treated in hospital.
Jane hat ihr Bein gebrochen und wird gerade im Krankenhaus behandelt.
(Es ist offensichtlich, dass es ein Arzt ist, der sie behandelt.)

Das Passiv wird außerdem **häufig verwendet für**:

* **Prozesse und technische Beschreibungen**. Hier ist die Passivform objektiv und etwas formeller als Aktiv.

Paint is applied and then dried in a very hot oven.
Der Lack wird aufgetragen und dann in einem sehr heißen Ofen getrocknet.
The lights are adjusted before the car is checked and then driven away.
Die Lichter werden eingestellt, bevor das Auto kontrolliert und dann weggefahren wird.

* **Gebote und Anweisungen**

Mobile phones may not be used in this building.
Handies dürfen in diesem Gebäude nicht benutzt werden.
Butter and flour are then added and all the ingredients are mixed.
Butter und Mehl werden dann hinzugefügt und alle Zutaten werden vermischt.

* **Zeitungsberichte und akademische Schriftstücke**

Three people were injured in the accident.
Drei Menschen wurden bei dem Unfall verletzt.
The results of the survey were analysed.
Die Ergebnisse der Umfrage wurden analysiert.

* **längere Subjekte am Ende des Satzes**

Wenn der Urheber oder Auslöser der Handlung aus mehreren Wörtern besteht (im folgenden Beispiel unterstrichen), wird er im Englischen bevorzugt ans Ende des Satzes gesetzt. Hierzu wird die Passivkonstruktion verwendet. Vergleichen Sie diese beiden Sätze:

I **was surprised** by Christopher's sudden decision to study in South America.
Ich war überrascht von Christophers plötzlicher Entscheidung in Südamerika zu studieren.

Diese passivische Konstruktion klingt natürlicher als derAktivsatz:

Christopher's sudden decision to study in South America surprised me.
Christophers plötzliche Entscheidung, in Südamerika zu studieren, überraschte mich.

Verben im Passiv

Eine Reihe von **Verben** stehen im Englischen **meist im Passiv**, z. B.

be born	*geboren werden*
be populated	*bewohnt/besiedelt sein*
be stranded	*gestrandet sein, festsitzen*
be taken aback	*konsterniert/baff sein*

Richard was born in Scotland.
Richard wurde in Schottland geboren.
He was taken aback by her direct answer.
Er war wegen ihrer direkten Antwort konsterniert.

 be born

Anders als im Deutschen wird im Englischen bei der **Geburtsangabe**
immer die Passivform des *past simple* verwendet. Vergleichen Sie:

Jane **was born** on 14th August 2004.
*Jane **ist/wurde** am 14. August 2004 **geboren**.*

Die Nennung des Täters im Passivsatz

Will man im Passiv den Urheber bzw. Auslöser einer Handlung nennen,
so wird er mit Hilfe von *by* nach dem Prädikat (→ S. 371) angegeben. Man
verwendet diese Möglichkeit nur dann, wenn es notwendig bzw. interessant
ist, den Täger bzw. Urheber zu nennen.

St. Paul's Cathedral was built **by** Sir Christopher Wren.
Die St. Paul's Cathedral wurde von Sir Christopher Wren gebaut.

The football match was interrupted **by** the referee.
Das Fußballspiel wurde vom Schiedsrichter unterbrochen.
(Der Schiedsrichter wird im Passivsatz genannt, weil es wichtig ist, dass er das Spiel
unterbrochen hat und nicht z. B. die Fans oder ein Sturm.)

Mit einer Mischung aus Aktiv- und Passivsätzen kann man Informationen **interessanter auszudrücken**.

He had waited for over an hour before he was informed that his flight was to be delayed another three hours. He was handed several vouchers which he used to get himself something to eat.

Er hatte bereits über eine Stunde gewartet, bevor er informiert wurde, dass sein Flug weitere drei Stunden Verspätung haben würde. Ihm wurden einige Gutscheine ausgehändigt, die er benutzt hat, um sich etwas zu essen zu holen.

Verwirrende Formen

Aktiv- und Passivformen werden in den folgenden Konstruktionen häufig verwechselt:

She is very interested in learning English.
Sie ist sehr daran interessiert, Englisch zu lernen.
nicht: ~~She is very interesting in learning English.~~

He was bored during the lecture.
Während der Vorlesung war er gelangweilt.
nicht: ~~He was boring during the lecture.~~

Ersatzformen für Passiv

Um eine passivische Bedeutung auszudrücken, braucht es nicht immer eine Passivkonstruktion. Es gibt eine Reihe von sprachlichen Mitteln, die **anstelle des Passivs** verwendet werden können. Sie werden *pseudo-passives* genannt.

get statt *be*

In der Umgangssprache wird häufig ***get*/*got*** anstelle von einer Form von ***be*** zur Bildung des Passivs verwendet, allerdings eher bei kürzeren, unerwarteten oder nicht beabsichtigten Ereignissen. Vergleichen Sie:

We **were caught** in a thunderstorm.
We **got caught** in a thunderstorm.
Wir wurden von einem Gewitter überrascht.

He ruined his coat when he **got stuck** in the door.
Er hat seinen Mantel ruiniert, als er in der Tür eingeklemmt wurde.

aber nicht: ~~Portugese gets spoken in Brazil.~~

have something done

Mit Hilfe der Konstruktion ***have something done***, kann ausgedrückt werden, wer eine Handlung veranlasst. Im Deutschen wird meistens mit ***lassen*** übersetzt.

She **had** her hair **cut**.	*Sie ließ sich die Haare schneiden.*
He **has had** his car **washed**.	*Er hat sein Auto waschen lassen.*

 Vorsicht: Mit ***have something done*** wird nicht immer ausgedrückt, dass die Handlung von dem Subjekt des Satzes (→ S. 372) veranlasst wurde.

He had his iPhone stolen while he was travelling on the underground.
Ihm wurde sein iPhone gestohlen, als er mit der U-Bahn unterwegs war.
(Es ist unwahrscheinlich, dass er selbst den Diebstahl veranlasst hat.)

. . . .
present perfect ≠ ***have something done***

Verwechseln Sie nicht *present perfect* (im Aktiv) mit der Passiversatzform *have something done*.

I **have had** the windows **cleaned**.
Ich habe die Fenster putzen lassen. (= Jemand anders hat sie geputzt.)

I **have cleaned** the windows.
Ich habe die Fenster geputzt. = (Ich habe sie selbst geputzt.)

Gerund (*ing*-Form) statt Passiv

Wenn man ausdrücken möchte, dass etwas getan werden sollte, steht im Englischen häufig auch eine **aktive *ing*-Form** (→ S. 155) nach Verben wie *deserve* (*verdienen*), **need** (*brauchen*) und *require* (*erfordern*). Auch solche Verben werden passivisch verstanden.

The windows **need cleaning**. They haven't been cleaned for months.
(anstelle von: They need to be cleaned.)
Die Fenster müssen geputzt werden. Sie sind seit Monaten nicht geputzt worden.
The French **exams require** correcting.
Die Französischprüfungen müssen korrigiert werden.

Auch **want** (*benötigen*) wird im informellen Englischen so verwendet.

My car is absolutely filthy. It really **wants washing**.
(anstelle von: It wants to be washed.)
Mein Auto ist total verdreckt. Es sollte wirklich gewaschen werden.

Die indirekte Rede

Die indirekte Rede wird gebraucht, wenn man berichten will, was ein anderer oder man selbst gesagt hat. Sie wird im Englischen *indirect speech* oder *reported speech* genannt.

Bildung der indirekten Rede

Aussagen in der indirekten Rede beginnen mit einem **Einleitungssatz**, der ein Verb des Mitteilens enthält (say, tell, complain usw.) und einem **Folgesatz**, der meistens mit *that* eingeleitet wird.

He said that they had caught the policeman.
Er sagte, dass sie den Polizisten gefasst hätten.

Ausgangspunkt für Sätze in der indirekten Rede sind immer Sätze in der **direkten Rede** (*direct speech*). Bei der Übertragung von der direkten in die indirekten Rede können sich – je nach Sprecher – die **Personalpronomen** verändern (im Beispiel durch Unterstreichen markiert) (→ siehe dazu auch S. 188).

Poppy: "I like chocolate"	*Poppy: „Ich mag Schokolade."*
Poppy says that <u>she</u> likes chocolate.	*Poppy sagt, dass sie Schokolade mag.*

Die Konjunktion **that** kann auch entfallen.

Poppy says she likes chocolate.	*Poppy sagt, sie mag Schokolade.*

Häufig verwendete einleitende Verben

agree	*zustimmen*	promise	*versprechen*
answer	*antworten*	repeat	*wiederholen*
complain	*sich beschweren*	say	*sagen*
declare	*erklären*	shout	*schreien*
explain	*erklären*	suggest	*vorschlagen*
hear	*hören*	tell	*erzählen*
learn	*lernen*	think	*denken*
mention	*erwähnen*	write	*schreiben*

Indirekte Rede mit Zeitverschiebung

Aussagen, die zeitlich deutlich der **Vergangenheit** angehören, werden mit einem einleitenden Verb im *past simple* gebildet.
Der Folgesatz wird meist – wenn man mit dem Gesagten keine allgemeine oder gegenwärtige Gültigkeit ausdrückt (→ siehe ‚Indirekte Rede bei Tatsachen, Naturgesetzen, Gewohnheiten' S. 190) – **um eine Zeitstufe zurückgesetzt**.

(!) In manchen Zeiten – wie beispielsweise beim *past perfect* – und bei den Modalverben **would**, **could**, **should** und **might** (→ indirekte Rede

WORTARTEN

>>

mit Modalverben S. 191) ist eine weitere Zurücksetzung nicht möglich.
Dann bleibt die urspüngliche Zeit bzw. das ursprüngliche Modalverb
erhalten.

direkte Rede im *present simple* →	indirekte Rede im *past simple*
Oliver: "I**'m** glad to see you."	Oliver said (that) he **was** glad to see me.
Oliver: „Ich freue mich, dich zu sehen."	*Oliver sagte, dass er sich freue, mich zu sehen.*
direkte Rede im *past simple* →	indirekte Rede im *past perfect*
Sarah: "We **didn't go** out on Saturday."	Sarah told me (that) they **hadn't gone** out on Saturday.
Sarah: „Wir sind am Samstag nicht ausgegangen."	*Sarah sagte mir, dass sie am Samstag nicht ausgegangen seien.*
direkte Rede im *present perfect* →	indirekte Rede im *past perfect*
Bob: "I**'ve finished** the puzzle."	Bob said (that) he **had finished** the puzzle
Bob: „Ich habe das Puzzle beendet."	*Bob sagte, er habe das Puzzle beendet.*
direkte Rede im *past perfect* →	indirekte Rede im *past perfect*
Liz: "I **had been** in India for four months before I **visited** the Taj Mahal."	Liz declared (that) she **had been** in India for four months before **had visited** the Taj Mahal.
Liz: „Ich war vier Monate in Indien gewesen, bevor ich den Taj Mahal besucht habe."	*Liz behaupete, dass sie vier Monate in Indien gewesen war, bevor sie den Taj Mahal besucht habe.*
direkte Rede mit *will* →	indirekte Rede mit *would*
Greg: "I**'ll talk** to Jim later."	Greg promised (that) he **would talk** to Jim later.
Greg: „Ich werde später mit Jim reden."	*Greg versprach, dass er später mit Jim reden werde.*

>>

direkte Rede im *conditional perfect* →	indirekte Rede im *conditional perfect*
Tom: "I **would have come** to Lee's party if I **had been** back in time."	Tom said (that) he **would have come** to Lee's party if he **had been** back in time.
Tom: „Ich wäre zu Lees Party gekommen, wenn ich rechtzeitig zurück gewesen wäre."	*Tom sagte, er wäre zu Lees Party gekommen, wenn er rechtzeitig zurück gewesen wäre."*

direkte Rede mit *can* →	indirekte Rede mit *could*
Greg: "I **can talk** to Jim later."	Greg thought (that) he **could talk** to Jim later.
Greg: „Ich kann später mit Jim reden."	*Greg dachte, dass er später mit Jim reden könne.*

direkte Rede mit *may* →	indirekte Rede mit *might*
"We **may come back** later."	They said they **might come back** later.
„Wir kommen vielleicht später zurück."	*Sie sagten, sie kämen vielleicht später zurück.*

WORTARTEN

tell und *say*

Die Bedeutung von *tell* (*erzählen, sagen*) und *say* (*sagen*) ist ähnlich, sie verlangen aber unterschiedliche Konstruktionen. Nach *tell* wird immer derjenige genannt, der angesprochen wird. Meistens steht bei *tell* also sowohl ein direktes als auch indirektes **Objekt** (→ S. 375).

| I told George to leave. | *Ich sagte George, er soll gehen.* |
| I told him about the film. | *Ich erzählte ihm von dem Film.* |

Bei *say* ist das nicht notwendig, aber möglich. Der Angesprochene wird bei *say* mit *to* angeschlossen, bei *tell* ohne *to*.

I told him he should leave.	*Ich sagte ihm, er solle gehen.*
I said to him that he should leave.	*Ich sagte ihm, dass er gehen solle.*
I said he should leave.	*Ich sagte, er solle gehen.*

:: ::

Aber nicht: ~~I told he should leave.~~

Aber Achtung: Es gibt einige feste Redewendungen, in denen **tell** nur von einem direkten Objekt gefolgt werden kann.

tell a joke	*einen Witz erzählen*
tell a story	*eine Geschichte erzählen*
tell a lie	*eine Lüge sagen*
tell the truth	*die Wahrheit sagen*
He always tells stories.	*Er erzählt immer Geschichten.*

Änderung der Personalpronomen, des Ortes und der Zeit

Häufig sind in der indirekten Rede weitere **kleine Veränderungen** nötig. Diese Änderungen hängen stark vom Zusammenhang ab und können nicht pauschalisiert werden. Hier aber einige Beispiele:

Personenbezogene Veränderungen

In der indirekten Rede müssen häufig die **Personalpronomen** angepasst werden – je nach dem, wer ursprünglich gesprochen hat und wer das Gesagte wiedergibt. Vergleichen Sie die verschiedenen Möglichkeiten:

Neil says to Linda: „I can help you"
Neil sagt zu Linda: „Ich kann dir helfen."
Neil told me (that) he could help me.
Neil erzählte mir, er könne mir helfen.
Neil said he could help Linda.
Neil sagte, er könne Linda helfen.
Linda told me (that) Neil said (that) he could help her.
Linda erzählte mir, dass Neil gesagt hat, dass er ihr helfen könne.

Zeitbezogene Veränderungen

Bei den Zeitenangaben gibt es – ähnlich wie bei den Zeiten - ebenfalls eine

Art Zurücksetzung (*backshift*).

today	→	**that day**
yesterday	→	**the day before**
tomorrow	→	**the next day/the following day**
tonight	→	**that night**
this week	→	**that week**
last Saturday	→	**the Saturday before**

I'll see him **today**.	→	I said I would see him **that day**.
Ich werde ihn heute sehen.	→	*Ich sagte, ich würde ihn an dem Tag sehen.*

Allerdings muss die Zeitangabe nur dann angepasst werden, wenn die ursprüngliche Zeitangabe nicht mehr zutrifft und bereits in der Vergangenheit liegt.

"I saw him last Saturday."
„Ich sah ihn letzten Samstag."

→ She said she had seen him last Saturday. (am gleichen Tag erzählt)
   Sie sagte, dass sie ihn letzten Samstag gesehen habe.
→ She said she had seen him the Saturday before. (eine Woche später erzählt)
   Sie sagte, dass sie ihn am Samstag zuvor gesehen habe.

Ortsbezogene Veränderungen

Wenn sich der Ort des Sprechens inzwischen verändert hat, muss bei der indirekten Rede die Ortsangabe verändert werden.

here	→	**there**
in this house	→	**in that house**

"I like it here."
Es gefällt mir hier.

→ I told him I like it here. (am gleichen Ort erzählt)
   Ich sagte ihm, dass es mir hier gefalle.
→ I told him I liked it there. (an einem anderen Ort erzählt)
   Ich sagte ihm, dass es mir dort gefalle.

Indirekte Rede ohne Zeitverschiebung

Will man etwas zeitnah am Geschehenen weitererzählen, wählt man in der indirekten Rede das *present simple* für den Einleitungssatz. Im Folgesatz wird **die gleiche Zeit** verwendet wie in der direkten Rede.

direkte Rede	indirekte Rede
Henry: "I **don't know** the address." →	Henry says (that) he **doesn't know** the address.
Henry: „Ich kenne die Adresse nicht."	*Henry sagt, er kenne die Adresse nicht.*
Nina: "Our guests **are** here." →	Nina says (that) our guests **are** here.
Nina: „Unsere Gäste sind hier."	*Nina sagt, dass unsere Gäste da seien.*

Indirekte Rede bei Tatsachen, Naturgesetzen, Gewohnheiten

Bei unabänderlichen Tatsachen, Aussagen von allgemeingültiger Bedeutung und Gewohnheiten findet in der indirekten Rede **keine Zeitverschiebung** statt, auch wenn das einleitende Verb im *past simple* steht, denn zu dem Zeitpunkt der indirekten Rede gelten die Tatsachen und Gewohnheiten weiterhin.

direkte Rede	indirekte Rede
Teresa: "London **is** an exciting city." → (allgemeingültig)	Teresa said (that) London **is** an exciting city.
Teresa: „London ist eine aufregende Stadt."	*Teresa sagte, London ist eine aufregende Stadt.*
Steven: "We always **go** for a long walk at the weekend." → (Gewohnheit)	Steven said (that) they always **go** for a long walk at the weekend.
Steven: „Am Wochenende gehen wir immer lange spazieren."	*Steven sagt, dass sie am Wochenende immer lange spazieren gehen.*
Dad: "The sun **rises** in the east." → (Naturgesetz, unabänderliche Tatsache)	Dad told me (that) the sun **rises** in the east.
Papa: „Im Osten geht die Sonne auf."	*Papa sagte mir, dass die Sonne im Osten aufgeht.*

Indirekte Rede mit Modalverben

Auch Modalverben wie *can*, *will*, *may* oder *shall* werden in der indirekten Rede um **eine Zeitstufe zurückgesetzt**, wenn das einleitende Verb in der Vergangenheit steht.

can	→	**could**
may	→	**might**
must	→	**had to**
shall	→	**should**
will	→	**would**

"We may go to the cinema tonight."
Wir werden heute Abend vielleicht ins Kino gehen.
They said they might go to the cinema that evening.
Sie sagten, sie würden vielleicht an dem Abend ins Kino gehen.

"I can translate this article."
Ich kann diesen Artikel übersetzen.
She said that she could translate that article.
Sie sagte, sie könne den Artikel übersetzen.

Bei der Verwendung von *would*, *should*, *could*, *might* in der direkten Rede erfolgt **keine Zeitverschiebung** mehr in der indirekten Rede.

"It would be nice if we could meet."
Es wäre schön, wenn wir uns treffen könnten.
He said it would be nice if we could meet.
Er sagte, es wäre schön, wenn wir uns treffen könnten.

"We might go to London at the weekend."
Wir werden am Wochenende vielleicht nach London fahren.
They said they might go to London at the weekend.
Sie sagten, sie würden eventuell am Wochenende nach London fahren.

Fragen in der indirekten Rede

Entscheidend bei der Wiedergabe von Fragen in der indirekten Rede ist, ob die Frage in der direkten Rede mit oder ohne Fragewort gestellt wurde.

Fragen ohne Fragewort (→ S. 384) werden mit *if* oder *whether* eingeleitet.

Do you live in Stuttgart?
Wohnst du in Stuttgart?
She asked me **whether** I live/lived in Stuttgart.
Sie fragte mich, ob ich in Stuttgart wohne/wohnte.

Have you been to London?
Warst du in London?
He wanted to know **if** I had been to London.
Er wollte wissen, ob ich in London gewesen sei.

Bei **Fragen mit Fragewort** (→ S. 387) in der direkten Rede wird in der indirek-
ten Rede das Fragewort wieder aufgegriffen. Es steht direkt nach dem einlei-
tenden Verb. Danach folgen ganz normal Subjekt (→ S. 372) und Prädikat (→
S. 371) (wie in einem Aussagesatz).

Why did you leave the light on?
Warum hast du das Licht angelassen?
She wondered **why** I had left the light on.
Sie fragte sich, warum ich das Licht angelassen hätte.

When did you get back from holiday?
Wann bist du aus dem Urlaub zurückgekommen?
He wanted to know **when** I had got back from holiday.
Er wollte wissen, wann ich aus dem Urlaub zurückgekommen sei.

(ABC) **Einleitende Verben bei Fragen**

ask	*fragen*	want to know	*wissen wollen*
wonder	*sich fragen*	inquire	*fragen*

Aufforderungen in der indirekten Rede

Aufforderungen, Warnungen und Ratschläge werden in der indirekten Rede am häufigsten mit dem **Infinitiv** nach dem einleitenden Verb + **Personalpronomen** im Akkusativ wiedergegeben.

Remember to book early.	*Denke daran, früh zu buchen.*
He advised me to book early.	*Er riet mir, früh zu buchen.*

Bei der Verneinung gilt folgende Wortstellung: einleitendes Verb + Personalpronomen im Akkusativ + *not* + Infinitiv.

Don't talk about politics.	*Rede nicht über Politik.*
They warned me not to talk about politics.	*Sie warnten mich davor, über Politik zu reden.*

Einleitende Verben bei Aufforderungen

advise	*raten*	recommand	*empfehlen*
encourage	*raten*	suggest	*vorschlagen*
insist	*bestehen*	warn	*warnen*

WORTARTEN

DIE ZEITEN

ÜBERSICHT

Mit den Zeiten wird ausgesagt, wann etwas passiert oder getan wird.

present simple	I work	→ S. 197
present continuous	I am working	→ S. 202
present perfect simple	I have worked	→ S. 223
present perfect continuous	I had been working	→ S. 233
past simple	I worked	→ S. 209
past continuous	I was working	→ S. 216
past perfect simple	I had worked	→ S. 238
past perfect continuous	I had been working	→ S. 243
going to-future	I'm going to work	→ S. 254
future simple	I will work	→ S. 248
future continuous	I will be working	→ S. 260
future perfect simple	I will have worked	→ S. 263
future perfect continuous	I will have been working	→ S. 267
conditional simple	I would work	→ S. 271
conditional continuous	I would be working	→ S. 276
conditional perfect simple	I would have worked	→ S. 280
conditional perfect continuous	I would have been working	→ S. 284

Mit den Zeiten wird ausgesagt, wann etwas passiert oder etwas getan wird, d. h. ob eine Handlung oder ein Geschehen bereits stattgefunden hat, gerade stattindet oder noch stattinden wird.

Es gibt für jede Zeit immer zwei mögliche Formen – eine **einfache Form** (*simple*) und eine **Verlaufsform** (*continuous*). Diese Formen werden nicht nur anders gebildet, sie haben auch unterschiedliche Bedeutungen.

Die Zeiten im Überblick

Gegenwart

present simple	I work
present continuous	I am working

Vollendete Gegenwart

present perfect simple	I have worked
present perfect continuous	I have been working

Vergangenheit

past simple	I worked
past continuous	I was working
past perfect simple	I had worked
past perfect continuous	I had been working

Zukunft

going to-future	I'm going to work
	I'm going to be working
future simple	I will work
future continuous	I will be working
future perfect simple	I will have worked
future perfect continuous	I will have been working

Konditional

conditional simple	I would work
conditional continuous	I would be working

| conditional perfect simple | I would have worked |
| conditional perfect continuous | I would have been working |

Die verschiedenen Zeiten beziehen sich im Englischen auf sehr genau fest-gelegte Zeitphasen. Durch die Wahl einer bestimmten Zeit kann man nicht nur den Zeitpunkt eines Geschehens bestimmen, sondern beispielsweise auch Aussagen über die Dauer einer Handlung oder die Vollendung einer Tätigkeit treffen.

Signalwörter können hier helfen, die richtige Zeitform anzuwenden. Bestimmte Zeitformen kommen in Verbindung mit diesen Signalwörtern besonders häufig vor.

| I <u>sometimes</u> **help** my brother. | *I helfe manchmal meinem Bruder.* |
| I **'m helping** him <u>now</u>. | *Ich helfe ihm gerade.* |

 Ausschlaggebend für die Zeit ist der Kontext!

Bei **Signalwörtern** sollte man aufpassen: Es gibt oft nicht **nur eine mög-liche Zeit**. Vergleichen Sie das Signalwort *just*, das häufig als Signalwort für *present perfect* benutzt wird.

He has just left the office.	*Er hat gerade das Büro verlassen.*
He is just leaving the office.	*Er verlässt gerade das Büro.*
He just left the office.	*Er hat das Büro einfach verlassen.* (BrE)
	Er hat gerade das Büro verlassen. (AmE)
Let me try – just once.	*Lass mich versuchen – nur einmal.*

Ausschlaggebend für die Wahl einer bestimmten Zeit ist deshalb im-mer der **Kontext**. Nur wenn der Kontext verstanden und beachtet wird, lassen sich die Bedeutungsunterschiede präzise mit der entsprechend gewählten Zeit ausdrücken.

Das *present simple*

Bildung des *present simple*

Positive Aussagen

Das *present simple* ist bei den Personen *I, you, we, you, they* identisch mit der Grundform des Verbs (→ S. 148). Bei der **3. Person Singular** (*he, she, it*) wird ein **-s** an die Gundform des Verbs angehängt.

Singular	Plural
I **work**	we **work**
you **work**	your **work**
he/she/it **works**	they **work**

He **plays** tennis and football.   *Er spielt Tennis und Fußball.*

 Achtung! Denken Sie daran – *He, she, it!* Das **s** muss mit!

In der Schreibweise der **3. Person Singular** treten folgende **Besonderheiten** auf:

Bei *go* und *do* wird ein **-es** angehängt.

go → go**es**   *gehen*   do → do**es**   *machen, tun*

Endet ein Verb auf **Konsonant** (→ S. 18) **+ y**, wird das **y** durch **-ies** ersetzt.

try → tr**ies**   *probieren*   fly → fl**ies**   *fliegen*

Endet ein Verb auf [s], [ʃ], [tʃ], [z] bzw. [ʒ] (→ S. 18), wird **-es** angehängt und [ɪz] gesprochen.

kiss → kiss**es**   *küssen*   wish → wish**es**   *wünschen*
watch → watch**es** *beobachten, sehen*

 Achtung Aussprache!

goes [gəʊz]   does [dʌz]   says [sez]   wishes ['wɪʃɪz]

Verneinte Aussagen

Verneinte Aussagesätze werden mit Hilfe des Hilfsverbs *do* (→ S. 119) gebil-
det: Je nach Person wird *do not* bzw. *don't* oder *does not* bzw. *doesn't* dem
Infinitiv des Vollverbs vorangestellt. Das Hilfsverb wird nicht übersetzt.

Singular	Plural
I **don't work**	we **don't work**
you **don't work**	your **don't work**
he/she/it **doesn't work**	they **don't work**

I **don't understand** any Polish.   *Ich verstehe überhaupt kein Polnisch.*

Die **Kurzformen *don't*** und ***doesn't*** werden bevorzugt in der
Umgangssprache benutzt. Die **Langform** wird in der formelleren Sprache
oder zur Betonung verwendet.

Fragen

Um Fragen im *present simple* zu bilden, benötigt man das Hilfsverb *do* (→ S.
119). *Do* bzw. *does* steht dann vor dem Subjekt (→ S. 372). Bei *Ja/Nein*-Fragen
(→ S. 384) steht dann das Hilfsverb **am Anfang** des Satzes. *Do* bzw. *does*
wird nicht übersetzt.

Singular	Plural
Do I **work**?	**Do** we **work**?
Do you **work**?	**Do** you **work**?
Does he/she/it **work**?	**Do** they **work**?

Do you **live** in France?   *Wohnst du/Wohnen Sie in Frankreich?*

💡 Bei Fragen und verneinten Aussagen im *present simple* wird an das Vollverb in der 3. Person Singular kein **s** angehängt. Das **s** bzw. **es** wird an das Hilfsverb **do** angehängt.

Does Mary speak Polish?   *Spricht Mary Polnisch?*
nicht: ~~Does Mary speaks Polish?~~

Verneinte Fragen

Verneinte Fragen werden im *present simple* mit dem Hilfsverb **do** (→ S. 119) gebildet. **Don't** bzw. **doesn't** steht dann vor dem Subjekt (→ S. 372). Bei *Ja/Nein*-Fragen (→ S. 384) steht dann das Hilfsverb **am Anfang** des Satzes. Das *don't* bzw. *doesn't* wird nicht übersetzt.

Singular	Plural
Do I **not work**?	**Don't** we **work**?
Don't you **work**?	**Don't** you **work**?
Doesn't he/she/it **work**?	**Don't** they **work**?

Don't these flowers **look** fantastic?   *Sehen diese Blumen nicht fantastisch aus?*

(**i**) **Verneinte Fragen** können auch in der **Langform** gebildet werden, wenn die Verneinung betont werden soll. Dann allerdings ändert sich die Satzstellung.

Do you **not** understand?   **Does** she **not** understand?

Kurzantworten

Bei Kurzantworten wird das Hilfsverb aus der Frage wieder aufgegriffen.

Do we **need** money? – Yes, we **do**.   *Brauchen wir Geld? – Ja.*

(**!**) Bitte beachten Sie! Im Englischen ist es **höflicher**, eine **Kurzantwort** zu geben statt eines einzelnen *Yes* oder *No*.

Gebrauch des *present simple*

Das *present simple* wird verwendet, um über Folgendes in der Gegenwart zu sprechen:

- **permanente Situationen**

I **live** in Germany.
Ich lebe in Deutschland.
I **work** for an international company.
Ich arbeite bei einer internationalen Firma.

- **Handlungen** und **Ereignisse**, die **regelmäßig** oder aus **Gewohnheit** geschehen.

Peter **drives** to work.
Peter fährt mit dem Auto zur Arbeit.
They sometimes **spend** the weekend at their grandparents'.

Manchmal verbringen sie das Wochenende bei ihren Großeltern.

- **Erzählungen** oder **Beschreibungen von gewohnheitsmäßigen Handlungen oder Ereignissen**, die nacheinander geschehen.

I always **walk** to work. Then I **get** a cup of coffee and **read** my e-mails. After that I usually **have** a meeting with the whole team.
Ich gehe immer zu Fuß zur Arbeit. Dann hole ich mir eine Tasse Kaffee und lese meine E-Mails. Danach habe ich normalerweise eine Besprechung mit dem ganzen Team.

- **Abfahrtzeiten, Fahrpläne**

The plane **arrives** at 15.45.
Die Maschine/Das Flugzeug kommt um 15:45 an.

- **allgemeingültige Aussagen** bzw. **Fakten**

The sun **rises** in the east.
Die Sonne geht im Osten auf.

Signalwörter für das *present simple*

Diese Wörter drücken aus, wie regelmäßig man etwas tut. Wenn man über die **Gegenwart** spricht, funktionieren sie als Signalwörter für das *present simple*.

always	*immer*	rarely	*selten*
never	*nie(mals)*	sometimes	*manchmal*
often	*oft*	usually	*normalerweise*
every week, every month, etc.		*jede Woche, jeden Monat usw.*	
from time to time		*von Zeit zu Zeit*	
once a day, twice a week, etc.		*einmal am Tag, zweimal die Woche usw.*	

Die meisten Signalwörter für das *present simple* sind **Adverbien** (→ S. 313) oder **adveriale Bestimmungen** (→ S. 378).

Adverbien, die **Häufigkeit** ausdrücken (sie bestehen häufig aus einem

Wort), stehen meistens vor dem Vollverb bzw. nach dem ersten Hilfsverb
(→ siehe dazu auch S. 381).

We <u>often</u> **invite** friends to dinner.
Wir laden häufig Freunde zum Abendessen ein.

Adverbiale Bestimmungen, die sich auf die **Zeit** beziehen (sie bestehen
meistens aus mehreren Wörtern), stehen in der Regel am Satzende (→ siehe
dazu auch S. 381).

Steven **smokes** from <u>time to time</u>.   *Steven raucht ab und zu.*

 always

Always (*immer*) drückt aus, wie häufig man etwas tut. Es kann deswe-
gen auch als Signalwort für *present simple* verstanden werden.

I always do that.
Ich mache das immer. (grundsätzlich)

Always kann aber auch mit *present continuous* stehen, allerdings ändert
sich dann die Bedeutung. Man drückt damit aus, dass man etwas viel zu
oft macht, obwohl man es nicht machen will.

I am always doing that.
Das mache ich immer. (obwohl ich es eigentlich nicht machen will)

Das *present continuous*

Bildung des *present continuous*

Positive Aussagen

Das *present continuous* wird mit einer Form von **be** in *present simple* und dem **present participle** (*ing*-Fom, z. B. talking, singing) (→ S. 155) gebildet, es besteht also immer aus mindestens zwei Wörtern.

Die Formen von **be** hängen im *present simple* von der jeweiligen Person im Singular oder im Plural ab. Das **present participle** wird durch das Anhängen von **-ing** an das jeweilige Verb gebildet (→ S. 155).

Leon **is talking** to Amanda.   *Leon spricht mit Amanda.*

(i) **Alle *continuous*-Zeitformen werden mit einer Zeitform von *be* + *present participle* gebildet!**

Singular	Plural
I **am working**	we **are working**
you **are working**	you **are working**
he/she/it **is working**	they **are working**

Häufig werden im Englischen **Kurzformen** für die Formen des Hilfsverbs **be** benutzt. Dann steht ein Apostroph an der Stelle, an der man einen Buchstaben weglässt.

Singular	Plural
I**'m working**	we**'re working**
you**'re working**	you**'re working**
he/she/it**'s working**	they**'re working**

Mr Smith **is talking** on the phone. He**'s speaking** to a saleswoman.
Mr Smith spricht am Telefon. Er spricht mit einer Verkäuferin.

Verneinte Aussagen

Bei verneinten Sätzen steht *not* nach der Form von *be*. Hier sind ebenfalls Kurzformen möglich. Dafür gibt es – außer bei der 1. Person Singular – immer zwei Möglichkeiten.

Singular	Plural
I'm not working	we're not/aren't working
you're not/ aren't working	you're not/aren't working
he/she/it's not /isn't working	they're not/aren't working

Mr Smith **isn't talking** to his secretary. He**'s not/ isn't speaking** to Robert
Mr Smith spricht nicht mit seinem Sekretär. Er spricht nicht mit Robert.

Die **Kurzformen** werden bevorzugt in der Umgangssprache benutzt. Die **Langform** wird in der formelleren Sprache oder zur Betonung verwendet.

John**'s** going on holiday. He**'s** going to Spain.
John fährt gerade in Urlaub. Er fährt nach Spanien.
John **is not** going to Spain. – Yes, he **IS**. He **is** going to Barcelona.
John fährt nicht nach Spanien. Doch, er fährt nach Barcelona.

Fragen

Fragen im *present progressive* werden gebildet, indem die jeweilige Form des Hilfsverbs *be* mit dem Subjekt (→ S. 372) vertauscht wird. Somit steht *be* **vor dem Subjekt**. Bei *Ja/Nein*-Fragen (→ S. 384) steht dann das Hilfsverb **am Anfang** des Satzes. Bei Fragen gibt es keine Kurzformen.

Singular	Plural
Am I **working**?	**Are** we **working**?
Are you **working**?	**Are** you **working**?
Is he/she/it **working**?	**Are** they **working**?

Is he **working** on the project, too?   *Arbeitet er auch an dem Projekt?*

Verneinte Fragen

Bei verneinten Fragen wird meistens die **Kurzform** des Hilfsverbs *be* verwendet (außer bei der 1. Person Singular).

Singular	Plural
Am I **not working**?	**Aren't** we **working**?
Aren't you **working**?	**Aren't** you **working**?
Isn't he/she/it **working**?	**Aren't** they **working**?

Isn't John **working**, at the moment?   *Arbeitet John im Moment nicht?*

(i)   **Verneinte Fragen** können auch in der **Langform** gebildet werden, wenn die Verneinung betont werden soll. Dann ändert sich allerdings die Satzstellung.

Is she <u>**not**</u> **working**?   *Arbeitet sie nicht?*
nicht: ~~Is not she working?~~

Kurzantworten

Bei Kurzantworten wird das Hilfsverb aus der Frage wieder aufgegriffen.

Is Jane talking to Peter? – No, she **isn't**/she**'s not**.
Spricht Jane gerade mit Peter? – Nein.

Bei Kurzantworten mit *yes* werden nur die **Langformen** benutzt, bei Kurzantworten mit *no* werden meistens die **Kurzformen** verwendet. Zur Betonung kann aber auch die Langform mit *not* benutzt werden.

Are you going to the cinema? – Yes, we are./No, we aren't./No, we are **not**.
Geht ihr ins Kino? – Ja./Nein.
nicht: ~~Yes, we're.~~

isn't/aren't und 's not/'re not

Grundsätzlich sind beide verneinten Kurzformen immer möglich. Es gibt jedoch gewisse Vorlieben bei der Verwendung.

Wenn das Subjekt (→ S. 372) ein Pronomen (→ S. 70) ist, wird in der Umgangssprache meistens *'s not/'re not* verwendet.

He**'s not** here today. ist häufiger als He **isn't** here today.
Er ist heute nicht hier.

Wenn das Subjekt aus einem Substantiv mit Begleiter (→ S. 30) besteht, kommen beide Formen häufig vor. Allerdings besteht eine starke Tendenz für die Verwendung der *isn't/aren't*-Formen.

The chair **isn't** broken. ist etwas häufiger als The chair**'s not** broken.
Der Stuhl ist nicht kaputt.

Gebrauch des *present continuous*

Das *present continuous* wird gebraucht für:

- Handlungen, die **jetzt in diesem Augenblick** stattfinden.

Look, Mrs Johnson **is** just **leaving** the house.
Schau mal, Mrs Johnson verläßt gerade ihr Haus.

- **Temporäre** Situationen und Handlungen, die andauern, aber nur **momentan** oder **vorübergehend Gültigkeit** haben.

Michael **is saving up** to buy a new car.
Michael spart auf ein neues Auto.

- Handlungen, die in der **Zukunft** liegen, aber schon fest **geplant** bzw. fest **beschlossen** und **vereinbart** sind.

I**'m seeing** my boss next Monday at nine o'clock.
Ich treffe mein Chef nächsten Montag um neun Uhr.
(Er erwartet mich.)

Signalwörter für *present continuous*

currently	*aktuell*	now	*nun, jetzt*
at the moment	*im Moment/Augenblick*		

Achtung Ausnahmen!

Verben, die einen Zustand ausdrücken und keine Tätigkeit, bilden **keine continuous-Formen** (→ siehe auch Zustandsverben S. 108). Dazu gehören z. B.:

believe	*glauben*	notice	*bemerken*
belong	*gehören*	prefer	*bevorzugen*
cost	*kosten*	see	*sehen*
forget	*vergessen*	seem	*scheinen*
hate	*hassen*	smell	*riechen*
have	*haben*	taste	*schmecken*
hope	*hoffen*	think	*glauben/meinen*
know	*wissen*	understand	*verstehen*
like	*mögen*	want	*wollen*
love	*lieben*	weigh	*wiegen*

WORTARTEN

> >

mean	bedeuten	wish	wünschen
need	brauchen		

Manche von diesen Verben können eine *continuous*-Form bilden, sobald sie eine Tätigkeit ausdrücken. Sie ändern damit aber ihre **Bedeutung**. Vergleichen Sie:

I **think** you're right.	Ich glaube, Sie haben recht.
What **are** you **thinking** about?	Worüber denkst du gerade nach?

These oranges **taste** sweet.	Diese Orangen schmecken süß.
Mary **is tasting** the soup.	Mary schmeckt die Suppe ab.

present continuous **und** *present simple*

Beide Zeitformen können – je nach Sprechabsicht – im gleichen Satz stehen. Entscheidend ist, was man ausdrücken möchte. Vergleichen Sie:

present simple	present continuous
I **work** in an office.	I **am working** in an office.
Ich arbeite in einem Büro	*Ich arbeite (zur Zeit) in einem Büro.*
(Ich habe eine feste Anstellung und arbeite immer dort. Ich habe nicht die Absicht zu wechseln.)	(Der Job ist nur vorübergehend, demnächst arbeite ich irgendwo anders.)
I **live** in Stuttgart.	I **am living** in Stuttgart.
Ich wohne in Stuttgart.	*Ich wohne (zur Zeit) in Stuttgart.*
(Ich habe dort meinen festen Wohnsitz. Ich lebe dort.)	(Ich bin auf der Durchreise oder auf der Suche nach einer anderen Bleibe.)

° Das *past simple*

Bildung des *past simple*

Beim *past simple* gibt es nur eine Verbform für alle Personen. Einzige Ausnahme: das Verb *be* (→ siehe weiter unten).

Bildung des *past simple* bei regelmäßigen Verben

Grundform des Verbs + *-ed*

walk + ed = walked   look + ed = looked

Bei der Bildung der regelmäßigen *past simple*-Formen treten folgende **Besonderheiten** auf:

- Endet ein Verb auf einen kurzen Vokal + Konsonant (→ S. 18), wird der **Endkonsonant verdoppelt**.

stop → sto**pp**ed   cancel → cance**ll**ed (aber AmE: canceled)
knit → kni**tt**ed   travel → trave**ll**ed (aber AmE: traveled)

- Auch bei betontem *-er* am Ende eines Verbs wird der Konsonant verdoppelt:

prefer → prefe**rr**ed   transfer → transfe**rr**ed

- Bei Verben, die mit einem **nicht gesprochenen -e** enden, wird nur ein *-d* angehängt.

phone → phon**ed**   prepare → prepar**ed**   smile → smil**ed**

- Endet ein Verb auf Konsonant (→ S. 18) + *-y*, wird das *-y* durch *-ied* **ersetzt**.

try → tr**ied**   marry → marr**ied**

Aussprache der regelmäßigen *past simple*-Formen:

- Nach Vokalen (→ S. 16) und stimmhaften Konsonanten (→ S. 18) wird ein weiches [d] gesprochen.

stayed [steɪd]   loved [lʌvd]

closed [kləʊzd]   rained [reɪnd]

- Nach stimmlosen Konsonanten (→ S. 18) wird ein [t] gesprochen.

asked [ɑːskt]   helped [helpt]   touched [tʌtʃt]
laughed [lɑːft]   finished [ˈfɪnɪʃt]

- Endet ein Verb in der Grundform auf *-d* oder *-t*, wird ein [ɪd] gesprochen.

visited [ˈvɪzɪtɪd]   wanted [ˈwɒntɪd]   landed [ˈlændɪd]

Bildung des *past simple* bei unregelmäßigen Verben

Für die Bildung des *past simple* bei unregelmäßigen Verben gibt es keine Regel – man muss sie auswendig lernen. Hier ein paar Beispiele (→ für eine vollständige Liste siehe S. 480):

Grundform	*past simple*-Form		Grundform	*past simple*-Form
catch	→ **caught**		sing	→ **sang**
drive	→ **drove**		speak	→ **spoke**
forget	→ **forgot**		stand	→ **stood**
go	→ **went**		take	→ **took**
hear	→ **heard**		tell	→ **told**
know	→ **knew**		think	→ **thought**
make	→ **made**		wake	→ **woke**
read	→ **read**		wear	→ **wore**
see	→ **saw**		write	→ **wrote**

 read

Die *past simple*-Form von ***read*** wird [red] ausgesprochen.

Das Verb *be*

Be ist das einzige Verb, das zwei Formen für das *past simple* hat.

I, he/she/it   →   **was**
you, we, you, they   →   **were**

Positive Aussagen

Bejahte Aussagesätze im *past simple* werden, genau wie im *present simple*, ohne Hilfsverb gebildet.

Singular	Plural
I **worked**	we **worked**
you **worked**	you **worked**
he/she/it **worked**	they **worked**

He **worked** during the summer holiday.
Er hat während der Sommerferien gearbeitet.

Verneinte Aussagen

Ebenso wie im *present simple* braucht man für die Bildung verneinter Aussagesätze das Hilfsverb *do*, hier allerdings in seiner *past simple*-Form: für alle Personen wird **did not** bzw. die Kurzform **didn't** der Grundform des Verbs vorangestellt.

Singular	Plural
I **did not/didn't work**	we **did not/didn't work**
you **did not/didn't work**	you **did not/didn't work**
he/she/it **did not/didn't work**	they **did not/didn't work**

I **didn't work** at Christmas.
Ich habe an Weihnachten nicht gearbeitet.

WORTARTEN

! Aufgepasst! Nach ***didn't*** folgt immer die **Grundform**, nicht die *past simple*-Form.

He **didn't work** for a large company.
nicht: ~~He didn't worked for a large company.~~

🖊 Die **Kurzformen** werden bevorzugt in der Umgangssprache benutzt. Die **Langform** wird in der formelleren Sprache oder zur Betonung verwendet.

Fragen

Wie im *present simple* brauchen Vollverben im *past simple* bei Fragen ebenfalls das Hilfsverb ***do***, und zwar in der *past simple*-Form: ***did***. Bei *Ja/Nein*-Fragen (→ S. 384) fängt die Frage mit ***did*** an.

Singular	Plural
Did I **work**?	**Did** we **work**?
Did you **work**?	**Did** you **work**?
Did he/she/it **work**?	**Did** they **work**?

Did you **work** last weekend? — *Hast du letztes Wochenende gearbeitet?*

Verneinte Fragen

Bei verneinten Fragen wird meistens die **Kurzform** des Hilfsverbs ***do*** verwendet, und zwar in der *past simple*-Form ***didn't***.

Singular	Plural
Didn't I **work**?	**Didn't** we **work**?
Didn't you **work**?	**Didn't** you **work**?

> Didn't he/she/it work?   Didn't they work?

Didn't you work last week?   *Hast du letzte Woche nicht gearbeitet?*

 Verneinte Fragen können auch in der **Langform** gebildet werden, wenn die Verneinung betont werden soll. Dann allerdings ändert sich die Satzstellung.

Did he **not** work?   *Hat er (wirklich) nicht gearbeitet?*

Kurzantworten

Bei **Kurzantworten** wird das Hilfsverb aus der Frage wieder aufgegriffen.

Did you see Michael yesterday? – No, I **didn't**.
Hast du Michael gestern gesehen? – Nein.

Kein Hilfsverb bei *be*!

Did wird bei *be* in verneinten Sätzen und Fragen im *past simple* **nicht verwendet**.

I **wasn't**/They **weren't** at home yesterday.
Ich war/Sie waren gestern nicht zu Hause.
Was he/**Were** you in Frankfurt yesterday?
War er/Waren Sie gestern in Frankfurt?

In **Kurzantworten** wird das *was/were* aus der Frage wieder aufgegriffen.

Yes, he **was**. No, we **weren't**.

Gebrauch des *past simple*

Das *past simple* wird gebraucht, um über **abgeschlossene Handlungen** und **Ereignisse**, die in der **Vergangenheit** beendet wurden, zu erzählen. Der Zeitpunkt oder Zeitrahmen, den man meint, wird meistens erwähnt oder geht aus dem Kontext hervor und ist immer abgeschlossen.

I saw my sister one week ago.
Ich sah meine Schwester vor einer Woche.
I went on holiday to Switzerland last year.
Letztes Jahr ging ich in die Schweiz in Urlaub.

Signalwörter für das *past simple*

yesterday	*gestern*
last week, last summer, etc.	*letzte Woche, letzten Sommer usw.*
five minutes ago, two weeks ago, etc.	*vor fünf Minuten, vor zwei Wochen usw.*

Außerdem: **Daten** und **Jahreszahlen** in der Vergangenheit (1986, 5th February, 2001, etc.).

Das Perfekt im Englischen und im Deutschen

Achtung – die Verwendung des Perfekts unterscheidet sich im Englischen und im Deutschen:
In der gesprochenen deutschen Sprache wird **Vergangenes** zunehmend mit dem **Perfekt** ausgedrückt. Man sagt zum Beispiel eher

Ich habe fünf Jahre in Paris gelebt. als
Ich lebte fünf Jahre in Paris.

Die Bedeutung bleibt aber gleich: Man lebt nicht mehr in Paris.

Im Englischen drückt das Perfekt dagegen aus, dass eine Handlung oder eine Situation noch nicht abgeschlossen ist (→ siehe auch *present perfect* S. 223). Der Satz:

I have lived in Paris for five years.   *Ich lebe seit fünf Jahren in Paris.*

bedeutet also, dass man immer noch dort lebt.

Wenn man im Englischen ausdrücken möchte, dass man nicht mehr in Paris lebt, muss man das **past simple** benutzen.

I lived in Paris for five years.   *Ich habe fünf Jahre in Paris gelebt.*

Das gilt auch für Fragen:

Did you like it in Paris?   *Hat es dir in Paris gefallen?*

Das *past simple* wird auch für **Handlungen** und **Ereignisse**, die **regelmäßig** oder aus **Gewohnheit** in der Vergangenheit passiert sind, verwendet. Auch hier werden **always**, **sometimes**, **often** usw. verwendet. (→ siehe Signalwörter für *present simple* S. 197).

I always went to school by train.
Ich bin immer mit dem Zug zur Schule gefahren.
I never left the house before 7.30 in the morning.
Ich habe das Haus nie vor 7:30 am Morgen verlassen.

I wish, I'd rather und *it's time*

Nach **I wish** (*ich wünschte*) steht häufig das *past simple*, wenn man zum Ausdruck bringen möchte, dass man mit einer gegenwärtigen Situation unzufrieden ist, diese aber nicht ändern kann.

I wish we **lived** in a bigger flat.
Ich wünschte, wir würden in einer größeren Wohnung leben.

Auch nach **I'd rather** (*mir wäre lieber*) und **it's time** (*es ist an der Zeit*) steht häufig *past simple*.

I'd rather you **left** me alone.
Mir wäre lieber, wenn du mich in Ruhe ließest.
It's time we **closed** the shop.
Es ist an der Zeit, den Laden zu schließen.

→ zu *wish* siehe auch den Tipp auf S. 288

 used to

Man verwendet **used to**, wenn man über frühere regelmäßige Handlungen oder Situationen sprechen möchte, die heute nicht mehr der Realität entsprechen.

I used to play tennis twice a week.
Früher habe ich zweimal die Woche Tennis gespielt.
I used to live in London.
Früher habe ich in London gelebt.

nicht: ~~In earlier times I played tennis twice a week.~~

° Das *past continuous*

Bildung des *past continuous*

Positive Aussagen

Das *past continuous* wird mit einer Form von **be im *past simple*** (***was/were***) **+ *present participle*** gebildet. Somit besteht es immer aus mindestens zwei Wörtern.

Das *present participle* wird durch das Anhängen von **-ing** an die Grundform des Verbs gebildet (→ siehe auch S. 155).

Singular	Plural
I **was working**	we **were working**
you **were working**	your **were working**
he/she/it **was working**	they **were working**

I **was reading** the newspaper when you phoned.
Ich habe gerade die Zeitung gelesen, als du angerufen hast.

(i) Alle *continuous*-Zeitformen werden mit einer Form von **be** + *present participle* gebildet!

Verneinte Aussagen

Bei verneinten Aussagen steht **not** nach der Form von **be** – *was not/were not*.

Singular	Plural
I **was not working**	we **were not working**
you **were not working**	you **were not working**
he/she/it **was not working**	they **were not working**

Häufig werden die **Kurzformen** *wasn't/weren't* benutzt.

Singular	Plural
I **wasn't working**	we **weren't working**
you **weren't working**	you **weren't working**
he/she/it **wasn't working**	they **weren't working**

The children **weren't playing** in the garden when their mother came home.
Die Kinder spielten nicht im Garten, als ihre Mutter nach Hause kam.

Fragen

Fragen im *past continuous* werden gebildet, indem das Hilfsverb *be* im *past simple* mit dem Subjekt (→ S. 372) vertauscht wird. Bei *Ja/Nein*-Fragen (→ S. 384) steht dann das Hilfsverb **am Anfang** des Satzes.

Singular	Plural
Was I **working**?	**Were** we **working**?
Were you **working**?	**Were** you **working**?
Was he/she/it **working**?	**Were** they **working**?

Were you **having** breakfast when I phoned?
Hast du gerade gefrühstückt, als ich anrief?

Verneinte Fragen

Verneinte Fragen werden meistens in der Kurzform verwendet.

Singular	Plural
Wasn't I **working**?	**Weren't** we **working**?
Weren't you **working**?	**Weren't** you **working**?
Wasn't he/she/it **working**?	**Weren't** they **working**?

Weren't you **working** in Paris in last year?
Hast du letztes Jahr nicht in Paris gearbeitet?

(i) **Verneinte Fragen** können auch in der **Langform** gebildet werden, wenn die Verneinung betont werden soll. Dann allerdings ändert sich die Satzstellung.

Were you **not** working?   **Was** he **not** joking?

Kurzantworten

Es gilt als unhöflich, im Englischen nur mit *yes* oder *no* zu antworten. Hier werden meistens **Kurzantworten** (→ S. 386) verwendet. Bei Kurzantworten wird das Hilfsverb aus der Frage wieder aufgegriffen.

Were you eating chocolate when I came in? – No, we **weren't**.
Habt ihr gerade Schokolade gegessen, als ich hereinkam? – Nein.

Gebrauch des *past continuous*

Das *past continuous* wird gebraucht:

- für eine **Handlung** oder Begebenheit in der Vergangenheit, **die bereits angefangen hat** und noch andauerte, als ein weiteres, meist kürzeres, Ereignis eintrat. Die bereits ablaufende Handlung steht im *past continuous*. Das neu eintretende Ereignis steht im *past simple*.

Peter **was reading** his emails when Jane called.
Peter las gerade seine E-Mails, als Jane anrief.
He received another two emails while he **was talking** to her.
Er erhielt zwei weitere E-Mails, während er mit ihr sprach.

- für **mehrere Handlungen** oder Ereignisse in der Vergangenheit, die über einen längeren Zeitraum **gleichzeitig** abliefen.

While the fans **were clapping** their hands, the popstar **was dancing** and **singing** his latest song.
Während die Fans in die Hände klatschten, tanzte der Popstar und sang sein neustes Lied.
It **was raining** and all the people **were walking** under their umbrellas.
Es regnete und alle Menschen gingen unter ihren Regenschirmen.

- zur **Beschreibung von Szenen**, für Hintergrundinformationen und um eine Atmosphäre zu schaffen, die den Leser – beispielsweise bei einer Erzählung – einstimmen soll.

It **was snowing** and Peter **was driving** slowly down the icy country lanes.
Es schneite und Peter fuhr langsam auf den gefrorenen, schmalen Landstraßen.

The sun **was shining** in a cloudless sky.
Die Sonne schien an einem wolkenlosen Himmel.

- um zu sagen, womit jemand **zu einer bestimmten Zeit** in der Vergangenheit (bereits) beschäftigt war.

What **were** you **doing** at 10.15 last night?
Was hast du gestern Abend um 10:15 gemacht?
I **was watching** the news at 10.15 last night.
Ich habe gestern Abend um 10:15 die Nachrichten geschaut.

- für **temporäre Situationen** in der Vergangenheit

John **was living** with his mother.
John wohnte bei seiner Mutter. (vorübergehend)
He **was working** on a project in Italy.
Er arbeitete (gerade) an einem Projekt in Italien.

- zur **Betonung der Dauer** einer Handlung oder eines Ereignisses in der Vergangenheit

We **were arguing** for over an hour.
Wir haben über eine Stunde lang gestritten.
He **was working** on a project in Italy.
Er arbeitete (über einen gewissen Zeitraum) an einem Projekt in Italien.

 Dauer einer Handlung betonen

Wenn man die Dauer einer Handlung betonen möchte, verwendet man öfter *spend* + *gerund* (*ing*-Form).

They **spent** all morning **discussing** the problem.
Sie haben das Problem den ganzen Morgen besprochen.

 Man kann *past continuous* auch benutzen, um über **Vorhaben** zu sprechen, **die nicht mehr eintreten werden**.

I **was meeting** Annette for lunch tomorrow, but she's ill and can't come.
Ich hatte vor, Annette zum Mittagessen zu treffen, aber sie ist krank und kann nicht kommen.

while und *when*

Um bereits ablaufende Handlungen von neu eintretenden zu unterscheiden, sind die Konjunktionen *while* und *when* hilfreich. Sie leiten beide einen Nebensatz (→ S. 403) ein, auf den ein Hauptsatz (→ S. 383) folgt. Es spielt keine Rolle, ob der Haupt- oder der Nebensatz zuerst genannt wird.

while + *past continuous* → Hauptsatz mit *past simple*

While we **were waiting** for the bus, it started to rain.
Während wir auf den Bus warteten, fing es an zu regnen.
It started to rain while we **were waiting** for the bus.
Es fing an zu regnen, als wir auf den Bus warteten.

when + *past simple* → Hauptsatz mit *past continuous*

When I came home, Lisa **was working in the garden**.
Als ich nach Hause kam, arbeitete Lisa gerade im Garten.
Lisa **was talking** on the phone and the kids **were watching** TV when I came home.
Lisa war am Telefon und die Kinder spielten gerade im Garten, als ich nach Hause kam.

Steht ein *while*- oder *when*-Satz vorne, wird er mit einem **Komma** vom Hauptsatz abgetrennt. Steht der Hauptsatz zuerst, folgt kein Komma!

→ siehe ‚Zeichensetzung' S. 459

while und *during*

Sowohl **while** als auch *during* können mit *während* übersetzt werden. Sie werden aber unterschiedlich eingesetzt: **While** steht immer in Zusammenhang mit einer **Tätigkeit** (Verb) und *during* in Zusammenhang mit einer **Veranstaltung** (Substantiv).

I'll speak to John **while** we are having a break.
Ich spreche mit John, während wir eine Pause machen.
I spoke to John **during** the break.
Ich sprach während der Pause mit John.

past continuous und *past simple*

Je nach Sprechabsicht können beide Zeitformen korrekt sein. Entscheidend ist, was man ausdrücken möchte. Vergleichen Sie:

past simple	past continuous
I **worked** in an office.	I **was working** in an office.
Ich arbeitete in einem Büro.	*Ich arbeitete (zu der Zeit) in einem Büro.*
(Ich hatte eine feste Anstellung und arbeitete immer dort.)	(Die Zeit in einem Büro war nur vorübergehend.)
I **lived** in Stuttgart.	I **was living** in Stuttgart.
Ich wohnte in Stuttgart.	*Ich wohnte (zu der Zeit) in Stuttgart.*
(Ich hatte dort meinen festen Wohnsitz. Ich habe dort gelebt.)	(Ich bin auf der Durchreise oder auf der Suche nach einer anderen Bleibe.)
What **did** you **do** when you heard the news?	What **were** you **doing** when you heard the news?
Was hast du gemacht, als du die Nachricht gehört hast?	*Was hast du (gerade) gemacht, als du die Nachricht gehört hast?*
(Frage nach der Reaktion auf die Nachricht.)	(Frage nach der bereits ablaufenden Tätigkeit, als man die Nachricht hörte.)

° Das *present perfect simple*

Bildung des *present perfect simple*

Postitive Aussagen

Das *present perfect* wird mit einer Form von **have im present simple** (*has/ have*) **+ past participle** gebildet. Somit besteht es immer aus mindestens zwei Wörtern.

Das *past participle* wird bei den regelmäßigen Verben gebildet wie die *past simple*-Form: Grundform des Verbs + **-ed** (→ S. 154). Unregelmäßige Verbformen müssen auswendig gelernt werden (→ siehe Liste S. 480).

Singular	Plural
I **have worked**	we **have worked**
you **have worked**	you **have worked**
he/she/it **has worked**	they **have worked**

He **has worked** in Paris.   *Er hat in Paris gearbeitet.*

Auch im *present perfect* werden meistens Kurzformen verwendet.

Singular	Plural
I**'ve worked**	we**'ve worked**
you**'ve worked**	you**'ve worked**
he/she/it**'s worked**	they**'ve worked**

He**'s worked** in Paris.   *Er hat in Paris gearbeitet.*

WORTARTEN

Achtung! Nicht verwechseln!

's + *past participle* = *present perfect*
's + *ing*-Form = *present continuous*

He**'s worked** (= He **has worked**) this week.   (*present perfect*)
Er hat diese Woche gearbeitet.
He**'s working** (= He **is working**) this week.   (*present continuous*)
Er arbeitet diese Woche.

Verneinte Aussagen

Bei verneinten Aussagen steht ***not*** nach der Form von ***have*** – *has not/have not.*

Singular	Plural
I **have not worked**	we **have not worked**
you **have not worked**	your **have not worked**
he/she/it **has not worked**	they **have not worked**

I **have not worked** in Paris.   *Ich habe (noch) nicht in Paris gearbeitet.*

Häufig werden die **Kurzformen *haven't/hasn't*** benutzt.

Singular	Plural
I **haven't worked**	we **haven't worked**
you **haven't worked**	your **haven't worked**
he/she/it **hasn't worked**	they **haven't worked**

I **haven't worked** in Paris.   *Ich habe (noch) nicht in Paris gearbeitet.*

Im Deutschen entspricht das ***past participle*** dem **Partizip Perfekt**: *gearbeitet, gespielt, geantwortet* usw.

Fragen

Fragen im *present perfect* werden gebildet, indem das Hilfsverb ***have*** mit dem Subjekt (→ S. 372) vertauscht wird. Bei *Ja/Nein*-Fragen (→ S. 384) steht dann das Hilfsverb **am Anfang** des Satzes.

Singular	Plural
Have I **worked**?	**Have** we **worked**?
Have you **worked**?	**Have** you **worked**?
Has he/she/it **worked**?	**Have** they **worked**?

Have you **worked** in marketing before?   *Hast du schon mal im Marketing gearbeitet?*

Verneinte Fragen

Verneinte Fragen werden meistens in der **Kurzform** verwendet.

Singular	Plural
Haven't I **worked**?	**Haven't** we **worked**?
Haven't you **worked**?	**Haven't** you **worked**?
Hasn't he/she/it **worked**?	**Haven't** they **worked**?

Hasn't he **worked** in New York, too?   *Hat er nicht auch in New York gearbeitet?*

ⓘ **Verneinte Fragen** können auch in der **Langform** gebildet werden, wenn die Verneinung betont werden soll. Dann allerdings ändert sich

WORTARTEN

die Satzstellung.

Has he **not** worked in Paris?	*Hat er **nicht** in Paris gearbeitet?*
Have they **not** worked here?	*Haben sie hier **nicht** gearbeitet?*

Kurzantworten

Es gilt als unhöflich, im Englischen nur mit *yes* oder *no* zu antworten. Hier werden meistens **Kurzantworten** (→ S. 386) verwendet. Bei Kurzantworten wird das Hilfsverb wieder aufgegriffen.

Has he **been** to Portugal before? – Yes, he **has**.
Ist er schon in Portugal gewesen? – Ja.

Regelmäßige *past participle*-Formen

Das *past participle* stimmt bei allen regelmäßigen Verben mit der *past simple*-Form (→ S. 209) überein. Auch die Regeln für besondere Schreibweisen und für die Aussprache sind identisch.

Unregelmäßige *past participle*-Formen

Bei den unregelmäßigen Verben ist neben der *past simple*-Form oft auch die *past participle*-Form unregelmäßig. Für die Bildung des *past participle* der unregelmäßigen Verben gibt es keine Regel (→ für eine Liste der unregelmäßigen Verben siehe S. 480). Hier ein paar Beispiele der gebräuchlichsten unregelmäßigen Verben:

Grundform	*past simple*-Form	*past participle*-Form
catch	caught	**caught**
drive	drove	**driven**
forget	forgot	**forgotten**
go	went	**gone**
hear	heard	**heard**
know	knew	**known**

make	made	**made**
read	read	**read**
see	saw	**seen**
speak	spoke	**spoken**
take	took	**taken**
think	thought	**thought**
tell	told	**told**
write	wrote	**written**

 read

Beachten Sie die Aussprache der drei Formen von **read**.

read [riːd] – read [red] – read [red]

Gebrauch des *present perfect simple*

Das *present perfect* ist die vollendete Gegenwart. Sie wird gebraucht, wenn man die Gegenwart mit der Vergangenheit verbinden möchte.

Das *present perfect* wird verwendet:

- für Handlungen und Ereignisse, die sich **in der Vergangenheit** abspielten, aber noch **in der Gegenwart von Bedeutung** sind. Hier steht das **Resultat** der Handlungen **im Vordergrund**. Der Zeitpunkt des Geschehens ist nicht wichtig und wird nicht erwähnt – meist liegt dieser Zeitpunkt jedoch nicht weit zurück.

I**'ve lost** my keys.
Ich habe meine Schlüssel verloren.
(Resultat: Ich habe jetzt ein Problem.)

Jan **has renovated** the bathroom.
Jan hat das Badezimmer renoviert.
(Resultat: Er hat ein neues Badezimmer.)

WORTARTEN

- für **Ergebnisse in der Gegenwart**

John **has written** 13 books so far.
John hat bisher 13 Bücher geschrieben.
He **has painted** two walls.
Er hat zwei Wänder gestrichen.

 Ergebnisse in der Gegenwart

Man verwendet das ***present perfect*** für gegenwärtige Ergebnisse von
Handlungen, die in der Vergangenheit bis heute andauern. Wenn der
Zeitraum der Handlung bereits in der Vergangenheit abgeschlossen ist,
wird ***past simple*** verwendet.

How many books **has** John Grisham **written**?
Wie viele Bücher hat John Grisham geschrieben?
(Man benutzt *present perfect*, weil John Grisham ein Autor ist, der noch lebt und
schreibt.)

How many books **did** Agatha Christie **write**?
Wie viele Bücher hat Agatha Christie geschrieben?
(Man benutzt das *past simple*, weil Agatha Christie nicht mehr lebt und keine
Bücher mehr schreiben kann.)

- für **Erfahrungen** oder **Ereignisse** im Leben. Der Zeitraum, an den man
  denkt, ist dann das ganze Leben bis heute.

I **haven't been** to India.
Ich war (noch nicht) in Indien.
I**'ve** often **been** to New York
Ich war (schon) oft in New York (in meinem Leben).

never und ever für Erfahrungen und Erlebnisse

Man verwendet auch *ever* und **never** mit *present perfect*, um über Lebenserfahrungen zu sprechen (*never*) oder danach zu fragen (*ever*).

I've **never** been to South America.
Ich war noch nie in Südamerika.

Have you **ever** been to China or Australia?
Bist du schon in China oder Australien gewesen?

Wenn man mit *ja* antwortet, gibt man oft auch Auskunft über den Zeitpunkt des Erlebnisses. Diese Auskunft steht dann im ***past simple***.

Yes, I have. I **went** to Brisbane two years ago.
Ja. Ich war vor zwei Jahren in Brisbane.

* für **gegenwärtige Situationen**, die bereits **in der Vergangenheit angefangen** haben

He **has lived** in Germany for 10 years.
Er lebt seit 10 Jahren in Deutschland.

He **has had** the car since August.
He hat das Auto seit August.

Vorsicht bei der Übersetzung von Sätzen im ***present perfect***:
Wenn im Englischen mit dem *present perfect* eine gegenwärtige Situation beschrieben wird, die bereits in der Vergangenheit angefangen hat, dann übersetzt man im Deutschen mit dem ***Präsens***.

He has owned his house for five years.
Er besitzt sein Haus seit fünf Jahren.
nicht: ~~Er hat sein Haus fünf Jahre besessen.~~

→ siehe auch *past simple* S. 209

WORTARTEN

Signalwörter für das *present perfect*

yet	*schon*	ever	*jemals*
not … yet	*noch nicht*	never	*nie(mals)*
just	*gerade*	already	*schon*
nearly	*fast*	so far	*bis jetzt*

just

Aufpassen: **Just** kann sowohl *soeben/gerade* als auch *nur* bedeuten. Die Betonung (in den Beispielsätzen durch Unterstreichen deutlich gemacht) hilft beim Verständnis.

I've <u>just</u> invited him.	*Ich habe ihn soeben eingeladen.*
I've just invited <u>him</u>.	*Ich habe nur ihn eingeladen.*

→ für *just* siehe auch S. 196

for und *since*

Zeitangaben im *present perfect* werden mit **for** oder **since** angeschlossen.

Sowohl **for** als auch **since** werden mit *seit* übersetzt.

For beschreibt einen **Zeitraum**, der von der Vergangenheit bis in die Gegenwart reicht. Im Deutschen sagt man auch: jahrelang, zwei Stunden lang, usw.

I haven't seen Lucy **for years**.
*Ich habe Lucy **seit Jahren** nicht gesehen.*
He hasn't been to the office **for a week**.
*Er ist **seit einer Woche** nicht mehr im Büro gewesen.*

Since nennt den genauen **Zeitpunkt**, ab dem etwas stattgefunden (oder auch nicht stattgefunden) hat.

I haven't seen Lucy **since 2003**.
*Ich habe Lucy **seit 2003** nicht gesehen.*
She hasn't been to the office **since last Tuesday**.
*Sie ist **seit letztem Dienstag** nicht mehr im Büro gewesen.*

for steht mit Zeiträumen wie:	*since* steht mit Zeitangaben wie:
– for half an hour	– since 1 o'clock
– for two days	– since 8th April
– for several weeks	– since last Wednesday
– for years	– since 2001
– for ages	– since I was a child

Bitte merken!

for = *seit* (+ Angabe eines **Zeitraums**)
since = *seit* (+ Angabe eines **Zeitpunkts**)

Wendungen mit *for* können sich auch auf einen Zeitraum beziehen, der von der Gegenwart getrennt ist, d. h. die Periode, auf die sich die Situation/Handlung bezieht, ist **in der Vergangenheit abgeschlossen**. In diesen Fällen steht das *past simple*.

I lived in Frankfurt for 4 years. – Oh really, when was that? – When I was a child.
Ich habe 4 Jahre lang in Frankreich gelebt. – Oh, wirklich, wann war das? – Als ich ein Kind war.

present perfect simple und *past simple*

Je nach Sprechabsicht können beide Zeitformen korrekt sein. Entscheidend ist, was man ausdrücken möchte. Vergleichen Sie:

WORTARTEN

past simple	present perfect simple
I **worked** in an office.	I **have worked** in an office.
Ich arbeitete in einem Büro.	*Ich habe in einem Büro gearbeitet.*
(Ich hatte eine feste Anstellung und arbeitete immer dort.)	(irgendwann in meinem Leben)
I **lived** in Stuttgart for 3 years.	I **have lived** in Stuttgart for 3 years.
Ich wohnte 3 Jahre in Stuttgart.	*Ich wohne seit 3 Jahre in Stuttgart*
(Ich hatte dort in der Vergangenheit drei Jahre lang meinen festen Wohnsitz.)	(Ich bin vor drei Jahren nach Stuttgart gezogen.)
	→ siehe auch *present perfect continuous* S. 233
What **did** you **do**?	What **have you done**?
Was hast du gemacht?	*Was hast du gemacht?*
(Frage, was in der Vergangenheit gemacht wurde.)	(Frage, was in der letzten Zeit/in der Zwischenzeit gemacht wurde.)

Lassen Sie sich im Perfekt nicht vom deutschen Wort *haben* in die Irre führen! Überlegen Sie immer, ob die Handlungen bereits **abgeschlossen** (*past simple*) sind, oder ob sie noch **bis in die Gegenwart** reichen (*present perfect*). Achten Sie auch auf Signalwörter!

(ABC) **yet**

yet = *schon*   **not yet** = *noch nicht*

Have you done your homework, **yet**?
*Hast du deine Hausaufgaben **schon** gemacht?*
No, I have**n't** done them, **yet**.
*Nein, ich habe sie **noch nicht** gemacht.*

Das *present perfect continuous*

Bildung des *present perfect continuous*

Positive Aussagen

Das *present perfect continuous* wird mit einer Form von **be im *present perfect*** (*have been/has been*) **+ *present participle*** (*ing*-Form) gebildet. Somit besteht das *present perfect continuous* immer aus mindestens drei Wörtern.

Singular	Plural
I **have been working**	we **have been working**
you **have been working**	your **have been working**
he/she/it **has been working**	they **have been working**

Christopher **has been working** on the translation for three weeks.
Christopher arbeitet seit drei Wochen an der Übersetzung.

 ***continuous*-Formen**

Alle continuous-Zeitformen werden mit einer Form von **be + *present participle*** (*ing*-Form) gebildet und beschreiben eine andauernde Handlung.

Verneinte Aussagen

Bei verneinten Aussagen steht ***not*** nach dem Hilfsverb ***have*** bzw. ***has*** und vor ***been*** (*have not been/has not been*).

Singular	Plural
I **have not been working**	we **have not been working**

WORTARTEN

you **have not been working**	you **have not been working**
he/she/it **has not been working**	they **have not been working**

We **have not been working** here for long.
Wir arbeiten noch nicht lange hier.

Häufig werden die **Kurzformen** *haven't been/hasn't been* benutzt.

Singular	Plural
I **haven't been working**	we **haven't been working**
you **haven't been working**	you **haven't been working**
he/she/it **hasn't been working**	they **haven't been working**

The children **haven't been doing** their homework.
Die Kinder haben ihre Hausaufgaben nicht gemacht. (in letzter Zeit)

Fragen

Fragen im *present perfect continuous* werden gebildet, indem das **Hilfsverb** *have/has* mit dem Subjekt (→ S. 372) vertauscht wird. Bei *Ja/Nein*-Fragen (→ S. 384) steht dann das Hilfsverb **am Anfang** des Satzes.

Singular	Plural
Have I **been working**?	**Have** we **been working**?
Have you **been working**?	**Have** you **been working**?
Has he/she/it **been working**?	**Have** they **been working**?

Have you **been working** here for long?   *Arbeiten Sie schon lange hier?*

Verneinte Fragen

Verneinte Fragen werden meistens in der **Kurzform** verwendet.

Singular	Plural
Haven't I **been working**?	**Haven't** we **been working**?
Haven't you **been working**?	**Haven't** you **been working**?
Hasn't he/she/it **been working**?	**Haven't** they **been working**?

Haven't you **been working** a lot in Paris recently?
Hast du in letzter Zeit nicht viel in Paris gearbeitet?

(i) **Verneinte Fragen** können auch in der **Langform** gebildet werden, wenn die Verneinung betont werden soll. Dann allerdings ändert sich die Satzstellung.

Have you **not** been working in Paris?   *Hast du nicht in Paris gearbeitet?*
Has he **not** been joking?   *Hat er nicht einen Scherz gemacht?*

Kurzantworten

Bei **Kurzantworten** wird das Hilfsverb aus der Frage wieder aufgegriffen.

Have you been living here for a long time? – No, I **haven't**.
Leben Sie schon lange hier? – Nein.

Gebrauch des *present perfect continuous*

Das *present perfect continuous* ist die Verlaufsform. Sie verbindet die Vergangenheit mit der Gegenwart und weist gleichzeitig in die unmittelbare Zukunft.

Das *present perfect continuous* wird gebraucht:

- für Handlungen und Ereignisse, die **in der Vergangenheit beginnen, bis in die Gegenwart ununterbrochen andauern und weiterhin Gültigkeit besitzen**. Die Handlungen finden weiterhin statt.

I've been working on the computer all day.
Ich arbeite schon den ganzen Tag am Computer.

Gerry **has been chatting** on the phone all morning.
Gerry unterhält sich schon den ganzen Morgen am Telefon.

• zur **Betonung der Dauer einer ununterbrochenen Handlung**. Die Zeitangaben erfolgen am Ende des Satzes mit *for* + Zeitraum oder mit *since* + Zeitpunkt.

We**'ve been working** in Stuttgart <u>for ten years</u>.
Wir arbeiten seit zehn Jahren in Stuttgart.

My parents **have been living** in Spain <u>since 2001</u>.
Meine Eltern wohnen seit 2001 in Spanien.

Signalwörter für *present perfect continuous*

Für diese Zeitform gibt es **keine speziellen Signalwörter**, sie wird aber oft mit *for* und *since* verwendet:

for = *seit* (+ Angabe eines **Zeitraums**)
since = *seit* (+ Angabe eines **Zeitpunkts**)

Achtung: *for* und *since* können sowohl mit *present perfect* als auch mit *present perfect continuous* verwendet werden!

Vergleichen Sie!

He**'s been working** (= He **has been working**) all day.
(***present perfect continuous***)
Er arbeitet schon den ganzen Tag (und arbeitet immer noch).

He**'s working** (= He **is working**).
(***present continuous***)
Er arbeitet gerade. (Hier wird betont, was er gerade im Moment tut. Was er zuvor getan hat, spielt keine Rolle.)

present perfect simple und *present perfect continuous*

Im Gegensatz zum *present perfect* wird das *present perfect continuous* nicht benutzt, um über **Ergebnisse in der Gegenwart** zu sprechen.

John Grisham **has written** 23 books so far.
John Grisham hat bis jetzt 23 Bücher geschrieben.
(*present perfect simple* – Die Bücher sind fertig und sind das Ergebnis.)
nicht: ~~John Grisham has been writing 23 books.~~

Sonst sind die Verlaufsform *present perfect continuous* und die einfache Form *present perfect simple* austauschbar. Die Bedeutung ist fast gleich.

Entscheidend ist immer, was man ausdrücken möchte. Vergleichen Sie:

present perfect simple	present perfect continuous
He **has written** a book.	He **has been writing** a book.
Er hat ein Buch geschrieben.	*Er schreibt ein Buch.*
(Das Buch ist fertig.)	(Er schreibt seit einer Weile an einem Buch. Das Buch ist noch nicht fertig.)
I **have lived** in Stuttgart for 3 years.	I **have been living** in Stuttgart for 3 years.
Ich wohne seit 3 Jahre in Stuttgart.	*Ich wohne seit 3 Jahren in Stuttgart.*
(Hier spricht man eher über die Tatsache.)	(Hier wird die Gegenwart stärker mit einbezogen.)
What **have you done**?	What **have** you **been doing**?
Was hast du gemacht?	*Was hast du gemacht?*
(Frage nach dem Ergebnis.)	(Frage nach einer Handlung, die noch andauert.)

WORTARTEN

○ Das *past perfect simple*

Bildung des *past perfect simple*

Positive Aussagen

Das *past perfect* wird mit einer Form von **have im past simple** (*had*) **+ past participle** (→ S. 154) gebildet. Es besteht immer aus mindestens zwei Wörtern und ist für alle Personen im Singular und Plural gleich.

Singular	Plural
I **had worked**	we **had worked**
you **had worked**	you **had worked**
he/she/it **had worked**	they **had worked**

He **had worked** in Paris before.　　　　*Er hatte vorher in Paris gearbeitet.*

Auch im *past perfect* werden **Kurzformen** verwendet.

Singular	Plural
I**'d worked**	we**'d worked**
you**'d worked**	you**'d worked**
he/she/it**'d worked**	they**'d worked**

He**'d worked** in London before, too.　　　*Er hatte vorher auch in London gearbeitet.*

 Achtung! Nicht verwechseln!

'd + past participle = *past perfect*
'd + Grundform = *conditional simple* (→ S. 271)

He**'d worked** (= He **had worked**) before.　　　　　　(*past perfect*)

⠶

Er hatte diese Woche bereits gearbeitet.
He**'d work** (= He **would work**) this week if he could. (*conditional simple*)
Er würde diese Woche arbeiten, wenn er könnte.

Verneinte Aussagen

Bei verneinten Aussagen steht ***not*** nach der Form von ***have*** – (*had not*).

Singular	Plural
I **had not worked**	we **had not worked**
you **had not worked**	your **had not worked**
he/she/it **had not worked**	they **had not worked**

When he came to Stuttgart he **had not worked** before.
Als er nach Stuttgart kam, hatte er davor noch nicht gearbeitet.

Häufig wird die **Kurzform *hadn't*** benutzt.

Singular	Plural
I **hadn't worked**	we **hadn't worked**
you **hadn't worked**	your **hadn't worked**
he/she/it **hadn't worked**	they **hadn't worked**

I **hadn't worked** in Paris before.
Ich hatte vorher (noch) nicht in Paris gearbeitet.

🌐 Im Deutschen entspricht das ***past participle*** (→ S. 154) dem **Partizip Perfekt**: *gearbeitet, gespielt, geantwortet* usw.

Fragen

Fragen im *past perfect* werden gebildet, indem das **Hilfsverb *had*** mit dem Subjekt (→ S. 372) vertauscht wird. Bei *Ja/Nein*-Fragen (→ S. 384) steht dann das Hilfsverb **am Anfang** des Satzes.

Singular	Plural
Had I **worked**?	**Had** we **worked**?
Had you **worked**?	**Had** you **worked**?
Had he/she/it **worked**?	**Had** they **worked**?

Had you **worked** in Stuttgart before you started this job?
Hattest du (bereits) in Stuttgart gearbeitet, bevor du diese Stelle angetreten hast?

Verneinte Fragen

Verneinte Fragen werden im *past perfect* meistens in der **Kurzform** verwendet.

Singular	Plural
Hadn't I **worked**?	**Hadn't** we **worked**?
Hadn't you **worked**?	**Hadn't** you **worked**?
Hadn't he/she/it **worked**?	**Hadn't** they **worked**?

Hadn't he **worked** in New York before, too?
Hatte er nicht auch schon früher in New York gearbeitet?

(i) **Verneinte Fragen** können auch in der **Langform** gebildet werden, wenn die Verneinung betont werden soll. Dann allerdings ändert sich die Satzstellung.

Had he **not** worked in Paris before?	*Hatte er **nicht** früher in Paris gearbeitet?*
Had they **not** worked here before?	*Hatten sie hier **nicht** früher gearbeitet?*

Kurzantworten

Bei Kurzantworten wird das Hilfsverb aus der Frage wieder aufgegriffen.

Had you seen the film before? – Yes, I **had**, but my husband **hadn't**.
Hattest du den Film davor (bereits) gesehen? – Ja, aber mein Mann nicht.

Gebrauch des *past perfect simple*

Das *past perfect* wird auch die Vorvergangenheit genannt. Es wird für Ereignisse in der Vergangenheit benutzt, und zwar für:

- Handlungen und Ereignisse, die in der Vergangenheit **noch vor einem anderen Ereignis in der Vergangenheit** stattfanden.
  Das *past perfect* steht oft in einem Satzgefüge von Haupt- und Nebensatz in Kombination mit dem *past simple*. In beiden Satzteilen handelt es sich um abgeschlossene Handlungen: Die eine war bereits abgeschlossen (*past perfect*), als die andere eintrat. (*past simple*).

Christopher showed me the photos he **had taken** in Australia the year before.
Christopher zeigte mir die Bilder, die er im Jahr zuvor in Australien gemacht hatte.
(1. Handlung – Christopher machte die Bilder; 2: Handlung – Christopher zeigte mir die Bilder.)

After I **had taken** a bath I felt much better.
Nachdem ich ein Bad genommen hatte, fühlte ich mich viel besser.
(Zuerst nahm ich ein Bad, dann fühlte ich mich besser.)

Im Deutschen wird das *past perfect* mit dem **Plusquamperfekt** übersetzt. Während aber im Deutschen diese Form mit *hatte* oder *war* gebildet werden kann, wird im Englischen nur *had* verwendet.

I didn't know that Tina **had travelled** with her mother.
*Ich wusste nicht, dass Tina mit ihrer Mutter **gereist war**.*
I didn't know you **had** already **asked** Jan.
*Ich wusste nicht, dass du Jan bereits **gefragt hattest**.*

WORTARTEN

- Das *past perfect* wird oft mit Verben benutzt, die einen Denkvorgang ausdrücken, z. B. **know**, **realise**, **remember**, **be sure** und **think**.

When she got to the airport she realized she **had left** her passport on the kitchen table.
Als sie am Flughafen ankam, merkte sie, dass sie ihren Pass auf dem Küchentisch vergessen hatte.
I thought they **had** already **chosen** the name for the baby.
Ich dachte, sie hatten bereits einen Namen für das Baby ausgesucht.

Zeitangaben, mit denen das *past perfect* häufig benutzt wird:

after	nach	meanwhile	zwischenzeitlich
already	schon	nearly	fast
by	bis	never	nie(mals)
just	bis jetzt	once	sobald

After she **had left** the house she drove straight to the office.
Nachdem sie das Haus verlassen hatte, fuhr sie direkt ins Büro.
By 2008 they **had built** up a large network.
Bis 2008 hatten sie ein großes Netzwerk aufgebaut.

past perfect simple und *past simple*

Oft kann man den gleichen Sachverhalt mit unterschiedlichen Satzmustern ausdrücken. Je nach Sprechabsicht muss man unterschiedliche Zeitformen benutzen. Vergleichen Sie:

Im *past simple* werden abgeschlossene Handlungen in der Vergangenheit ausgedrückt. Das *past simple* benutzt man, wenn man von nacheinander geschehenen Vorgängen in der Vergangenheit berichtet.

We **arrived** at the airport in time. First of all a security guard **checked** our tickets, then he **wanted** to have a look at our luggage. Everything **was** OK.
Wir kamen rechtzeitig am Flughafen an. Zuerst überprüfte ein Sicherheitsbeamter unsere

Flugscheine, dann wollte er sich unser Gepäck anschauen. Es war alles in Ordnung.
(Hier werden Ereignisse nacheinander erzählt.)

Mit dem **past perfect** werden ebenfalls abgeschlossene Handlungen und Ereignisse ausgedrückt, allerdings haben diese zeitlich vor anderen Handlungen in der Vergangenheit stattgefunden.

We **arrived** at the airport in time. After a safety guard **had checked** our tickets he **wanted** to have a look at our luggage. Everything **was** OK.
Wir kamen rechtzeitig am Flughafen an. Nachdem ein Sicherheitsbeamter unsere Flugscheine überprüft hatte, wollte er unser Gepäck anschauen. Es war alles in Ordnung.
(Das Kontrollieren der Tickets hat vor dem Anschauen des Gepäcks stattgefunden.)

Das *past perfect continuous*

Bildung des *past perfect continuous*

Positive Aussagen

Das *past perfect continuous* wird mit einer Form von **be im present perfect** (**had been**) **+ present participle** (*ing*-Form) gebildet. Somit besteht das *past perfect continuous* immer aus mindestens drei Wörtern und ist für alle Personen im Singular und Plural gleich.
Das *present participle* wird durch das Anhängen von **-ing** an die Grundform des Verbs gebildet (→ siehe dazu auch S. 155).

Singular	Plural
I **had been working**	we **had been working**
you **had been working**	you **had been working**
he/she/it **had been working**	they **had been working**

Christopher **had been working** on the translation for a long time.
Christopher hatte bereits lange Zeit an der Übersetzung gearbeitet.

WORTARTEN

Häufig wird die **Kurzform** von *had* (*'d*) benutzt.

Singular	Plural
I**'d been working**	we**'d been working**
you**'d been working**	you**'d been working**
he/she/it**'d been working**	they**'d been working**

I**'d been working** for two hours when he arrvied.
Ich hatte seit zwei Stunden gearbeitet, als er ankam.

ⓘ Alle *continuous*-Zeitformen werden mit einer Form von *be* + *present participle* (→ S. 155) gebildet!

Verneinte Aussagen

Bei verneinten Aussagen steht *not* nach dem Hilfsverb *had* und vor *been* (*had not been*).

Singular	Plural
I **had not been working**	we **had not been working**
you **had not been working**	you **had not been working**
he/she/it **had not been working**	they **had not been working**

She told me she was working, but when I got there she was playing tennis. She **had not been working** at all.
Sie sagte mir, sie würde arbeiten, aber als ich ankam, spielte sie gerade Tennis. Sie hatte gar nicht gearbeitet.

Häufig wird die **Kurzform *hadn't*** benutzt.

Singular	Plural
I **hadn't been working**	we **hadn't been working**
you **hadn't been working**	you **hadn't been working**
he/she/it **hadn't been working**	they **hadn't been working**

When I got there the children had been watching telelvision for over two hours. They **hadn't been doing** their homework.

Als ich dort ankam, hatten die Kinder seit über zwei Stunden ferngesehen. Sie hatten ihre Hausaufgaben nicht gemacht. (in der Zeit)

Fragen

Fragen im *past perfect continuous* werden gebildet, indem das **Hilfsverb** *had* mit dem Subjekt (→ S. 372) vertauscht wird. Bei *Ja/Nein*-Fragen (→ S. 384) steht dann das Hilfsverb **am Anfang** des Satzes.

Singular	Plural
Had I **been working**?	**Had** we **been working**?
Had you **been working**?	**Had** you **been working**?
Had he/she/it **been working**?	**Had** they **been working**?

Had you **been living** there for long before you met Bobby?

Hattest du bereits lange dort gelebt, bevor du Bobby kennengelernt hast?

Verneinte Fragen

Verneinte Fragen werden meistens in der **Kurzform** verwendet.

Singular	Plural
Hadn't I **been working**?	**Hadn't** we **been working**?
Hadn't you **been working**?	**Hadn't** you **been working**?
Hadn't he/she/it **been working**?	**Hadn't** they **been working**?

Hadn't you **been working** a lot in Paris at that time?

Hattest du zu der Zeit nicht viel in Paris gearbeitet?

> (i) **Verneinte Fragen** können auch in der **Langform** gebildet werden, wenn die Verneinung betont werden soll. Dann allerdings ändert sich die Satzstellung.

Had you <u>not</u> been working in Paris?   *Hattest du nicht in Paris gearbeitet?*

Had he <u>not</u> been joking?   *Hatte er nicht gescherzt?*

Kurzantworten

Bei **Kurzantworten** wird das Hilfsverb aus der Frage wieder aufgegriffen.

Had you been working on your book before he went? – No, I **hadn't**.

Hattest du an deinem Buch (eine Weile) gearbeitet, bevor er ging? – Nein.

Gebrauch des *past perfect continuous*

Das *past perfect continuous* wird verwendet, wenn man **eine länger andau-ernde Handlung**, die **vor einer anderen Handlung in der Vergangenheit** stattgefunden hat, beschreiben möchte.

Dabei wird oft eine Angabe über die Länge der andauernden Handlung gemacht bis zu dem Zeitpunkt, an dem eine neue Handlung einsetzte.

Nigel **had been trying** to install the new program <u>for two hours </u>before he finally found the error.

Nigel hatte zwei Stunden lang versucht, das neue Program zu installieren, bevor er letzt-endlich den Fehler fand.

The children **had been playing** peacefully <u>for two hours </u>when they suddenly started shouting at each other.

Die Kinder hatten zwei Stunden lang friedlich miteinander gespielt, als sie plötzlich anfin-gen sich gegenseitig anzuschreien.

Im Deutschen wird das *past perfect continuous* wie das *past perfect* mit dem **Plusquamperfekt** übersetzt. Die deutschen Wörter **schon** und **bereits** helfen, die Situationen, in denen im Englischen die Verlaufsform verwendet wird, zu verdeutlichen.

I **had been working** on the computer for four hours when we had a power cut.
Ich hatte <u>schon</u>/<u>bereits</u> vier Stunden lang am Computer gearbeitet, als der Strom ausfiel.

past perfect continuous und *past perfect simple*

Das *past perfect continuous* betont die **Dauer** einer Handlung in der Vergangenheit.

Our neighbour, who **had been repairing** our computer for hours, didn't accept any money.
Unser Nachbar, der stundenlang unseren Computer repariert hatte, nahm kein Geld an.
(Es wird betont, dass der Nachbar sehr lange (nämlich mehrere Stunden) am Computer gearbeitet hatte.)

Beim *past perfect* ist dagegen nicht die Dauer, sondern das **Ergebnis** wichtig.

Simon knew so much about Australia because he **had** already **been** there.
But he **hadn't heard** of the famous band Down Under until I mentioned them.
Simon wußte sehr viel über Australien, weil er bereits dort gewesen war. Aber er hatte nichts von der berühmten Band Down Under gehört, bis ich sie erwähnte.
(Simon war zwar schon in Australien gewesen, hatte aber von der Gruppe bis jetzt noch nichts gehört.)

past perfect continuous und *past continuous*

Das *past perfect continuous* betont die Dauer einer Handlung, die **vor einer anderen Handlung in der Vergangenheit** stattfand.

Lucy told me that the man who **had been sitting** in his car all night was a detective.
Lucy erzählte mir, dass der Mann, der die ganze Nacht in seinem Auto verbracht hatte, ein

WORTARTEN

Detektiv sei.

Das ***past continuous*** beschreibt eine länger andauernde Handlung in der Vergangenheit, in die ein neues Ereignis eintritt. Die neu eintretende Handlung steht im *past simple.*

While we **were visiting** friends in New York, the weather **changed** and we **had** a lot of snow for the rest of the trip.
Während wir Freunde in New York besuchten, änderte sich das Wetter und wir hatten den Rest der Reise viel Schnee.

° Das *future*

Im Englischen gibt es mehrere Möglichkeiten, zukünftige Handlungen und Ereignisse auszudrücken: Man kann je nach Sprechabsicht das ***will-future*** (*future simple* und *future continuous*), das ***going-to future***, das ***present simple*** oder das ***present continuous*** benutzen.

Bildung des *will-future (future simple)*

Positive Aussagen

Das *will-future* wird für alle Personen im Singular und Plural mit dem Hilfsverb ***will* + Grundform** des Verbs gebildet.

Singular	Plural
I **will work**	we **will work**
you **will work**	you **will work**
he/she/it **will work**	they **will work**

The companies **will work** together to find a solution.
Die Firmen werden zusammenarbeiten, um eine Lösung zu finden.

Wenn *will* in Verbindung mit einem Pronomen steht, werden meist Kurzformen benutzt. Dann folgt dem Pronomen ein Apostroph + *ll*.

Singular	Plural
I**'ll work**	we**'ll work**
you**'ll work**	you**'ll work**
he/she/it**'ll work**	they**'ll work**

I**'ll work** with James on the project in France.
Ich werde mit James an dem Projekt in Frankreich arbeiten.

Verneinte Aussagen

Bei verneinten Sätzen steht ***not*** nach ***will***.

Singular	Plural
I **will not work**	we **will not work**
you **will not work**	you **will not work**
he/she/it **will not work**	they **will not work**

We **will not sell** this appliance in the U.S.A.
Wir werden dieses Gerät nicht in den U.S.A. verkaufen.

Bei **verneinten Aussagen** wird meist die Kurzform benutzt. Die Kurzform von ***will not*** ist ***won't***.

Singular	Plural
I **won't work**	we **won't work**
you **won't work**	you **won't work**
he/she/it **won't work**	they **won't work**

This appliance **won't work** in the USA.
Dieses Gerät wird in den USA nicht funktionieren.

WORTARTEN

Fragen

Fragen im *will future* werden gebildet, indem das Hilfsverb ***will*** mit dem Subjekt (→ S. 372) vertauscht wird. Somit steht *will* **vor dem Subjekt**. Bei *Ja/Nein*-Fragen (→ S. 384) steht dann das Hilfsverb **am Anfang** des Satzes. Bei Fragen gibt es keine Kurzformen.

Singular	Plural
Will I **work**?	**Will** we **work**?
Will you **work**?	**Will** you **work**?
Will he/she/it **work**?	**Will** they **work**?

Will it **work** in Asia?	*Wird es in Asien funktionieren?*

Verneinte Fragen

Bei verneinten Fragen wird meistens die **Kurzform** von *will not* (***won't***) verwendet.

Singular	Plural
Won't I **work**?	**Won't** we **work**?
Won't you **work**?	**Won't** you **work**?
Won't he/she/it **work**?	**Won't** they **work**?

Won't she **work** at all?	*Wird sie überhaupt nicht arbeiten?*

(**i**) **Verneinte Fragen** können auch in der **Langform** gebildet werden, wenn die Verneinung betont werden soll. Dann ändert sich allerdings die Satzstellung.

Will she **not** work?	*Wird sie **nicht** arbeiten?*
nicht: ~~Will not she work?~~	

Kurzantworten

Bei Kurzantworten wird das Hilfsverb aus der Frage wieder aufgegriffen.

Will you be able to help Annette? – Yes, I **will**.
Wirst du Annette helfen können? – Ja.
Will Isabel see Vivien in Zurich? – No, she **won't**.
Wird Isabel Vivien in Zürich sehen? – Nein.

Bei Kurzantworten mit *yes* werden nur die **Langformen** benutzt, bei Kurzantworten mit *no* werden meistens die **Kurzformen** verwendet. Zur Betonung kann aber auch die Langform benutzt werden.

Will you go to the cinema tonight? – Yes, I will./No, I will **not**.
Wirst du heute Abend ins Kino gehen? – Ja./Nein.
nicht: ~~Yes, I'll.~~

Gebrauch des *will-future*

Das *will-future* wird für folgende Handlungen und Ereignisse verwendet:

* Als sicher geltende **Vorhersagen, die der Sprecher nicht beeinflussen kann**, z. B. Wetter

He**'ll be** 16 next month.
Er wird nächsten Monat 16.
The weather forecast says there**'ll be** heavy rainfall in Scotland next week.
Der Wetterbericht sagt, dass es in Schottland nächste Woche starke Niederschläge geben wird.

* **Vermutungen** über die **Zukunft**, die mit *perhaps*, *maybe*, *probably*, *I hope*, *I think*, *I'm sure* verbunden sind.

George thinks it**'ll** probably **rain** tomorrow.
George meint, es wird morgen wahrscheinlich regnen.

We hope Ben **will meet** some nice people on his trip through India.
Wir hoffen, dass Ben während seiner Indienreise einige nette Leute kennenlernen wird.

- **spontane Entscheidungen**

Can I speak to Jane, please? – One moment, I**'ll get** her for you.
Kann ich Jane sprechen? – Ein Moment bitte, ich werde sie holen.
Would you like tea or coffee? – I**'ll have** a cup of tea, please.
Möchten Sie Tee oder Kaffee? – Ich nehme eine Tasse Tee, bitte.

Im Deutschen verwendet man sowohl das **Präsens** als auch
das **Futur**, wenn man von Dingen in der Zukunft spricht. Beides ist im
Deutschen korrekt. Dies ist im Englischen nicht immer der Fall. Hier ist
die **Sprechabsicht** entscheidend. Man sollte besonders daran denken,
wenn man vom Deutschen ins Englische übersetzt.

I'm sure you**'ll make** it. (Vermutung)
Ich bin sicher, dass du das schaffst/schaffen wirst.

There's no mineral water in the fridge. – Wait a minute. I**'ll get** you some. (spon-
tane Entscheidung)
*Im Kühlschrank ist kein Mineralwasser. Warte, ich hole dir welches/ich werde dir
welches holen.*

→ siehe auch *present simple* und *present continuous* für Zukünftiges S. 258

- **Angebot, etwas zu tun**

Oh no, it's raining. The windows are open. – Don't worry. I**'ll close** them for you.
*Oh nein, es regnet. Die Fenster sind alle offen. – Mach dir keine Sorgen, ich werde sie für
dich schließen.*

- **Versprechen, etwas zu tun**

Did you give Mary the umbrella back? – Oh, no. I forgot. I**'ll take** it round tomorrow
morning. I promise.

Hast du Mary den Schirm zurückgegeben? – Oh nein. Das habe ich vergessen. Ich werde
es ihr morgen früh vorbeibringen. Ich verspreche es.

- **jemanden bitten bzw. auffordern, etwas zu tun**

Will you please **be** quiet? – I'm trying to listen to the news.
Wirst du bitte ruhig sein? Ich versuche die Nachrichten zu hören.
Will you please **give** this to Emily, when you see her?
Wirst du dies Emily bitte geben, wenn du sie siehst?

Entscheidungen und feste Vereinbarungen

Das *will future* wird nicht verwendet, wenn man über Handlungen oder
Ereignisse spricht, die **bereits entschieden** oder **fest vereinbart** sind.

I**'m going to** wear my red dress. (bereits entschieden)
Ich werde mein rotes Kleid anziehen.
nicht: ~~I'll wear my red dress tonight.~~

I**'m seeing** Mike at 8 o'clock this evening. (fest vereinbart)
Ich sehe Mike um 8 Uhr heute Abend.

will not/won't für Ablehnung

Aufgepasst: ***will not*** bzw. ***won't*** kann auch *ablehnen* bedeuten. Der
folgende Satz hat also zwei Bedeutungen.

Vivien **won't see** Isabel in Zurich.
Vivien wird Isabel in Zürich nicht sehen.
Vivien lehnt es ab, Isabel in Zürich zu sehen.

Um Missverständnisse zu vermeiden, kann man für die neutrale Futur-
bedeutung auch das *future continuous* (→ S. 260) benutzen.

Vivien **won't be seeing** Isabel in Zurich.
Vivien wird Isabel in Zürich nicht sehen.

WORTARTEN

will ≠ **wollen**

Achtung: Das englische *will* bedeutet nicht *wollen* sondern *werden*!

First we **will reduce** costs by 20% and then we **will change** the models.
*Zuerst **werden** wir die Kosten um 20% **reduzieren** und dann **werden** wir alle Modelle **ändern**.*

Das Englische *will* ist allerdings sehr bestimmend und direkt. Wendungen, die höflicher als *will* klingen, sind: plan to, aim to, hope to ...

First we **aim to** reduce costs by 20%.
Zunächst ist es unser Ziel, die Kosten um 20% zu reduzieren.

Will man im Englischen einen **Wunsch** oder ein Vorhaben ausdrücken, so ist *want to* (*wollen*) eine Möglichkeit. Allerdings ist auch *want to* sehr direkt und wird deshalb in vielen Situationen als unhöflich empfunden. Besser ist es deshalb, auf andere Wendungen wie would like to, are considering, are thinking about auszuweichen.

Then we **would like to** change the models.
Dann möchten wir die Modelle ändern.

Bildung des *going to-future*

Positive Aussagen

Das *going to-future* wird mit einer Form von *be* im *present simple* (*am/are/is*) + *going to* + **Grundform** des Verbs gebildet:

Singular	Plural
I **am going to work**	we **are going to work**
you **are going to work**	you **are going to work**

> ♦

| he/she/it **is going to work** | they **are going to work** |

The architect **is going to work** on the plans.
Der Architekt wird die Pläne bearbeiten.

Häufig werden im Englischen **Kurzformen** für die Formen des Hilfsverbs **be** benutzt.

Singular	Plural
I**'m going to work**	we**'re going to work**
you**'re going to work**	you**'re going to work**
he/she/it**'s going to work**	they**'re going to work**

John**'s going to work** in Stuttgart next year.
John wird nächstes Jahr in Stuttgart arbeiten.

Verneinte Aussagen

Bei verneinten Sätzen steht **not** nach der Form von **be**. Hier sind ebenfalls Kurzformen möglich. Dafür gibt es – außer bei der 1. Person Singular – immer zwei Möglichkeiten.

Singular	Plural
I**'m not going to work**	we**'re not/aren't going to work**
you**'re not/aren't going to work**	you**'re not/aren't going to work**
he/she/it**'s not/isn't going to work**	they**'re not/aren't going to work**

I**'m not going to work** in the office today. I'm going to work from home.
Ich werde heute nicht im Büro arbeiten. Ich werde von zu Hause aus arbeiten.

Fragen

Fragen im *going to-future* werden gebildet, indem die jeweilige Form des Hilfsverbs *be* mit dem Subjekt (→ S. 372) vertauscht wird. Somit steht *be* **vor dem Subjekt** . Bei *Ja/Nein*-Fragen (→ S. 384) steht dann das Hilfsverb **am Anfang** des Satzes. Bei Fragen gibt es keine Kurzformen.

Singular	Plural
Am I **going to work**?	**Are** we **going to work**?
Are you **going to work**?	**Are** you **going to work**?
Is he/she/it **going to work**?	**Are** they **going to work**?

Are you **going to work** from home tomorrow, too?
Wirst du morgen auch von zu Hause aus arbeiten?

Verneinte Fragen

Bei verneinten Fragen wird meistens die **Kurzform** des Hilfsverbs *be* verwendet (außer bei der 1. Person Singular).

Singular	Plural
Am I not **going to work**?	**Aren't** we **going to work**?
Aren't you **going to work**?	**Aren't** you **going to work**?
Isn't he/she/it **going to work**?	**Aren't** they **going to work**?

Isn't John **going to work** on his car today?
Wird John heute nicht an seinem Auto arbeiten?

(i) **Verneinte Fragen** können auch in der **Langform** gebildet werden, wenn die Verneinung betont werden soll. Dann ändert sich allerdings die Satzstellung.

Is he **<u>not</u>** going to work on his car today?
*Wird er heute **nicht** an seinem Auto arbeiten?*
nicht: ~~Is not he going to work on his car today?~~

Kurzantworten

Bei Kurzantworten wird das Hilfsverb aus der Frage wieder aufgegriffen.

Is Jane going to talk to Peter? – No, she **isn't**/she**'s not**.
Wird Jane mit Peter sprechen? – Nein.

 Achtung! Beim Verb **go** heißt es eigentlich:

Grundform	*going to-future*
go swimming	I**'m going to go** swimming.
go skiing	He**'s going to go** skiing.
go for a walk	We**'re going to go** for a walk.
etc.	etc.

Allerdings hört man *going to go* recht selten. Im normalen Sprachgebrauch wird häufig auf das *present continuous* (→ S. 202) ausgewichen, um das doppelte **go** (bei *going to go*) zu vermeiden.

Vergleichen Sie:
I**'m going** shopping tomorrow.   (present continuous)
Ich gehe morgen einkaufen.
I**'m going to go** shopping tomorrow.   (going to-future)
Ich gehe morgen einkaufen.

Gebrauch des *going to-future*

Das *going to-future* wird mit folgenden Sprechabsichten verwendet:

- **feste Pläne** oder **Ideen** für eine zukünftige Handlung oder ein Ereignis

I**'m going to relax** this weekend.
Ich werde dieses Wochenende entspannen.
What **are** you **going to wear** to the party next week?
Was ziehst du nächste Woche zu der Party an?

- **Vorhersage** über ein eintretendes Ereignis, wenn es **deutliche Anzeichen** für das tatsächliche Eintreten gibt.

Look at those dark clouds. It**'s going to rain** any minute.
Schau dir die dunklen Wolken an. Es wird jeden Augenblick anfangen zu regnen.
I've decided I**'m going to give up** smoking.
Ich habe entschieden, ich werde das Rauchen aufgeben.

Gebrauch des *present simple* für Zukünftiges

Im Englischen kann auch das *present simple* für zukünftige Handlungen und Ereignisse eingesetzt werden, aber nur in ganz bestimmten Fällen.

- **Fahrplanauskünfte, Stundenpläne**

The train **departs** at 10.20.
Der Zug fährt um 10:20 ab.
The film **starts** at 7.30 this evening.
Der Film fängt heute Abend um 7:30 an.

- **feststehende Veranstaltungen und Ereignisse**

I **start** my new job on Monday.
Am Montag fange ich meine neue Stelle an.
Mike's birthday **is** on a Monday this year .
Mike's Geburtstag ist dieses Jahr an einem Montag.

Gebrauch des *present continuous* für Zukünftiges

Auch das *present continuous* kann für bestimmte zukünftige Handlungen und Ereignisse verwendet werden, und zwar für:

- bereits **fest beschlossene und persönliche Vorhaben**

We**'re going** to Paris over the weekend.

Wir fahren am Wochenende nach Paris. (Alles ist gebucht.)

We**'re taking** the train.

Wir nehmen den Zug. (Wir haben die Tickets.)

- **feste Vereinbarungen** für ein zukünftiges Ereignis oder eine Handlung

Sara **is seeing** Emma tomorrow.

Sara trifft sich morgen mit Emma. (Sie haben eine Verabredung.)

Die zukünftige Zeit wird oft erwähnt oder geht aus dem Kontext hervor.

 Aussagen über zukünftige Ereignisse

Die Bedeutungen von *going to-future* und *present continuous* für Aussagen über zukünftige Ereignisse liegen sehr nahe beieinander. Oft sind beide Zeitformen möglich. Der Unterschied liegt nur darin, dass bei *present continuous* alle Vorkehrungen bereits getroffen sind.
Vergleichen Sie:

Sandra **is having** a party next Saturday.

Sandra hat nächsten Samstag eine Party.

(fest beschlossenes Vorhaben: Alles ist bereits organisiert, Freunde sind eingeladen usw.)

Sandra **is going to** have a party next Saturday.

Sandra hat nächsten Samstag eine Party.

(Plan: Hier ist vielleicht noch nicht alles organisiert, die Freunde evtl. noch nicht eingeladen usw.)

Das *future continuous*

Bildung des *future continuous*

Positive Aussagen

Das *future continuous* wird für alle Personen im Singular und Plural mit **will** + **be** + **present participle** (*ing*-Form, → S. 155) gebildet.

Singular	Plural
I **will be working**	we **will be working**
you **will be working**	you **will be working**
he/she/it **will be working**	they **will be working**

The companies **will be working** together on a project next year.
Die Firmen werden nächstes Jahr an einem Projekt zusammenarbeiten.

Vor allem bei Pronomen aber auch bei Namen werden **Kurzformen** für **will** verwendet.

Singular	Plural
I**'ll be working**	we**'ll be working**
you**'ll be working**	you**'ll be working**
he/she/it**'ll be working**	they**'ll be working**

I**'ll be working** together with James on a project in France.
Ich werde mit James an einem Projekt in Frankreich zusammenarbeiten.

Verneinte Aussagen

Bei verneinten Sätzen steht **not** nach **will**.

Singular	Plural
I **will not be working**	we **will not be working**
you **will not be working**	you **will not be working**
he/she/it **will not be working**	they **will not be working**

Jan **will not be working** in New York this year.
Jan wird dieses Jahr nicht in New York arbeiten.

Bei verneinten Aussagen wird meistens die **Kurzform** benutzt. Die Kurzform von ***will not*** ist ***won't***.

Singular	Plural
I **won't be working**	we **won't be working**
you **won't be working**	you **won't be working**
he/she/it **won't be working**	they **won't be working**

Emily **won't be working** in New York this year, either.
Emily wird dieses Jahr auch nicht in New York arbeiten.

Fragen

Fragen im *future continuous* werden gebildet, indem das erste Hilfsverb *will* mit dem Subjekt (→ S. 372) vertauscht wird. Somit steht *will* **vor dem Subjekt**. Bei *Ja/Nein*-Fragen (→ S. 384) steht dann das Hilfsverb **am Anfang** des Satzes. Bei Fragen gibt es keine Kurzformen.

Singular	Plural
Will I **be working**?	**Will** we **be working**?
Will you **be working**?	**Will** you **be working**?
Will he/she/it **be working**?	**Will** they **be working**?

Will Christopher **be working** in New York this year?
Wird Christopher dieses Jahr in New York arbeiten?

Verneinte Fragen

Bei verneinten Fragen wird meistens die **Kurzform** von *will not* (***won't***) verwendet.

Singular	Plural
Won't I **be working**?	**Won't** we **be working**?
Won't you **be working**?	**Won't** you **be working**?
Won't he/she/it **be working**?	**Won't** they **be working**?

Won't they **be working** in New York next year either?
Werden sie nächstes Jahr auch nicht in New York arbeiten?

(i) **Verneinte Fragen** können auch in der **Langform** gebildet werden, wenn die Verneinung betont werden soll. Dann ändert sich allerdings die Satzstellung.

Will she really **not** be working?　　*Wird sie wirklich **nicht** arbeiten?*
nicht: Will not she really be working?

Kurzantworten

Bei Kurzantworten wird das Hilfsverb aus der Frage wieder aufgegriffen.

Will you be helping Annette? – Yes, I **will**.
Wirst du Annette helfen? – Ja.
Will Isabel be seeing Vivien in Zurich? – No, she **won't**.
Wird Isabel Vivien in Zürich sehen? – Nein.

Gebrauch des *future continuous*

Das *future continuous* wird benutzt, wenn man ausdrücken möchte, womit man in der Zukunft beschäftigt sein wird, d. h. für **anhaltende Handlungen in der Zukunft**.

This time tomorrow my daughter **will be sitting** in the plane and **flying** to Costa Rica.
Morgen um diese Zeit wird meine Tochter im Flugzeug sitzen und nach Costa Rica fliegen..
Don't call at 9 o'clock. We**'ll still be having** dinner.
Rufe bitte nicht um 9 Uhr an. Wir werden dann noch beim Abendessen sein.

° Das *future perfect simple*

Bildung des *future perfect simple*

Positive Aussagen

Das *future perfect simple* wird für alle Personen im Singular und Plural mit

will + *have* + *past participle* (3. Form, → S. 154) gebildet:

Singular	Plural
I **will have worked**	we **will have worked**
you **will have worked**	you **will have worked**
he/she/it **will have worked**	they **will have worked**

In January the company **will have worked** on the project for 6 months.
Im Januar wird die Firma bereits 6 Monate an dem Projekt gearbeitet haben.

Vor allem bei Pronomen aber auch bei Namen werden **Kurzformen** für *will* benutzt.

Singular	Plural
I**'ll have worked**	we**'ll have worked**

you**'ll have worked**   you**'ll have worked**

he/she/it**'ll have worked**   they**'ll have worked**

That means I **will have worked** with James on three projects.
Das bedeutet, ich werde mit James an drei Projekten zusammengearbeitet haben.

Verneinte Aussagen

Bei verneinten Sätzen steht ***not*** nach dem ersten Hilfsverb ***will***.

Singular	Plural
I **will not have worked**	we **will not have worked**
you **will not have worked**	you **will not have worked**
he/she/it **will not have worked**	they **will not have worked**

I'm afraid I **will not have finished** the report by Friday.
Ich werde den Bericht bis Freitag leider nicht fertiggestellt haben.

Auch bei **verneinte Aussagen** wird meistens die Kurzform benutzt. Die Kurzform von ***will not*** ist ***won't***

Singular	Plural
I **won't have worked**	we **won't have worked**
you **won't have worked**	you **won't have worked**
he/she/it **won't have worked**	they **won't have worked**

Emily **won't have worked** for nearly a year now.
Katherine wird seit fast einem Jahr nicht mehr gearbeitet haben.

Fragen

Fragen im *future perfect simple* werden gebildet, indem das erste Hilfsverb ***will*** mit dem Subjekt (→ S. 372) vertauscht wird. Somit steht *will* **vor dem**

Subjekt. Bei *Ja/Nein*-Fragen (→ S. 384) steht dann das Hilfsverb **am Anfang** des Satzes. Bei Fragen gibt es keine Kurzformen.

Singular	Plural
Will I **have worked**?	**Will** we **have worked**?
Will you **have worked**?	**Will** you **have worked**?
Will he/she/it **have worked**?	**Will** they **have worked**?

Will Christopher **have worked** for long enough for the company to get a rise?
Wird Christopher lang genug bei der Firma gearbeitet haben, um eine Gehaltserhöhung zu bekommen?

Verneinte Fragen

Bei verneinten Fragen wird meistens die **Kurzform** von *will not* (*won't*) verwendet.

Singular	Plural
Won't I **have worked**?	**Won't** we **have worked**?
Won't you **have worked**?	**Won't** you **have worked**?
Won't he/she/it **have worked**?	**Won't** they **have worked**?

Won't he **have worked** there for nearly two years?
Wird er nicht bereits zwei Jahre dort gearbeitet haben?

ⓘ **Verneinte Fragen** können auch in der **Langform** gebildet werden, wenn die Verneinung betont werden soll. Dann ändert sich allerdings die Satzstellung.

Will she really <u>**not**</u> have worked there long enough?
*Wird sie wirklich **nicht** lang genug dort gearbeitet haben?*
nicht: ~~Will not she really have worked there long enough?~~

WORTARTEN

Kurzantworten

Bei Kurzantworten wird das Hilfsverb aus der Frage wieder aufgegriffen.

Will you have helped Annette by Monday? – Yes, I **will**.
Wirst du Annette bis Montag geholfen haben? – Ja.
Will Isabel have seen Vivien in Zurich? – No, she **won't**.
Wird Isabel Vivien in Zürich gesehen haben? – Nein.

Gebrauch des *future perfect simple*

Das *future perfect simple* wird verwendet, um über Handlungen zu sprechen, die **bis zu einem Zeitpunkt in der Zukunft abgeschlossen** sein werden.

I **will have finished** the report by Friday.
Ich werde den Bericht bis Freitag fertig haben.
By the time I get up tomorrow Janice **will have landed** in Shanghai.
Wenn ich morgen aufstehe, wird Janice bereits in Shanghai gelandet sein.

Das *future perfect simple* wird auch verwendet, um über die **Vergangenheit** zu sprechen, wenn man sicher ist, dass **etwas bereits erledigt** bzw. vorbei ist.

It's no use looking for Daphne – she **will have left** the party by now.
Es hat keinen Zweck Daphne zu suchen – sie wird die Party bereits verlassen haben.

future continuous und *future perfect simple*

Entscheidend ist immer, was man ausdrücken möchte. Vergleichen Sie:

future continuous	future perfect simple
I **will be watching** football at 8 p.m. *Ich werde um 8 Uhr Fußball schauen.* (Das Spiel wird noch andauern.)	I **will have watched** football at 8 p.m. *Ich werde um 8 Uhr Fußball gesehen haben.* (Das Spiel wird vorbei sein.)
I **will be leaving** home at 7.30. *Ich werde das Haus um 7:30 verlassen..* (Ich werde dabei sein, das Haus zu verlassen.)	I **will have left** home at 7.30. *Ich werde das Haus um 7:30 verlassen haben.* (Ich werde schon weg sein.)

° Das *future perfect continuous*

Bildung des *future perfect continuous*

Positive Aussagen

Das *future perfect continuous* wird für alle Personen im Singular und Plural mit **will** + **have been** + **present participle** (*ing*-Form, → S. 155) gebildet:

Singular	Plural
I **will have been working**	we **will have been working**
you **will have been working**	you **will have been working**
he/she/it **will have been working**	they **will have been working**

In March, I **will have been working** here for three years.
In März werde ich drei Jahre hier gearbeitet haben.

Vor allem bei Pronomen aber auch bei Namen werden **Kurzformen** für *will* benutzt.

Singular	Plural
I**'ll have been working**	we**'ll have been working**
you**'ll have been working**	you**'ll have been working**
he/she/it**'ll have been working**	they**'ll have been working**

She**'ll have been waiting** for nearly an hour, already. (She still is waiting.)
Sie wird bereits über eine Stunde gewartet haben. (Und wartet immer noch.)

Verneinte Aussagen

Bei verneinten Sätzen steht *not* nach dem ersten Hilfsverb *will*.

Singular	Plural
I **will not have been working**	we **will not have been working**
you **will not have been working**	you **will not have been working**
he/she/it **will not have been working**	they **will not have been working**

No, she **will not have been waiting** there for nearly an hour, probably over an hour.
Nein, sie wird nicht seit fast einer Stunde dort gewartet haben, sondern wahrscheinlich seit über einer Stunde.

Auch bei **verneinten Aussagen** wird meistens die Kurzform benutzt. Die Kurzform von ***will not*** ist ***won't***.

Singular	Plural
I **won't have been working**	we **won't have been working**
you **won't have been working**	you **won't have been working**
he/she/it **won't have been working**	they **won't have been working**

No, she **won't have been waiting** there for nearly an hour, probably over an hour.
Nein, sie wird nicht seit fast einer Stunde dort gewartet haben, sondern wahrschieinlich seit über einer Stunde.

Fragen

Fragen im *future perfect continuous* werden gebildet, indem das erste Hilfsverb ***will*** mit dem Subjekt (→ S. 372) vertauscht wird. Somit steht *will* **vor dem Subjekt**. Bei *Ja/Nein*-Fragen (→ S. 384) steht dann das Hilfsverb **am Anfang** des Satzes. Bei Fragen gibt es keine Kurzformen.

Singular	Plural
Will I **have been working**?	**Will** we **have been working**?
Will you **have been working**?	**Will** you **have been working**?

Will he/she/it **have been working**? **Will** they **have been working**?

How long **will** you **have been working** here when you retire?
Wie lange wirst du hier bereits arbeiten (gearbeitet haben), wenn du in Rente gehst?

Verneinte Fragen

Bei verneinten Fragen wird meistens die **Kurzform** von *will not* (*won't*) verwendet.

Singular	Plural
Won't I **have been working**?	**Won't** we **have been working**?
Won't you **have been working**?	**Won't** you **have been working**?
Won't he/she/it **have been working**?	**Won't** they **have been working**?

Won't you **have been working** there for over 10 years at the end of October?
Wirst du Ende Oktober nicht bereits seit über 10 Jahren dort arbeiten?

(i) **Verneinte Fragen** können auch in der **Langform** gebildet werden, wenn die Verneinung betont werden soll. Dann ändert sich allerdings die Satzstellung.

Will you **not have been working** there for over 10 years at the end of October?
Wirst du Ende Oktober nicht bereits seit über 10 Jahren dort arbeiten?
nicht: ~~Will not you have been working there for over 10 years ...?~~

Kurzantworten

Bei Kurzantworten wird das Hilfsverb aus der Frage wieder aufgegriffen.

Won't you have been working there for over 10 years at the end of October?
– Yes, I **will**.

Wirst du Ende Oktober nicht bereits seit über 10 Jahren dort arbeiten?
– Ja.

Gebrauch des *future perfect continuous*

Das *future perfect continuous* wird verwendet, um über die Dauer einer
Handlungen zu sprechen, die **bis zu einem Zeitpunkt in der Zukunft abge-
schlossen** sein wird, aber wo es wahrscheinlich ist, dass die Handlung noch
andauern wird.

future perfect simple und *future perfect continuous*

Entscheidend bei der Unterscheidung zwischen *future perfect simple* und
continuous ist immer, was man ausdrücken möchte. Vergleichen Sie:

future perfect simple	future perfect continuous
I **will have watched** football at 8 p.m. *Ich werde um 8 Uhr Fußball gesehen haben.* (Das Spiel wird vorbei sein.)	I **will have been watching** football for 15 minutes at 8 p.m. *Ich werde um 8 Uhr (bereits) 15 Minuten lang Fußball gesehen haben.* (Die 15 Minuten werden vorbei sein, das Spiel aber nicht.)
I **will have left** home at 7.30. *Ich werde das Haus um 7:30 verlassen haben.* (Ich werde schon weg sein.)	He **will have been teaching** English for over 15 years next month. *Er wird nächsten Monat (bereits) seit über 15 Jahren Englisch unterrichtet haben.* (15 Jahre werden vergangen sein, er wird voraussichtlich noch unterrichten.)

Das *conditional simple*

Bildung des *conditional simple*

Positive Aussagen

Das *conditional simple* wird für alle Personen mit **would + Grundform des Verbs** gebildet.

Singular	Plural
I **would work**	we **would work**
you **would work**	you **would work**
he/she/it **would work**	they **would work**

I **would work** for another company if I could.
Wenn ich könnte, würde ich für eine andere Firma arbeiten.

Meistens wird bei einem Personalpronomen die **Kurzform 'd** für **would** benutzt.

Singular	Plural
I**'d work**	we**'d work**
you**'d work**	you**'d work**
he/she/it**'d work**	they**'d work**

I**'d like** a cup of tea.   *Ich würde gerne eine Tasse Tee haben.*

 Aufgepasst! **had** und **would** haben die gleiche **Kurzform 'd**.

I'd = I would oder **I had**

Das gilt für alle Personen.

Verneinte Aussagen

Bei verneinten Aussagen steht **not** nach **would**. Auch hier wird meistens die Kurzform (**wouldn't**) benutzt.

Singular	Plural
I **wouldn't work**	we **wouldn't work**
you **wouldn't work**	you **wouldn't work**
he/she/it **wouldn't work**	they **wouldn't work**

I **wouldn't go** to Florida at the moment. It's too hot.
Ich würde momentan nicht nach Florida fahren. Es ist zu heiß.

Fragen

Fragen im *conditional simple* werden gebildet, indem das **Hilfsverb would** mit dem Subjekt (→ S. 372) vertauscht wird. Bei *Ja/Nein*-Fragen (→ S. 384) steht dann das Hilfsverb **am Anfang** des Satzes.

Singular	Plural
Would I **work**?	**Would** we **work**?
Would you **work**?	**Would** you **work**?
Would he/she/it **work**?	**Would** they **work**?

Would you **work** in China?   *Würdest du in China arbeiten?*

Verneinte Fragen

Verneinte Fragen werden meistens in der **Kurzform** verwendet.

Singular	Plural
Wouldn't I **go**?	**Wouldn't** we **go**?

:> :>

Wouldn't you **go**?	**Wouldn't** you **go**?
Wouldn't he/she/it **go**?	**Wouldn't** they **go**?

Why **wouldn't** you go?   *Warum würdest du nicht gehen?*

(i) **Verneinte Fragen** können auch in der **Langform** gebildet werden, wenn die Verneinung betont werden soll. Dann ändert sich allerdings die Satzstellung.

Would she **not** want to work?   *Wird sie **nicht** arbeiten wollen?*
nicht: ~~Would not she want to work?~~

(ABC) ***would* = *würde* oder *wollte***

Would bedeutet meistens ***würde*** und ist der Konjunktiv von *will* (*werden*). Vor allem in der Verneinung können *will not* (*won't*) und *would not* (*wouldn't*) aber auch ***nicht wollen***, im Sinne von *sich weigern*, ausdrücken.

She **would** see John if she went to London.
*Sie **würde** John sehen, wenn sie nach London fahren würde.*
She **wouldn't** see John.
*Sie **würde** John nicht sehen.*   **oder:**   *Sie **weigerte sich** John zu sehen.*

Kurzantworten

Bei Kurzantworten wird das Hilfsverb aus der Frage wieder aufgegriffen.

Would you be able to help Annette? – Yes, I **would**.
Würdest du Annette helfen können? – Ja.
Would Isabel be able to see Vivien in Zurich? – No, she **wouldn't**.
Würde Isabel Vivien in Zürich sehen können? – Nein.

WORTARTEN

Kurzantworten: Lang- und Kurzform

Bei Kurzantworten mit *yes* werden nur die **Langformen** benutzt, bei Kurzantworten mit *no* werden meistens die **Kurzformen** verwendet.

Would you go to the cinema tonight? – Yes, I **would**./No, I **wouldn't**.
Würdest du heute Abend ins Kino gehen? – Ja./Nein.
nicht: ~~Yes, I'd.~~

Zur **Betonung** kann aber auch bei *no* die **Langform** benutzt werden.

Gebrauch von *conditional simple*

Das *conditional simple* wird verwendet:

- für **Vorschläge** und **Ansichten** oder für Handlungen bzw. Ereignisse, **die eintreten können** oder auch nicht.

Toni: "I like both of these pictures. Which one **would** you **take**?"
Ich mag beide Bilder. Welches würdest du nehmen?
Lucy: "I**'d take** that one."
Ich würde das nehmen.

- in *if*-**Sätzen** Typ II (→ S. 405). Dabei steht im *if*-Satz (Nebensatz) das *past simple* und im dazugehörenden Hauptsatz das *conditional simple*. Es spielt keine Rolle, ob der Hauptsatz vorne oder hinten steht.

We **could go** to the cinema if it rained.
Wir könnten ins Kino gehen, falls es regnen würde.
If my alarm clock didn't ring at 7 o'clock, I **would never get up** in time.
Wenn mein Wecker nicht um 7 Uhr klingeln würde, würde ich nie rechtzeitig aufstehen.

- in **höflichen Fragen und Bitten**

Would you **like** a cup of coffee?
Möchtest du/Möchten Sie eine Tasse Kaffee?

Could you **close** the door, please? (→ für *could* siehe weiter unten)
Könnten Sie/Könntest du die Tür bitte schließen?

 if + conditional

Das *conditional* wird oft in *if*-Sätzen (→ S. 405) verwendet.

 Im Deutschen wird das **conditional** korrekt mit einer Form des **Konjunktivs** übersetzt.

Tina **would be** disappointed.
Tina wäre enttäuscht./Tina würde enttäuscht sein.
Sam **would talk** to her.
Sam spräche mit ihr./Sam würde mit ihr sprechen.

conditional-Formen von Modalverben

Auch die Modalverbformen **could**, **should** und **might** sind *conditional*-Formen. Sie werden nach demselben Muster wie *would* benutzt: **could/should/might** + **Grundform**. Je nach Modalverb verändert sich die Bedeutung.

She **could work** when she goes to China.
Sie könnte arbeiten, wenn sie nach China geht.
(Sie wird die Möglichkeit haben zu arbeiten.)

She **should work** when she goes to China.
Sie sollte arbeiten, wenn sie nach China geht.
(Es ist zu empfehlen, dass sie dort arbeitet.)

She **might work** when she goes to China.
Sie wird vielleicht in China arbeiten, wenn sie dorthin geht.
(Es ist unsicher, ob sie dort arbeitet. Wir wissen nicht, ob sie kann oder will.)

WORTARTEN

Das *conditional continuous*

Bildung des *conditional continuous*

Positive Aussagen

Das *conditional continuous* wird für alle Personen mit **would + be + present participle** (*ing*-Form) gebildet.

Singular	Plural
I **would be working**	we **would be working**
you **would be working**	you **would be working**
he/she/it **would be working**	they **would be working**

If he were/was in the South of France, he **would be working** for a French company.
Wenn er in Südfrankreich wäre, würde er jetzt für eine französische Firma arbeiten.

 were oder *was*?

In *if*-Sätzen werden sowohl *was* als auch *were* benutzt. Die Verwendung von *was* nimmt in Großbritannien vor allem in der Umgangssprache zu, in Amerika hört man eher *were*.

If Tim **was**/**were** taller, I would marry him.
Wenn Tim größer wäre, würde ich ihn heiraten.

Aber Achtung – hier sollte *were* stehen, *was* wird als falsch empfunden:

If I were you, I wouldn't give him any money.
Wenn ich du wäre, würde ich ihm kein Geld geben.

Meistens wird mit Pronomen die **Kurzform *'d*** für *would* benutzt.

Singular	Plural
I**'d be working**	we**'d be working**
you**'d be working**	you**'d be working**
he/she/it**'d be working**	they**'d be working**

I**'d be having** breakfast.   *Ich würde jetzt gerade frühstücken.*

 Aufgepasst! *had* und *would* haben die gleiche **Kurzform '*d**.

I**'d** = *I would* oder *I had*

Das gilt für alle Personen.

Verneinte Aussagen

Bei verneinten Aussagen steht *not* nach *would*. Auch hier wird meistens die Kurzform benutzt. Die Kurzform von *would not* ist *wouldn't* .

Singular	Plural
I **wouldn't be working**	we **wouldn't be working**
you **wouldn't be working**	you **wouldn't be working**
he/she/it **wouldn't be working**	they **wouldn't be working**

I **wouldn't be asking** you if I thought you didn't know.
Ich würde dich jetzt nicht fragen, wenn ich dächte, du wüsstest es nicht.

Fragen

Fragen im *conditional continuous* werden gebildet, indem das **Hilfsverb *would***
mit dem Subjekt (→ S. 372) vertauscht wird. Bei *Ja/Nein*-Fragen (→ S. 384)
steht dann das Hilfsverb **am Anfang** des Satzes.

Singular	Plural
Would I **be working**?	**Would** we **be working**?
Would you **be working**?	**Would** you **be working**?
Would he/she/it **be working**?	**Would** they **be working**?

Would you **be working** in marketing?
Würdest du (jetzt gerade) in Marketing arbeiten?

Verneinte Fragen

Verneinte Fragen werden meistens in der **Kurzform** verwendet.

Singular	Plural
Wouldn't I **be working**?	**Wouldn't** we **be working**?
Wouldn't you **be working**?	**Wouldn't** you **be working**?
Wouldn't he/she/it **be working**?	**Wouldn't** they **be working**?

Wouldn't he **be working** in IT?
Würde er jetzt nicht gerade in IT (information technology) arbeiten?

(**i**)
Verneinte Fragen können auch in der **Langform** gebildet werden, wenn die Verneinung betont werden soll. Dann ändert sich allerdings die Satzstellung.

Would she **not be working** for another company?
*Würde sie **nicht** für eine andere Firma arbeiten?*
nicht: ~~Would not she be working?~~

Kurzantworten

Bei Kurzantworten wird das Hilfsverb aus der Frage wieder aufgegriffen.

If you had got the job, would you be living in London? – Yes, I **would**.

Wenn du die Stelle bekommen hättest, würdest du (gerade) in London leben? – Ja.

 Kurzantworten: Lang- und Kurzform

Bei Kurzantworten mit *yes* werden nur die **Langformen** benutzt, bei Kurzantworten mit *no* werden meistens die **Kurzformen** verwendet.

Would you normally be going to the cinema tonight? – Yes, I **would**./No, I **wouldn't**.

Würdest du heute Abend normalerweise ins Kino gehen? – Ja./Nein.

nicht: ~~Yes, I'd.~~

Zur **Betonung** kann aber auch die **Langform mit** *no* benutzt werden.

Gebrauch von *conditional continuous*

Das *conditional continuous* wird benutzt, um den **Verlauf** einer möglichen Handlung zu **betonen**. Um zu sagen, dass man eventuell jetzt gerade dabei wäre.

I **would be swimming** in the sea.

Ich würde jetzt gerade im Meer schwimmen.

conditional simple und *condtional continuous*

conditional simple	conditional continuous
I **would visit** him now.	I **would be visiting** him now.
Ich würde ihn jetzt besuchen.	*Ich würde ihn jetzt besuchen.*
(Ich stelle mir vor, dass ich jetzt zu ihm fahren würde, um ihn zu besuchen.)	(Ich stelle mir vor, dass ich bereits bei ihm wäre.)
I **would enjoy** myself.	I **would be enjoying** myself.
Ich würde Spaß haben.	*Ich würde Spaß haben.*
(Ich kann mir vorstellen, dass ich Spaß haben würde. Es ist realisierbar.)	(Ich kann mir vorstellen, dass ich bereits dabei wäre Spaß zu haben.)

WORTARTEN

Das *conditional perfect simple*

Bildung des *conditional perfect simple*

Positive Aussagen

Das *conditional perfect simple* wird für alle Personen mit **would + have + past participle** (→ S. 154) gebildet.

Singular	Plural
I **would have worked**	we **would have worked**
you **would have worked**	you **would have worked**
he/she/it **would have worked**	they **would have worked**

I **would have worked** last night if I hadn't been ill.
Ich hätte gestern Abend gearbeitet, wenn ich nicht krank gewesen wäre.

Meistens wird mit Personalpronomen die **Kurzform 'd** für **would** benutzt.

Singular	Plural
I**'d have worked**	we**'d have worked**
you**'d have worked**	you**'d have worked**
he/she/it**'d have worked**	they**'d have worked**

I**'d have seen** you if you had waited a little longer.
Ich hätte dich gesehen, wenn du etwas länger gewartet hättest.

Verneinte Aussagen

Bei verneinten Aussagen steht **not** nach **would**. Auch hier wird meistens die Kurzform (**wouldn't**) benutzt.

Singular	Plural
I **wouldn't have worked**	we **wouldn't have worked**
you **wouldn't have worked**	you **wouldn't have worked**
he/she/it **wouldn't have worked**	they **wouldn't have worked**

We **wouldn't have worked** on Sunday if we had finished everything on Saturday.
Wir hätten am Sonntag nicht gearbeitet, wenn wir am Samstag alles fertig bekommen hätten.

Fragen

Fragen im *conditional perfect simple* werden gebildet, indem das **Hilfsverb** **would** mit dem Subjekt (→ S. 372) vertauscht wird. Bei *Ja/Nein*-Fragen (→ S. 384) steht dann das Hilfsverb **am Anfang** des Satzes.

Singular	Plural
Would I **have agreed**?	**Would** we **have agreed**?
Would you **have agreed**?	**Would** you **have agreed**?
Would he/she/it **have agreed**?	**Would** they **have agreed**?

If Jack had asked you, **would** you **have agreed** to help him?
Wenn Jack dich (darum) gebeten hätte, wärest du einverstanden gewesen ihm zu helfen?

Verneinte Fragen

Verneinte Fragen werden meistens in der **Kurzform** verwendet.

Singular	Plural
Wouldn't I **have agreed**?	**Wouldn't** we **have agreed**?
Wouldn't you **have agreed**?	**Wouldn't** you **have agreed**?
Wouldn't he/she/it **have agreed**?	**Wouldn't** they **have agreed**?

WORTARTEN

Wouldn't Edward **have agreed** if you had asked him?
Hätte Edward nicht zugestimmt, wenn du ihn gefragt hättest?

(**i**) **Verneinte Fragen** können auch in der **Langform** gebildet werden, wenn die Verneinung betont werden soll. Dann allerdings ändert sich die Satzstellung.

Would he **not have agreed**?   *Hätte er nicht zugestimmt?*

Kurzantworten

Bei **Kurzantworten** wird das Hilfsverb aus der Frage wieder aufgegriffen.

If Jack had asked you, would you have agreed to help him? – Yes, I **would**.
Wenn Jack dich gebeten hätte, wärest du einverstanden gewesen ihm zu helfen. – Ja.

Gebrauch des *conditional perfect simple*

Das *conditional perfect simple* wird verwendet:

* für **gedachte, nicht mehr realisierbare Handlungen**, Ereignisse und Ansichten **in der Vergangenheit**, die in Wirklichkeit nicht stattgefunden haben und auch nicht mehr stattfinden können.

I**'d have apologized** for that.
Ich hätte mich dafür entschuldigt.
I **would have called** him back if he had left his number.
Ich hätte ihn zurückgerufen, wenn er seine Nummer hinterlassen hätte.
(Aber er hat seine Nummer nicht hinterlassen, also konnte ich ihn nicht zurückrufen.)

* in *if*-**Sätzen** Typ III (→ S. 406). Dabei steht im *if*-Satz (Nebensatz) das *past perfect* und im dazugehörigen Hauptsatz das *conditional perfect simple*. Es spielt keine Rolle, ob der Hauptsatz vorne oder hinten steht.

If you had warned him, he **wouldn't have gone**.
Wenn du ihn gewarnt hättest, wäre er nicht gegangen.
They**'d have understood** the instructions if they had read them properly.
Sie hätten die Anweisungen verstanden, wenn sie sie richtig gelesen hätten.

 Das ***conditional perfect simple*** wird im Deutschen mit einer Form
des **Konjunktivs** wiedergegeben.

Would you **have told** me the truth?   *Hättest du mir die Wahrheit gesagt?*
I **would have spoken** to the boss at first.   *Ich hätte zuerst mit dem Chef gesprochen.*

 'd = would* oder *had

Aufgepasst – Verwechslungsgefahr! ***Would*** und ***had*** haben die gleiche
Kurzform. Nur an der jeweils folgenden Verbform lässt sich erkennen,
um welches der beiden Wörter es sich handelt.

Vergleichen Sie die folgenden drei Sätze und ihre unterschiedlichen
Bedeutungen.

I**'d pay** for the tickets.	**I would pay ...** (conditional)	*Ich würde ... bezahlen.*
I**'d paid** for the tickets.	**I had paid ...** (past perfect)	*Ich hatte ... bezahlt.*
I**'d have paid** for the tickets.	**I would have paid ...** (conditional perfect)	*Ich hätte ... bezahlt.*

conditional simple und *conditional perfect simple*

Das *conditional* wird im Zusammenhang mit Situationen oder Handlungen
benutzt, die man sich in der **Gegenwart** vorstellen kann. Das *conditonal
perfect* wird zusammen mit Handlungen oder Situationen benutzt, die man
sich für die **Vergangenheit** vorstellen kann.

conditional	conditonal perfect
I **would tell** him immediately.	I **would have told** him immediately.
Ich würde es ihm sofort sagen.	*Ich hätte es ihm sofort gesagt.*
(Ich stelle mir vor, dass ich es so	(Ich stelle mir vor, dass ich es damals
machen würde und gebe einen Rat.	so gemacht hätte. Das kann auch
Man kann es ihm noch sagen.)	ein Vorwurf sein. Es ist nicht mehr
	möglich).
It **would be** lovely to be in Spain right	It **would have been** lovely to be in
now.	Spain at that time.
Es wäre wunderschön, jetzt in Spanien	*Es wäre wunderschön gewesen, zu der*
zu sein.	*Zeit in Spanien zu sein.*
(Ich kann mir vorstellen, dass es jetzt	(Ich kann es mir sehr gut vorstellen
dort wunderschön ist. Ich kann es	– aber ich war nicht dort. Es ist auch
noch verwirklichen.)	nicht mehr möglich.)

° Das *conditional perfect continuous*

Bildung des *conditional perfect continuous*

Positive Aussagen

Das *conditional perfect continuous* wird für alle Personen mit **would + have been + present participle** (*ing*-Form, → S. 155) gebildet.

Singular	Plural
I **would have been working**	we **would have been working**
you **would have been working**	you **would have been working**
he/she/it **would have been working**	they **would have been working**

If Eric had got the job, he **would have been working** in Australia now.
Wenn Eric die Stelle bekomen hätte, würde er jetzt (seit einiger Zeit) in Australien arbeiten.

Meistens wird mit Personalpronomen die **Kurzform 'd** für *would* benutzt.

Singular	Plural
I'd have been working	we'd have been working
you'd have been working	you'd have been working
he/she/it'd have been working	they'd have been working

He'd have been working in Australia now if he'd got the job.

Er würde jetzt (seit einiger Zeit) in Australien arbeiten, wenn er den Job bekommen hätte.

WORTARTEN

Verneinte Aussagen

Bei verneinten Aussagen steht **not** nach **would**. Auch hier wird meistens die Kurzform (**wouldn't**) benutzt.

Singular	Plural
I wouldn't have been working	we wouldn't have been working
you wouldn't have been working	you wouldn't have been working
he/she/it wouldn't have been working	they wouldn't have been working

I wouldn't have been working there at that time if Neil hadn't asked me.

Ich hätte zu der Zeit dort nicht gearbeitet, wenn Neil mich nicht darum gebeten hätte.

Fragen

Fragen werden gebildet, indem das **Hilfsverb** would mit dem Subjekt (→ S. 372) vertauscht wird. Bei *Ja/Nein*-Fragen (→ S. 384) steht dann das Hilfsverb **am Anfang** des Satzes.

Singular	Plural
Would I have been working?	Would we have been working?
Would you have been working?	Would you have been working?
Would he/she/it have been working?	Would they have been working?

Would you **have been working** in Germany then if you hadn't got married to a German?
Würdest du damals in Deutschland gearbeitet haben, wenn du nicht einen Deutschen geheiratet hättest?

Verneinte Fragen

Verneinte Fragen werden meistens in der **Kurzform** verwendet.

Singular	Plural
Wouldn't I **have been working**?	**Wouldn't** we **have been working**?
Wouldn't you **have been working**?	**Wouldn't** you **have been working**?
Wouldn't he/she/it **have been working**?	**Wouldn't** they **have been working**?

Why **wouldn't** you **have been working** there?
Warum hättest du dort nicht gearbeitet?

(i) **Verneinte Fragen** können auch in der **Langform** gebildet werden, wenn die Verneinung betont werden soll. Dann allerdings ändert sich die Satzstellung.

Would he **not** **have been working**?   *Hätte er nicht gearbeitet?*

Kurzantworten

Bei **Kurzantworten** wird das Hilfsverb aus der Frage wieder aufgegriffen.

Would you have been living here ten years ago, if your children had gone to boarding school? – Yes, I **would**.
Würdest du vor zehn Jahren hier gewohnt haben, wenn deine Kinder ein Internat besucht hätten? – Ja.

Gebrauch des *conditional perfect continuous*

Das *conditional perfect continuous* wird für **gedachte, nicht mehr realisierbare Handlungen**, Ereignisse und Ansichten **in der Vergangenheit** verwendet, die in Wirklichkeit nicht stattgefunden haben und auch nicht mehr stattfinden können. Es wird betont, dass diese Handlungen oder Ereignisse eine Weile angedauert hätten.

Das wird meistens mit *if*-**Sätzen** Typ III (→ S. 406) ausgedrückt. Dabei steht im *if*-Satz (Nebensatz) das *past perfect* und im dazugehörenden Hauptsatz das *conditional perfect continuous*. Es spielt keine Rolle, ob der Hauptsatz vorne oder hinten steht.

What do you think you **would have been doing** for the last five years if you hadn't got the job in Strasbourg.
Was glaubst du, was du in den letzten fünf Jahren gemacht hättest, wenn du die Stelle in Straßburg nicht bekommen hättest?

 Conditionals **im Vergleich**

What **would** you **have done** if you hadn't got the job?
Was hättest du gemacht, wenn du die Stelle nicht bekommen hättest?
(damals, zu dem Zeitpunkt)

What **would** you **be doing** if you hadn't got the job?
Was würdest du machen, wenn du die Stelle nicht bekommen hättest?

What **would** you **have been doing** if you hadn't got the job?
Was hättest du gemacht, wenn du die Stelle nicht bekommen hättest?
(Frage nach einer längeren Handlung in der Vergangenheit oder einer Handlung, die bis heute andauert)

wish

Wish wird häufig mit dem **conditional** verwendet:

I **wish** you **wouldn't drive** so fast.
Ich wünschte, du würdest nicht so schnell fahren.
I **wish** I **could have gone** to the party.
Ich wünschte, ich hätte zur Party gehen können.

Mit **wish** sind auch andere Konstuktionen möglich:

wish + past simple:	I wish you didn't drive so fast.
	Ich wünschte, du würdest nicht so schnell fahren.
wish + past perfect:	I wish I had known.
	Ich wünschte, ich hätte es gewusst.
wish + Infinitiv:	I wish to see you.
	Ich möchte dich sehen.
wish	We wish you a merry Christmas.
	Wir wünschen euch fröhliche Weihnachten.

ADJEKTIVE

ÜBERSICHT

. . . .

Adjektive bezeichnen **Eigenschaften** von Personen und Sachen.

Funktionen der Adjektive im Satz → S. 290

Adjektive können im Satz **attributiv** (d. h. als Beifügungen zu einem Substantiv) und **prädikativ** (d. h. nach bestimmen Verben) verwendet werden.

This is a **funny** <u>story</u>	*Das ist eine lustige Geschichte.*	(attributiv)
The story <u>is</u> **funny**.	*Die Geschichte ist lustig.*	(prädikativ)

Adjektivformen → S. 296

Die meisten Adjektive werden von Substantiven oder Verben abgeleitet.

care → **careful**	*Vorsicht – vorsichtig*
accept → **acceptable**	*annehmen – annehmbar*

Die Steigerung der Adjektive → S. 302

Positiv	Komparativ	Superlativ
short	short**er**	(the) short**est**
careful	**more** careful	(the) **most** careful
good	**better**	(the) **best**

Vergleiche mit Adjektiven → S. 308

Mit Adjektiven können Personen, Dinge oder Sachverhalte miteinander verglichen werden.

She is not **as** tall **as** John.	*Sie ist nicht so groß wie John.*
Michael is junger **than** Eric.	*Michael ist jünger als Eric.*
The quicker **the** better.	*Je schneller desto besser.*

Was ist ein Adjektiv?

Adjektive (*adjectives*) werden benutzt, um **Eigenschaften von Personen, Sachen oder Sachverhalten** näher zu beschreiben; d. h. sie sagen, wie etwas oder jemand ist. Adjektive werden auch **Eigenschaftswörter** genannt.

Im Gegensatz zum Deutschen behalten englische Adjektive ihre Form im Singular und im Plural sowie in allen Fällen bei. Sie ändern sich nicht.

A **red** dress.	*Ein **rotes** Kleid.*
Two **red** blouses.	*Zwei **rote** Blusen.*

Attributive und prädikative Funktion

Adjektive werden sehr häufig als **Attribute** (Beifügungen) gebraucht und stehen dann in der Regel vor dem Substantiv, dessen Eigenschaft sie angeben (→ siehe aber auch S. 294).

a **pretty** dress   *ein hübsches Kleid*

Adjektive können prädikativ, also als **Teil eines Prädikats** (→ S. 371), verwendet werden. Sie stehen immer nach dem Verb.

Prädikative Adjektive beziehen sich häufig **auf das Subjekt** des Satzes (→ S. 372). Dies kann ein Substantiv oder ein Pronomen sein.

The dress is **pretty**.   *Das Kleid ist hübsch.*

Prädikative Adjektive, die sich auf das Subjekt beziehen, stehen häufig nach folgenden Verben:

be	sein	grow	werden, wachsen
become	werden	remain	bleiben
get	werden	seem	(er)scheinen

After a while John got **better**. *Nach einer Weile wurde John besser.*

Auch Verben der **Sinneswahrnehmung** werden oft von einem Adjektiv gefolgt.

feel	sich fühlen	sound	klingen
look	aussehen	taste	schmecken
smell	riechen		

When everyone had left, she suddenly felt sad.
Nachdem alle weg waren, fühlte sie sich plötzlich traurig.

Prädikative Adjektive können sich auch **auf ein Objekt** beziehen (→ S. 374), das ein Substantiv oder Pronomen sein kann.

I find him **attractive**. *Ich finde ihn attraktiv.*

Prädikative Adjektive, die sich auf ein Objekt beziehen, stehen häufig nach folgenden Verben:

appoint	ernennen	find	finden
call	nennen	keep	halten
consider	betrachten als	leave	lassen
declare	erklären zu	make	machen
elect	wählen zu	name	nennen

I did everything to keep him **alive**.
Ich tat alles, um ihn am Leben zu halten.

Einige Adjektive, die mit *a* anfangen, werden **nur prädikativ** verwendet. Dazu gehören z. B.:

(be) afloat	*treiben*	(be) alive	*am Leben sein*
(be) afraid	*Angst haben*	(be) alone	*allein sein*
(be) alight	*hell sein*	(be) asleep	*schlafen*
(be) alike	*ähnlich sein*	(be) awake	*wach sein*

The baby is **asleep**.   *Das Baby schläft.*
nicht: ~~The asleep baby.~~

The boy was **afraid**.   *Der Junge hatte Angst.*
nicht: ~~The afraid boy.~~

Da diese Adjektive nicht attributiv verwendet werden, d. h. nicht vor einem Substantiv stehen können, ist man gezwungen, auf Alternativen auszuweichen. Vergleichen Sie folgende Konstruktionen mit den obigen Sätzen:

the **sleeping** baby   *das schlafende Baby*
the **frightened** boy   *der verängstigte Junge*

(ABC)
elder, eldest/older, oldest

Wenn man über die Altersfolge von Familienmitgliedern spricht, kann man sowohl **elder** (*älter*) und **eldest** (*ältester*) als auch **older** (*älter*) und **oldest** (*ältester*) benutzen (→ S. 303). Sie stehen vor dem Substantiv.

Christopher's **elder/older** brother has got married last year.
Christopher's älterer Bruder hat letztes Jahr geheiratet.

Während *elder* bzw. *eldest* aber immer attributiv (also beim Substantiv) stehen muss, kann *older* bzw. *oldest* auch prädikativ gebraucht werden. Will man das Alter von Personen vergleichen, ist deshalb nur **older** bzw. **oldest** möglich.

Jan is older than Christopher.   *Jan ist älter als Christopher.*
nicht: ~~Jan is elder than Christopher.~~

Stellung des Adjektivs als Attribut

Adjektive, die attributiv gebraucht werden, stehen meist **vor dem Substantiv**, das sie näher beschreiben.

a **beautiful** girl   *ein wunderschönes Mädchen*

Die Stellung bei mehreren Adjektiven

Sind mehrere Adjektive in einem Satz, so stehen meist Meinungen vor beschreibenden Adjektiven und beschreibende Adjektive vor Adjektiven, die das Substantiv kategorisieren.

She always wanted to have **beautiful pink ballet** shoes.
Sie wollte immer schon wunderschöne rosa Ballettschuhe haben.
(Meinung → Beschreibung → Kategorie)

Das Pronomen *one/ones*

Wenn bereits aus dem Zusammenhang klar wird, von welchem Substantiv die Rede ist, kann im Deutschen ein Adjektiv oft auch alleine stehen. Dies ist im Englischen nicht möglich; hier müssen Adjektive immer in Verbindung mit einem Substantiv oder einem Pronomen stehen, wie beispielsweise dem Pronomen *one* (→ S. 94).

I like these two blouses. Shall I take the red **one** or the blue **one**?
Ich mag diese beiden Blusen. Soll ich die rote oder die blaue nehmen?

Es ist grundsätzlich möglich, einige Adjektive, die attributiv gebraucht werden, auch **hinter das Substantiv** zu stellen. Diese Verwendung ist jedoch heute sehr selten.

Im modernen englischen Sprachgebrauch stehen Adjektive nur noch in wenigen Fällen **direkt nach dem Substantiv**.

- bei feststehenden Begriffen wie **Secretary General** (*Generalsekretär*), **President elect** (*gewählter Präsident – vor Amtseinführung*), **court martial** (*Militärgericht*), **the heir apparent** (*gesetzlicher Erbe/Nachfolger*)

The president elect was expected to be inaugurated on 20th January.
Es wurde erwartet, dass der gewählte Präsident am 20. Januar ins Amt eingeführt wird.

- immer nach **something**, **anything**, **nothing**, **everything**, **somebody**, **anywhere**.

Have you ever met anybody **famous**?
Hast du je irgendjemand Berühmtes kenngelernt?

- bei bestimmten **Adjektiven auf -ible** und **-able** (z. B. possible, available), die wie Relativsätze (→ S. 410) gebraucht werden.

We tried all the combinations **possible**.
(= We tried all the combinations that were possible.)
Wir haben alle möglichen Kombinationen ausprobiert.

- nach **Maßeinheiten**

The room was nearly three metres **high**.   *Der Raum war fast drei Meter hoch.*

Einige Adjektive werden **nur vor dem Substantiv** verwendet, z. B.:

chief	*Haupt-*	litte	*klein, wenig*
elder	*älter*	main	*Haupt-*
eldest	*ältester*	older	*älter*
live [laɪv]	*lebend*	only	*einzig*

The **main** worry today is inflation.   *Die Hauptsorge ist heute die Inflation.*

Auch Adjektive, die eine **Intensivierung** ausdrücken, können nur **vor dem Substantiv** stehen. Diese sind z. B.:

bloody	*verflucht*	pure	*pur*
complete	*komplett*	sheer	*schier*
entire	*gesamt*	total	*total*
mere	*bloß*	utter	*völlig*
outright	*unverblümt*	whole	*ganz*

She told him an outright lie.   *Sie hat ihm eine unverblümte Lüge erzählt.*
nicht: ~~She told him a lie outright.~~

 Die Bedeutung kann sich ändern

Bei manchen Adjektiven ändert sich die Bedeutung je nachdem, ob sie **vor dem Substantiv oder nach dem Substantiv** stehen.

Present vor dem Substantiv bezieht sich auf Zeit und bedeutet *gegenwärtig/aktuell*.

Our **present manager** is leaving the company.
Unser gegenwärtiger Chef verläßt die Firma.

Present nach dem Substantiv bedeutet *anwesend*.

All **employees present** voted for a pay rise.
Alle anwesenden Mitarbeiter stimmten für eine Gehaltserhöhung.

Auch die Bedeutung von *concerned* ändert sich. Vergleichen Sie:

The **concerned mother** waited for the doctor.
Die besorgte Mutter wartete auf den Arzt.
The **mother concerned** wartete auf den Arzt.
Die betreffende Mutter wartete auf den Arzt.

Adjektivformen

Die Grundform des Adjektivs

Die meisten Adjektive werden von Substantiven oder Verben abgeleitet, indem eine Adjektivendung angehängt wird.

| beauty | *Schönheit* | → | **beautiful** | *schön* |
| wash | *waschen* | → | **washable** | *waschbar* |

Die gebräuchlichsten Endungen von Adjektiven sind:

-able	-ful	-ive	-ous	-y
-al	-ible	-less	-some	
-en	-ish	-ly	-ular	

Hier einige Beispiele von Adjektiven und Substantiven im Vergleich:

Substantiv		Adjektiv	Übersetzung
care	→	**care**ful	*vorsichtig*
culture	→	**cultur**al	*kulturell*
information	→	**informat**ive	*informativ*
friend	→	**friend**ly	*freundlich*
circle	→	**circ**ular	*kreisförmig*
achievement	→	**achiev**able	*erreichbar*
possibility	→	**poss**ible	*möglich*
adventure	→	**adventur**ous	*abenteuerlich*
wood	→	**wood**en	*hölzern*
fool	→	**fool**ish	*töricht*
quarrel	→	**quarrel**some	*streitsüchtig*
diplomacy	→	**diplomat**ic	*diplomatisch*
storm	→	**storm**y	*stürmisch*
use	→	**use**less	*nutzlos*

Hier einige Beispiele von Adjektiven und Verben im Vergleich:

Verb		Adjektiv	Übersetzung
accept	→	**accept**able	*annehmbar*
act	→	**act**ive	*aktiv*
detect	→	**detect**able	*feststellbar*
laugh	→	**laugh**able	*lachhaft*
describe	→	**descript**ive	*beschreibend*
perpetuate	→	**perpetu**al	*dauerhaft*
obtain	→	**obtain**able	*erhältlich*
taste	→	**tasty**	*schmackhaft*

 Adjektive auf *-ly*

Die meisten Wörter mit der Endung ***-ly*** sind Adverbien (→ S. 313). Adverbien werden meistens von Adjektiven abgeleitet.

Es gibt aber auch eine Reihe von Adjektiven, die auf ***-ly*** enden, wie z. B. ***lonely*** (*einsam*), ***lovely*** (*herrlich*), ***likely*** (*wahrscheinlich*), ***ugly*** (*hässlich*) und ***friendly*** (*freundlich*).

Von diesen Adjektiven kann man **kein Adverb ableiten**, das heißt, man kann sie nur als Adjektive benutzen.

nicht: ~~She looked at him friendly.~~

sondern: She looked at him in a friendly way.

Sie sah ihn freundlich an.

Partizip als Adjektiv

Das ***present participle*** (→ S. 155) und das ***past participle*** (→ S. 154) können als Adjektive benutzt werden.

sleeping	*schlafend*	falling	*fallend*	(present participle)
broken	*gebrochen*	hidden	*versteckt*	(past participle)

Das *present participle* als Adjektiv deutet auf ein Ereignis hin, das im Gange ist oder war.

The car was hit by a **falling** tree.
Das Auto wurde von einem fallenden Baum getroffen.
The dog woke the **sleeping** child.
Der Hund weckte das schlafende Kind.

Das *past participle* als Adjektiv deutet eher auf ein abgeschlossenes Ereignis hin.

He took an hour to repair the **broken** fence.
Er hat eine Stunde gebraucht, um den kaputten Zaun zu reparieren.
She came home with a **signed** contract.
Sie kam mit einem unterschriebenen Vertrag nach Hause.

Substantiv als Adjektiv

Manche Substantive wie z. B. *gold* (Gold), *silver* (Silber) oder *silk* (Seide) können auch als Adjektive benutzt werden. Bei *gold* existiert außerdem das Adjektiv *golden*. Die Verwendung unterscheidet sich allerdings.

He bought himself a **gold** watch.
Er kaufte sich eine goldene Armbanduhr. (Die Uhr ist aus Gold.)
They sat and watched the **golden** sun disappear from the horizon.
Sie saßen und sahen die goldene Sonne vom Horizont verschwinden.
(Die Sonne ist nicht aus Gold, sie ist wie Gold.)

 Ortsnamen behalten ihre Form

Ortsnamen, die im Deutschen zum Adjektiv werden, behalten im Englischen ihre ursprüngliche Form. Vergleichen Sie:

The **London** bus service is very good.   *Die **Londoner** Busverbindung ist sehr gut.*

Adjektiv als Substantiv

Umgekehrt können auch Adjektive als Substantive gebraucht werden
und zwar meistens als Pluralnomen. Pluralnomen werden immer mit dem
bestimmten Artikel *the* benutzt und bezeichnen eine **Gruppe von Personen**,
auf die das Adjektiv zutrifft.

the blind	*die Blinden*	the rich	*die Reichen*
the poor	*die Armen*	the weak	*die Schwachen*

David regularly collects money for **the blind**.
David sammelt regelmäßig Geld für die Blinden.

Während im Deutschen **substantivierte Adjektive** im Plural
stehen, wird im Englischen meistens kein **-s** angehängt. Da sie aber
eine Gruppe und keine Einzelperson bezeichnen, werden sie mit einem
Pluralverb benutzt.

The rich **have to** pay higher taxes.
Die Reichen müssen höhere Steuern zahlen.

Wenn man an die **Einzelpersonen** denkt, und nicht an die Gesamtheit
der Personen, muss ein Substantiv auf das Adjektiv folgen.

She helped the **blind** man across the street.
Sie half dem blinden Mann über die Straße.

Im Singular werden Adjektive als Substantive vor allem im gehobenen
Sprachgebrauch und in bestimmten Wendungen gebraucht.

Tim always only sees **the good** in people.
Tim sieht in Menschen immer nur das Gute.
You should always plan for **the unexpected**.
Man sollte immer das Unerwartete mit einplanen.

Nationalitäten

Adjektive, die sich aus Nationalitäten herleiten, werden wie die Nationalitäten selbst **großgeschrieben** (→ S. 435).

What do you think about the **English** breakfast?

Was hältst du vom englischen Frühstück?

This is Pete. He's **English**.

Das ist Pete. Er ist Engländer.

Oft wird die Adjektivform auch für die Bezeichnung der **Menschen** in dem jeweiligen Land und für ihre **Sprache** benutzt.

Land	Adjektiv/ Sprache	Übersetzung	Person	Gruppe
America	**American**	*amerikanisch*	an American	the Americans
Czech Republic	**Czech**	*tschechisch*	a Czech	the Czechs
Germany	**German**	*deutsch*	a German	the Germans
Greece	**Greek**	*griechisch*	a Greek	the Greeks
Italy	**Italian**	*italienisch*	an Italian	the Italians
Norway	**Norwegian**	*norwegisch*	a Norwegian	the Norwegians
Russia	**Russian**	*russisch*	a Russian	the Russians
Die Pluralbildung erfolgt ohne -s bei:				
Canada	**Canadian**	*kanadisch*	a Canadian	the Canadian
China	**Chinese**	*chinesisch*	a Chinese	the Chinese
Japan	**Japanese**	*japanisch*	a Japanese	the Japanese
Switzerland	**Swiss**	*schweizerisch*	a Swiss	the Swiss
Die Personenbezeichnung wird durch *person, man* oder *woman* ergänzt bei:				
England	**English**	*englisch*	an English person	the English
France	**French**	*französisch*	a Frenchman	the French
Great Britain	**British**	*britisch*	a British person	the British

| Ireland | **Irish** | *irisch* | an Irishwoman the Irish |

Einige Länder haben unterschiedliche Wörter für Adjektiv, Sprache und Person.

Land	Adjektiv/ Sprache	Übersetzung	Person	Gruppe
the Nether- lands	**Dutch**	*niederländisch, holländisch*	a Dutchman	the Dutch
Poland	**Polish**	*polnisch*	a Pole	the Polish
Scotland	**Scottish**	*schottisch*	a Scotswoman	the Scottish
Sweden	**Swedish**	*schwedisch*	a Swede	the Swedish
Turkey	**Turkish**	*türkisch*	a Turk	the Turks

 English ist nicht British

Bürger von England, Scotland, Wales und Nordirland werden als Briten (**British**) bezeichnet. Sie sind Bürger des Vereinigten Königreichs (UK) und Nordirlands. Menschen aus England nennen sich allerdings auch **English** aus Schottland auch **Scottish**, aus Wales **Welsh** und aus Irland **Irish**.

 Scotch ist Whisky – nicht die Person!

Zusammengesetzte Adjektive

Mehrere Wörter (meist zwei oder drei) können zu einem Adjektiv zusammengesetzt werden, um ein Substantiv näher zu beschreiben. Die so zusammengesetzten Adjektive werden dann mit einem Bindestrich geschrieben und stehen vor dem Substantiv.

He was a **good-looking** guy.   *Er war ein gutaussehender Kerl.*
She won a **round-the-world** trip.   *Sie hat eine Weltreise gewonnen.*

WORTARTEN

a ten-pound note

Substantive, die zusammen mit einer Grundzahl ein zusammengesetztes Adjektiv bilden, haben keine Pluralform.

She gave him a **ten-pound** note.   *Sie gab ihm einen Zehnpfundschein.*
nicht: ~~ten-pounds note~~

Die Steigerung der Adjektive

Mit Hilfe der Steigerung der Adjektive können **Dinge miteinander verglichen** oder Mengen- und Qualitätsunterschiede ausgedrückt werden.

Man unterscheidet bei der Steigerung drei Stufen: den **Positiv** (die Grundstufe), den **Komparativ** (die 1. Steigerungsstufe) und den **Superlativ** (die 2. Steigerungsstufe, die Höchststufe).

old (*alt*) → older (*älter*) → (the) oldest (*am ältesten*)

 Superlativ mit *the*

Dem **Superlativ** muss ein *the* vorangestellt werden, wenn man ausdrücken möchte, dass ein Ding oder Lebewesen in einer bestimmten Hinsicht nicht überboten werden kann.

I bought the cheapest apples.
Ich habe die billigsten Äpfel gekauft.
Biology was the most interesting subject at school.
Biologie war das interessanteste Fach in der Schule.

Aber Achtung: Wenn man ein und dieselbe Person oder Sache in unterschiedlichen Situationen vergleicht, steht kein *the*.

He runs fastest when he hasn't eaten much.

Er rennt am schnellsten, wenn er nicht viel gegessen hat.

Die Art der Steigerung der englischen Adjektive richtet sich hauptsächlich nach der Anzahl der Silben. In einigen Fällen ist zusätzlich die Schreibweise entscheidend.

Die Steigerung mit *-er* und *-est*

Alle **einsilbigen Adjektive** werden durch das Anhängen von **-er** bzw **-est** gesteigert.

Bei der 1. Steigerungsform (Komparativ) wird an die Grundform des Adjektivs **-er** angehängt. Bei der 2. Steigerungsform (Superlativ) wird an die Grundform des Adjektivs **-est** angehängt.

Grundform	Komparativ	Superlativ	Übersetzung
fast	**faster**	**(the) fastest**	*schnell*
old	**older**	**(the) oldest**	*alt*
short	**shorter**	**(the) shortest**	*kurz*

Edward is older than Ben, but William is the oldest.
Edward ist älter als Ben, aber William ist der älteste.

  Aus [ŋ] wird [ŋg]

Bei Wörtern auf **-ng** – beispielsweise **long** (*lang*), **young** (*jung*), **strong** (*stark*) – ändert sich bei der Steigerung die Aussprache:

long [lɒŋ] – longer [ˈlɒŋgəʳ] – longest [ˈlɒŋgəst]

Bei einsilbigen Adjektiven, die auf kurzen Vokal + Konsonant (→ S. 18) enden, wird der **Konsonant verdoppelt**.

Grundform	Komparativ	Superlativ	Übersetzung
big	**bigger**	**(the) biggest**	*groß*
hot	**hotter**	**(the) hottest**	*heiß*
sad	**sadder**	**(the) saddest**	*traurig*

It was the saddest day of his life.
Es war der traurigste Tag seines Lebens.

Ein nicht gesprochenes **-e am Ende** eines einsilbigen Adjektivs entfällt in der 1. und 2. Steigerungsform.

Grundform	Komparativ	Superlativ	Übersetzung
nice	**nicer**	**(the) nicest**	*nett*
late	**later**	**(the) latest**	*spät*
large	**larger**	**(the) largest**	*groß*

Val is one of the nicest people I have ever met.
Val ist einer der nettesten Menschen, den ich je kennengelernt habe.

last und *latest*

Sowohl *last* als auch *latest* können mit *letzte/r/s* übersetzt werden, allerdings ist die Verwendung nicht identisch: *Last* bedeutet *letzte/r/s*, wenn es um eine Reihenfolge geht, *latest* dagegen bedeutet *letzte/r/s* im Sinne von *neueste/r/s*.

He's the **last** person I would turn to.
Er ist die letzte Person, an die ich mich wenden würde.
Have you seen the **latest** copy of Time magazine?
Hast du die neueste Ausgabe des Time Magazin gesehen?

Bei **zweisilbigen Adjektiven**, die auf **-y** enden, wird an die Grundform des Adjektivs ebenfalls **-er** (1. Steigerungsform) bzw. **-est** (2. Steigerungsform) angehängt. Allerdings wird das **-y** im Komparativ und Superlativ zu **-i**:

Grundform	Komparativ	Superlativ	Übersetzung
happy	**happier**	**(the) happiest**	*glücklich*
busy	**busier**	**(the) busiest**	*beschäftigt*
lazy	**lazier**	**(the) laziest**	*faul*

November was busier than usual, but December was definitely busiest.
November war arbeitsreicher als normal, aber Dezember war am arbeitsreichsten.

Auch bei manchen anderen zweisilbigen Adjektiven – besonders bei solchen, die auf **-er**, **-le**, **-ow** enden, erfolgt die Steigerung mit **-er** bzw. **-est**. Hier ist aber häufig auch die Steigerung mit *more* bzw. *most* möglich (→ siehe weiter unten).

Grundform	Komparativ	Superlativ	Übersetzung
clever	**cleverer**	**(the) cleverest**	*klug*
simple	**simpler**	**(the) simplest**	*einfach*
narrow	**narrower**	**(the) narrowest**	*schmal*

Streets used to be narrower than they are today.
Die Straßen waren früher schmaler, als sie heute sind.

Die Steigerung mit *more* und *most*

Die meisten **zweisilbigen Adjektive**, die nicht auf **-y** enden, und alle Adjektive mit **drei oder mehr Silben** werden mit den vorangestellten Wörtern *more* (Komparativ) und *most* (Superlativ) gesteigert.

Zweisilbige Adjektive, die nicht auf **-y** enden:

Grundform	Komparativ	Superlativ	Übersetzung
famous	**more** famous	**(the) most** famous	*berühmt*
careful	**more** careful	**(the) most** careful	*vorsichtig*
modern	**more** modern	**(the) most** modern	*modern*

Einige zweisilbige Adjektive erlauben sowohl die Steigerung mit **-er/-est** als auch die Steigerung mit ***more/most***.

narrow	*schmal*	simple	*einfach*	clever	*schlau*
quiet	*ruhig*	cruel	*grausam*	pleasant	*angenehm*

Ben is **cleverer/more clever** than I thought he was.
Ben ist schlauer, als ich dachte.
It's **quieter/more quiet** since the children are gone.
Es ist ruhiger, seit die Kinder fort sind.

Die Steigerung mit ***more/most*** nimmt in solchen Fällen vor allem im gesprochenen Englisch zu.

Adjektive, die **drei und mehr Silben** haben:

Grundform	Komparativ	Superlativ	Übersetzung
expensive	**more** expensive	**(the) most** expensive	*teuer*
popular	**more** popular	**(the) most** popular	*beliebt*
comfortable	**more** comfortable	**(the) most** comfortable	*bequem*

Most German cars are more expensive than most Japanese cars.
Die meisten deutschen Autos sind teurer als die meisten japanischen Autos.

Unregelmäßige Steigerungsformen

Die Adjektive **good**, **bad**, **much/many** und **little** werden unregelmäßig gesteigert.

Grundform	Komparativ	Superlativ	Übersetzung
good	**better**	(the) best	*gut*
bad	**worse**	(the) worst	*beschäftigt*
much/many	**more**	(the) most	*viel(e)*
litte	**less**	(the) least	*wenig*
little/small	**smaller**	(the) smallest	*klein*

Jan is quite a good golf player, but he is a better tennis player.
Jan ist ein ziemlich guter Golfspieler, aber er ist ein besserer Tennisspieler.

 few/little

Few bedeutet *wenige* und wird zusammen **mit zählbaren Adjektiven** verwendet.

She uses fewer eggs than I do.
Sie benutzt weiniger Eier als ich.

Little bedeutet *wenig* und wird nur zusammen **mit nicht zählbaren Adjektiven** benutzt.

There is only a little sugar left, but there is even less butter.
Es ist nur noch wenig Zucker übrig, aber noch weniger Butter.

Vergleiche mit Adjektiven

Mit Adjektiven kann man Personen, Dinge oder Sachverhalte miteinander vergleichen.

as ... as + Positiv

Mit dem **Positiv** (Grundstufe) wird ausgedrückt, dass sich zwei Dinge, Lebewesen oder Zustände in einer bestimmten Hinsicht gleichen oder miteinander vergleichbar sind. Der Vergleich wird mit **as ... as** (*so ... wie*) gebildet. Soll Verschiedenheit ausgedrückt werden, wird **not as .... as** (*nicht so ... wie*) verwendet. Das jeweilige Adjektiv wird dabei zwischen die beiden **as** geschoben.

Roderick is as tall as Eric, but not as tall as Michael.
Roderich ist so groß wie Eric, aber nicht so groß wie Michael.

than + Komparativ

Soll ausgedrückt werden, dass sich zwei Dinge, Lebewesen oder Zustände in einer bestimmten Hinsicht nicht gleichen, gebraucht man den **Komparativ**. Dabei wird das zweite Vergleichswort mit **than** (*als*) angeschlossen.

Michael is taller than Eric.
Michael ist größer als Eric.
James is less happy than he was last year.
James ist weniger glücklich als letztes Jahr.

the + Superlativ

Will man zum Ausdruck bringen, dass ein Ding oder Lebewesen in einer bestimmten Hinsicht nicht überboten werden kann, gebraucht man die höchste Steigerungsstufe, den **Superlativ**. Der 2. Steigerungsform muss immer ein **the** vorangestellt werden.

Sara is the prettiest girl in her class.
Sara ist das hübscheste Mädchen in ihrer Klasse.

Mike is the best cricket player on the team.
Mike ist der beste Kricketspieler in der Mannschaft.

Superlativ + *of*

Will man eine Gruppe nennen, aus der sich jemand hervorhebt, wird sie mit
of an die zweite Steigerungsstufe (Superlativ) angehängt.

Charlie was the brightest of our students.
Charlie war der hellste unserer Studenten.
That story was the funniest of all.
Diese Geschichte war die witzigste von allen.

much/very much + Komparativ

Um eine Intensivierung der 2. Steigerungsform zu erreichen, wird **much**
(*viel*) bzw. **very much** (*sehr viel*) + Komparativ verwendet. Vergleichen Sie:

Michael is taller than Eric.	*Michael ist größer als Eric.*
Michael is much taller than Eric.	*Michael ist viel größer als Eric.*
Michael is very much taller than Eric.	*Michael ist sehr viel größer als Eric.*

the ... the + Komparativ

Der Vergleich mit **the** Komparativ + **the** Komparativ (*je ... desto*) wird ver-
wendet, um auszudrücken, dass eine Sache zu einer anderen führen kann,
bzw. dass sich eine Sache ändert, wenn sich etwas anderes auch ändert.

The quicker the better.	*Je schneller desto besser.*
The more you have, the more you need.	*Je mehr man hat, desto mehr benötigt man.*

and + Komparativ

Die Konstruktion Komparativ + **and** + Komparativ drückt eine allmähliche
Steigerung aus.

The storm got worse and worse.	*Der Sturm wurde schlimmer und schlimmer.*
Their voices grew louder and louder.	*Ihre Stimmen wurden lauter und lauter.*

Besonderheiten der Adjektive

well

Als Adjektiv bedeutet *well* immer *gesund* und wird meistens prädikativ (nach dem Verb, → S. 290) benutzt.

I don't feel very well, today.   *Ich fühle mich heute nicht sehr gut.*

Well vor einem Substantiv ist ungewöhnlich. Alternativ kann man **healthy** benutzen.

Poppy is a healthy baby.   *Poppy ist ein gesundes Baby.*

well und *good*

Well kann auch *gut* bedeuten, in dieser Bedeutung ist **well** allerdings immer ein Adverb und kein Adjektiv (das Adjektiv ist dann *good*). Vergleichen Sie:

His car is old, but it still runs well.
Sein Auto ist alt, aber es läuft noch gut.
(*Well* als Adverb ergänzt das Verb *runs*.)

It is a good car.
Es ist ein gutes Auto.
(*Good* als Adjektiv beschreibt das Substantiv *car*.)

ill/sick

Sowohl *ill* als auch *sick* bedeuten *krank*. Während *sick* attributiv und prädikativ (→ S. 290) benutzt werden kann, steht *ill* gewöhnlich nur nach dem Prädikat (→ S. 371).

She took her sick child to the doctor.   (gebräuchlich)
She took her ill child to the doctor.   (selten)

Sie brachte ihr krankes Kind zum Arzt.

The child has been sick/ill for three days.   (beides gebräuchlich)
Das Kind ist seit drei Tagen krank.

 Im amerikanischen Englisch ist **ill** förmlicher als **sick** und ist weniger gebräuchlich als im britischen English.

James can't come to the party because he is sick.   (AmE)
James can't come to the party because he is sick/ill.   (BrE)
James kann nicht zur Party kommen, weil er krank ist.

(ABC) **To be sick** kann auch *erbrechen* bedeuten.

The baby was sick four times in the night.
Das Baby hat sich in der Nacht viermal übergeben.

own

Das Adjektiv **own** bedeutet *eigen* und wird immer zusammen mit einem Possessivpronomen (→ S. 76) vor einem Substantiv benutzt.

As a child I always had my own bedroom.
Als Kind hatte ich immer mein eigenes Schlafzimmer.

Own kann auch alleine ohne Substantiv stehen, wenn aus dem Kontext hervorgeht, was gemeint ist.

My brothers had to share a room, but I had my own.
Meine Brüder mussten ein Zimmer teilen, aber ich hatte mein eigenes.

ADVERBIEN

Mit Adverbien (Umstandswörtern) lassen sich die **Umstände eines Geschehens** genauer angeben.

Formen der Adverbien → S. 314

Viele Adverbien besitzen eine eigene (ursprüngliche) Form.

here   *hier*   often   *oft*   today   *heute*

Adverbien können aber auch **von Adjektiven abgeleitet** werden, indem die Endung **-ly** an die Grundform des Adjektivs angehängt wird.

quick → quick**ly**   *schnell*   simple → simp**ly**   *einfach*

Die Steigerung der Adverbien → S. 318

Positiv	Komparativ	Superlativ
close	clos**er**	clos**est**
beautifully	**more** beautifully	**most** beautifully
much	**more**	**most**

Adverbien im Satz → S. 319

Adverbien lassen sich **nach der Art der Angaben**, die mit Ihnen gemacht werden können, in mehrere Gruppen einteilen.

Adverbien der **Art und Weise**	carefully, clearly, quickly ...
Adverbien der **Häufigkeit**	always, occasionally, often ...
Adverbien des **Grades**	almost, quite, very ...
Adverbien des **Ortes**	abroad, here, inside ...
Adverbien der **Zeit**	later, soon, yesterday ...
Fokkusierende Adverbien	just, only, simply ...

Was ist ein Adverb?

Ein Adverb (*adverb*) ist ein Wort, mit dessen Hilfe sich die Umstände eines Geschehens genauer beschreiben lassen. Deshalb werden Adverbien oft auch **Umstandswörter** genannt.

Adverbien und Adjektive

In vielen Sprachen haben Adjektive (Eigenschaftswörter) und Adverbien (Umstandswörter) dieselbe Form. Im Englischen haben viele Adverbien jedoch eine eigene Form. Auch die Funktion und Stellung der Adverbien im Satz ist anders als die der Adjektive.

Ein **Adjektiv** modifiziert in der Regel ein Substantiv (→ S. 30) oder Pronomen (→ S. 70), d. h. es wird benutzt, um Personen oder Dinge näher zu beschreiben (→ S. 290).

John is **careful**.   *John ist vorsichtig.*
(*Careful* (Adjektiv) beschreibt die Person *John*.)

He is **careful**.   *Er ist vorsichtig.*
(*Careful* (Adjektiv) beschreibt *he* (Pronomen).)

John is a **careful** driver.   *John ist ein vorsichtiger Fahrer.*
(*Careful* (Adjektiv) beschreibt *driver* (Nomen).)

Ein **Adverb** hingegen, wird benutzt um ein Verb (→ S. 106), ein Adjektiv, ein zusätzliches Adverb oder sogar einen ganzen Satz oder Satzteil näher zu bestimmen, d. h. die Umstände näher zu erläutern. Man benutzt also Adverbien, wenn man ausdrücken will, **wie**, **wo** und **wann** etwas getan wird oder passiert.

Verb   Adverb

John drives **carefully**.   *John fährt vorsichtig.*

(*Carefully* (Adverb) beschreibt *drives* (Verb), d. h. wie John fährt.)

Adverb   Adjektiv

John is an **extremely** careful driver.   *John ist ein äußerst vorsichtiger Fahrer.*

(*Extremely* (Adverb) gibt eine zusätzliche Information zu *careful* (Adjektiv).)

Verb   Adverb   Adverb

John drives **extremely carefully**.   *John fährt äußerst vorsichtig.*

(*Carefully* beschreibt, wie John fährt (*drives* - Verb) und *extremely* (Adverb) beschreibt, wie vorsichtig er fährt (*carefully* - Adverb).)

Adverb   Satz

Actually, John is the most careful driver I know.

Eigentlich ist John der vorsichtigste Fahrer, den ich kenne.

(*Actually* (Adverb) gibt eine zusätzliche Information zum Satz. In diesem Fall kommentiert das Adverb den Satz *John is the most careful driver I know*.)

Die Bildung der Adverbien

Ursprüngliche Adverbien

Viele Adverbien sind ursprüngliche Adverbien. Diese Adverbien besitzen eine eigene Form und eine eigene Bedeutung und sind nicht von einem anderen Wort abgeleitet

Einige wichtige ursprüngliche Adverbien sind:

here	*hier*	sometimes	*manchmal*
there	*dort*	today	*heute*

:: ::

inside	*drinnen*	yesterday	*gestern*
once	*einmal*	however	*egal wie*
often	*oft*	soon	*bald*
almost	*fast*	already	*schon*
always	*immer*	everywhere	*überall*

Adverbien, die von Adjektiven abgeleitet werden

Es gibt viele Adverbien, die von Adjektiven abgeleitet werden. Die meisten bildet man einfach durch Anhängen von **-ly** an die Grundform des Adjektivs.

Adjektiv		Adverb	Übersetzung
quick	→	**quickly**	*schnell*
beautiful	→	**beautifully**	*schön*
bad	→	**badly**	*schlecht*
shy	→	**shyly**	*schüchtern*

Endet ein zwei- oder mehrsilbiges Adjektiv auf **-y** oder **-able,-ible,-ple**, so verändert sich die Schreibweise eines daraus abgeleiteten Adverbs wie folgt:

Adjektiv		Adverb	Übersetzung
happy	→	**happily**	*glücklich*
probable	→	**probably**	*wahrscheinlich*
possible	→	**possibly**	*möglich*
simple	→	**simply**	*einfach*

Endet ein Adjektiv auf **-ic**, wird zum Bilden des Adverbs **-ally** an die Grundform angehängt:

Adjektiv		Adverb	Übersetzung
dramatic	→	**dramatically**	*dramatisch*
specific	→	**specifically**	*speziell*

aber: public → **publicly**   *öffentlich*

Adverbien, die wie Adjektive aussehen

Einige Adverbien haben dieselbe Form wie das entsprechende Adjektiv.

Adjektiv		Adverb	Übersetzung
back	→	**back**	*zurück*
close	→	**close**	*nahe*
deep	→	**deep**	*tief*
early	→	**early**	*früh*
enough	→	**enough**	*genug*
far	→	**far**	*weit*
fast	→	**fast**	*schnell*
hard	→	**hard**	*kräftig, hart*
high	→	**high**	*hoch*
late	→	**late**	*spät*
left/right	→	**left/right**	*links/rechts*
long	→	**long**	*lang*
near	→	**near**	*nah*
right	→	**right**	*richtig*
straight	→	**straight**	*gerade, direkt*
wrong	→	**wrong**	*falsch*

Mary has a fast car.	*Mary hat ein schnelles Auto.*	(Adjektiv)
She drives fast.	*Sie fährt schnell.*	(Adverb)
Tim is late.	*Tim ist spät.*	(Adjektiv)
Tim got up late.	*Tim ist spät aufgestanden.*	(Adverb)

Vorsicht! Einige der oben genannten Wörter bilden dennoch ein Adverb auf -**ly**, dieses hat aber eine ganz andere Bedeutung:

hardly ist ein Adverb und bedeutet *kaum*
lately ist ein Adverb und bedeutet *in letzter Zeit*
nearly ist ein Adverb und bedetuet *fast, beinahe*

He hardly hit the ball.	*Er hat den Ball kaum getroffen.*
Have you been to London lately?	*Bist du in letzter Zeit in London gewesen?*
I nearly missed the train.	*Ich habe den Zug fast verpasst.*

Britisches und amerikanisches Englisch

Besonders in der gesprochenen Sprache gibt es Unterschiede zwischen dem **britischen** Englisch und dem **amerikanischen** Englisch bei dem Gebrauch von Adverbien: Im amerikanischen Englisch werden häufig Adjektive anstatt Adverbien eingesetzt.

BrE   She is a good friend. I know her **really well**.
AmE   She is a good friend. I know her **real good**.
      Sie ist eine gute Freundin. Ich kenne sie wirklich gut.

 Adverbien auf -ly in der britischen Umgangssprache

Im Zuge der Globalisierung ändert sich auch langsam die Umgangssprache im britischen Englisch, da der Einfluss des Amerikanischen zunimmt. Somit kommt es nicht nur in der saloppen Umgangssprache vor, dass bei Adverbien die Endung **-ly** einfach weggelassen und die Form des Adjektivs benutzt wird.

He wanted to get rich **quick**.   *Er wollte schnell reich werden.*
He looks **dead** serious.   *Er sieht todernst aus.*

Adjektive mit der Endung *-ly*

Es gibt eine Reihe von Adjektiven, die bereits auf **-ly** enden, wie zum Beispiel *lonely* (*einsam*), *lovely* (*herrlich*), *likely* (*wahrscheinlich*), *ugly* (*hässlich*) und *friendly* (*freundlich*).

Von diesen Adjektiven kann man **kein Adverb ableiten**, das heißt, man kann sie auch nur als Adjektive benutzen:

*The **ugly** duckling is a famous story.*
Das hässliche Entchen ist eine berühmte Geschichte.
*They had a **lovely** time in Paris.*
Sie hatten eine herrliche Zeit in Paris.

Die Steigerung der Adverbien

Mit Hilfe der Steigerung können **Dinge miteinander verglichen** oder Mengen- und Qualitätsunterschiede ausgedrückt werden.

Man unterscheidet bei der Steigerung drei Stufen: den **Positiv** (die Grundstufe), den **Komparativ** (die 1. Steigerungsstufe) und den **Superlativ** (die 2. Steigerungsstufe, die Höchststufe).

Einsilbige Adverbien

Ähnlich wie bei den Adjektiven (→ S. 302) werden **einsilbige Adverbien** sowie das Adverb **early** (*früh*) im Komparativ durch Anhängen von **-er** und im Superlativ durch Anhängen von **-est** gesteigert:

Grundform	Komparativ	Superlativ	Übersetzung
close	**clos**er	**clos**est	*nahe*
fast	**fast**er	**fast**est	*schnell*
hard	**hard**er	**hard**est	*hart, kräftig*
wide	**wid**er	**wid**est	*weit, breit*
early	**earli**er	**earli**est	*früh*

John arrived **early**.	*John kam **früh** an.*
James arrived **earlier**.	*James kam **früher** an.*
Pam arrived **earliest**.	*Pam kam **am frühesten** an.*

Mehrsilbige Adverbien

Adverbien mit **zwei oder mehr Silben** steigert man mit *more* (Komparativ) und *most* (Superlativ).

Grundform	Komparativ	Superlativ	Übersetzung
beautifully	*more* beautifully	*most* beautifully	*schön*

| effectively | *more* effectively | *most* effectively | *effektiv, wirkungsvoll* |

Jane works **effectively**.   *Jane arbeitet **effektiv**.*

Frances works **more effectively**.   *Frances arbeitet **effektiver**.*

Anne works **most effectively**.   *Anne arbeitet **am effektivsten**.*

Einige Adverbien haben **unregelmäßige Steigerungsformen**, die sich nicht von der Grundform direkt ableiten lassen:

Grundform	Komparativ	Superlativ	Übersetzung
badly	**worse**	**worst**	*schlecht*
far	**farther/further**	**farther/furthest**	*weit*
little	**less**	**least**	*wenig*
much	**more**	**most**	*viel*
well	**better**	**best**	*gut*

My boss doesn't laugh **much**,   *Mein Chef lacht nicht **viel**,*

my colleague laughs **more**,   *meine Kollege lacht **mehr**,*

but I laugh (the) **most**.   *aber ich lache **am meisten**.*

Stellung und Aufgaben der Adverbien im Satz

Stellung der Adverbien im Satz

Ein Adverb kann an unterschiedlichen Stellen im Satz stehen: am Satzanfang, in der Mitte des Satzes und am Satzende. Die Stellung hängt davon ab, welche Funktion ein Adverb hat. Es geht also darum,

• was man mit dem Adverb **näher beschreiben** will (Adjektiv, Adverb oder Verb).

- was man mit dem Adverb **ausdrücken** möchte – ob es z. B. darum geht, *wie häufig* etwas passiert, *wann* man etwas tut oder *wie* (auf welche Art und Weise) etwas passiert.
- was man in dem Satz **betonen** bzw. besonders **hervorheben** möchte.

Adverbien, die ein **Adjektiv** oder ein anderes **Adverb** näher bestimmen, stehen meist unmittelbar vor dem entsprechenden Wort.

John is an **extremely** careful driver.	*John ist ein äußerst vorsichtiger Fahrer.*
Jack is a **very** good footballer.	*Jack ist ein sehr guter Fußballspieler.*
John drives **extremely** carefully.	*John fährt äußerst vorsichtig.*
Christopher plays piano **very** well.	*Christopher spielt sehr gut Klavier.*

Enough

Enough als Adverb ist eine Ausnahme und steht **nach dem Wort**, das es näher bestimmt.

He didn't pass the test because he couldn't work quickly **enough**.
Er hat den Test nicht bestanden, weil er nicht schnell genug arbeiten konnte.
He had an accident because he wasn't careful **enough**.
Er hatte einen Unfall, weil er nicht vorsichtig genug war.

Adverbien, die ein **Verb** oder auch einen ganzen **Satz** näher bestimmen, können an unterschiedlichen Positionen im Satz vorkommen. Oft hängt die Stellung von der Bedeutung des Adverbs ab.

Man kann viele Adverbien **besonders betonen**, indem man das Adverb an den Satzanfang stellt, z. B.:

We **normally** have lunch at one.	*Wir essen normalerweise um eins zu Mittag.*
Sometimes we have lunch at 12.30.	*Manchmal essen wir um 12:30 zu Mittag.*
I'm going shopping **today**.	*Ich gehe heute einkaufen.*
Today, I'm going shopping.	*Heute gehe ich einkaufen*

(!) Ein Adverb darf nie zwischen dem Verb und dem Objekt (→ S. 374) stehen.

    Verb   Objekt   Verb   Objekt

He read the paper **quickly**. oder He **quickly** read the paper.

aber nicht: ~~He read quickly the paper.~~

Reihenfolge der Adverbien im Satz

Gibt es mehrere Adverbien in einem Satz, so entscheidet die Bedeutung über die Reihenfolge der Adverbien. In der Regel gilt folgende Reihenfolge: **Art und Weise vor Ort vor Zeit** (→ siehe weiter unten).

He arrived **here early**.   (Ort + Zeit)
Er ist hier früh angekommen.

He drove **slowly today**.   (Art und Weise + Zeit)
Er ist heute langsam gefahren.

He played **well there yesterday**.   (Art und Weise + Ort + Zeit)
Er hat dort gestern gut gespielt.

→ siehe auch adverbiale Bestimmungen S. 378

Aufgaben der Adverbien

Adverbien lassen sich **nach der Art der Angaben**, die mit Ihnen gemacht werden können, in mehrere Gruppen einteilen. Die wichtigsten davon sind:

Adverbien der Art und Weise

Damit wird angegeben, wie man etwas tut oder wie etwas passiert. Beispiele für Adverbien der Art und Weise sind:

carefully	*vorsichtig*	quietly	*ruhig*
shyly	*schüchtern*	quickly	*schnell*

terribly	*schrecklich*	surprisingly	*überraschend*

Sie stehen meistens am Satzende, können aber auch vor dem Verb stehen. Die Stellung vor dem Verb wirkt beiläufiger als die nach dem Verb.

Mr Thomson speaks **clearly**.	*Mr Thomson spricht deutlich*
He changed his mind **quickly**.	*Er hat seine Meinung schnell geändert.*
He **quickly** changed his mind.	*Er hat seine Meinung schnell geändert.*

Adverbien der Häufigkeit

Sie geben an, **wie oft** man etwas tut oder wie oft etwas passiert. Beispiele für Adverbien der Häufigkeit sind:

usually	*gewöhnlich*	often	*oft*
never	*nie*	sometimes	*manchmal*
occasionally	*gelegentlich*	normally	*normalerweise*
rarely	*selten*	always	*immer*

Adverbien der Häufigkeit stehen meistens direkt vor dem Hauptverb.

We **usually** eat at one o'clock.	*Wir essen gewöhnlich um eins.*
He has **often** been to China.	*Er ist oft in China gewesen.*

Adverbien des Grades

Sie geben an, mit welcher Intensität, d. h. **wie stark** oder **schwach** etwas geschieht. Beispiele für Adverbien des Grades sind:

very	*sehr*	really	*wirklich*
quite	*ziemlich*	extremely	*äußerst*
almost	*fast*	completely	*völlig*

Adverbien des Grades beschreiben meistens ein Adjektiv oder ein anderes Adverb, seltener ein Verb. Sie stehen unmittelbar vor dem Wort, das näher bestimmt werden soll.

He drove **quite** fast.	*Er fuhr ziemlich schnell.*
He is **very** quick.	*Er ist sehr schnell.*
He **really** enjoyed his trip.	*Er hat die Reise wirklich genossen.*

Adverbien des Ortes

Damit wird angegeben, **wo** man etwas tut oder wo etwas passiert. Beispiele für Adverbien des Ortes sind:

here	*hier*	there	*dort*
outside	*draußen*	inside	*drinnen*
abroad	*im Ausland*	anywhere	*irgendwo*

Adverbien des Ortes stehen meistens am Satzende.

Mary lives **here**.	*Mary wohnt hier.*
Have you seen my keys **anywhere**?	*Hast du meine Schlüssel irgendwo gesehen?*

Adverbien der Zeit

Sie geben an, **wann** man etwas tut oder wann etwas passiert. Beispiele für Adverbien der Zeit sind:

yesterday	*gestern*	tomorrow	*morgen*
later	*später*	now	*jetzt*
soon	*bald*	already	*schon*

Adverbien der Zeit stehen meistens am Satzende.

Did you see Tom **yesterday**?	*Hast du Tom gestern gesehen?*
I'll call you **later**.	*Ich ruf dich später an.*

Fokussierende Adverbien

Diese Adverbien **heben** einen Gesichtspunkt **hervor** und beziehen sich somit eher auf einen ganzen Satz oder Satzteil. Beispiele für fokussierende Adverbien sind:

just	*gleich/nur/einfach*	particularly	*besonders*
simply	*einfach*	even	*sogar*
only	*nur*	mainly	*hauptsächlich*

Fokussierende Adverbien stehen häufig unmittelbar vor dem, was sie hervorheben. Damit können sie auch die Bedeutung des Satzes ändern. Vergleichen Sie folgende Beispielsätze:

Only Mary helped with the organisation.
Nur Mary (sonst niemand) *hat mit der Organisation geholfen.*
(*Only* hebt den ganzen Satz hervor.)

Mary **only** helped with the organisation.
Mary hat nur bei der Organisation geholfen.
(nicht die Organisation übernommen – hier hebt *only* die Tätigkeit, d. h. *helped*, hervor.)

Nicht immer ist es absolut klar, was hervorgehoben werden soll.

He **mainly** sells beer to hotels.
Er verkauft hauptsächlich Bier an Hotels.

Bei diesem Satz ist es nicht unbedingt klar, ob *mainly* sich auf *sells* (anstatt *gives*) oder *beer* (anstatt *wine*) oder *hotels* (anstatt *restaurants*, *pubs*) bezieht. Meistens wird in der gesprochenen Sprache das, was hervorgehoben werden soll, stärker betont. Vergleichen Sie:

He **mainly sells** beer to hotels.
He **mainly** sells **beer** to hotels.
He **mainly** sells beer to **hotels**.

 Weitere Adverbien

Bindewörter (sie stehen meistens am Satzanfang), z. B.:

:· :·

however	*egal wie, jedoch*	therefore	*deshalb*
so	*also*		

Adverbien der persönlichen Ansicht (meistens am Satzanfang), z. B.:

apparently	*angeblich*	unfortunately	*unglücklicherweise*

Adverbien der Wahrscheinlichkeit (meistens in Satzmitte), z. B.:

definitely	*gewiss*	most likely	*höchstwahrscheinlich*
possibly	*möglich*	probably	*wahrscheinlich*

WORTARTEN

Ausnahmen und besondere Adverbien

well

Das Adverb **well** (*gut*) ist eine Ausnahme, weil es sich nicht von dem Adjektiv **good** ableiten lässt.

She's a **good** friend.	*Sie ist eine gute Freundin.*	(Adjektiv)
I know her **well**.	*Ich kenne sie gut.*	(Adverb)

Hinzu kommt, dass das Wort **well** im Englischen unterschiedlich gebraucht wird: **Well** bedeutet als Adverb *gut*, während es als Adjektiv die Bedeutung *gesund* hat.

I know her **well**.	*Ich kenne sie gut.*	(Adverb)
He is very **well**.	*Es geht ihm sehr gut.*	(Adjektiv)

In der gesprochenen Sprache benutzt man **well** auch als **Verlegenheitswort**, oder **Lückenfüller** wenn man über etwas nachdenkt, im Sinne von *nun*, *also* oder etwa *ähm*:

:· :·

Well, I'm not quite sure.	*Nun, ich bin mir nicht so sicher.*
Well ... why don't you say something?	*Also ... warum sagst du nichts?*

friendly

Da sich von dem Adjektiv *friendly* (*freundlich*) kein Adverb ableiten lässt, muss man eine Umschreibung wählen, wenn man trotzdem eine adverbiale Bedeutung ausdrücken möchte, d. h. ein Verb (Tätigkeitswort) mit *friendly* näher beschreiben möchte. Hier eignen sich Konstruktionen wie **in a friendly way** oder das etwas formellere **in a friendly manner**:

Jane looked at him in a **friendly** manner.
Jane schaute ihn freundlich an.
The business partners shook hands in a **friendly** way.
Die Geschäftspartner gaben sich freundlich die Hand.

Die Konstruktionen **in a friendly way** und **in a friendly manner** werden meistens in der **gehobenen Sprache** verwendet. In der Um-gangssprache würde man eher folgenden Satz hören:

Jane gave him a **friendly** look.	*Jane schaute ihn freundlich an.*

probably, likely

Wenn man ein Adverb mit der Bedeutung *wahrscheinlich* verwenden möch-te, greift man am besten auf **probably** zurück. Man kann aber auch **more likely** und **most likely** als gesteigerte Adverbien benutzen.

We'll **probably** go to the cinema.	*Wahrscheinlich gehen wir ins Kino.*
Jane will **most likely** go with us.	*Jane wird sehr wahrscheinlich mitgehen.*

home

In bestimmten Zusammenhängen kann man das Wort *home* als Adverb benutzen. *Home* gibt dann eine Richtung an und bedeutet *nach Hause*:

Ray got fed up and went **home**.
Ray hatte die Nase voll und ging nach Hause.
Everybody was driving **home** at the same time.
Alle fuhren zur gleichen Zeit nach Hause.

Ansonsten wird *home* oft in Verbindung mit der Präposition *at* verwendet: *at home* bedeutet *zu Hause*.

Many college students live **at home** with their parents.
*Viele Studenten wohnen **zu Hause** bei ihren Eltern.*

at home nach *be, stay, remain*

Besonders im amerikanischen Englisch kann man *at* vor allem nach den Verben *be* (*sein*), *stay* (*bleiben*) und *remain* (*bleiben*) auch weglassen:

They were **(at) home** but didn't want to open the door.
*Sie waren **zu Hause**, aber wollten nicht aufmachen.*

homely

Vorsicht bei dem Wort *homely*: Während im **britischen** Englisch *homely* benutzt wird, um etwas positiv zu beschreiben, drückt man im **amerikanischen** Englisch (und auch in Australien) etwas Negatives damit aus.

| BrE | She is a homely person. | *Sie ist eine gemütliche Person.* |
| AmE | She is a homely person. | *Sie ist eine hässliche Person.* |

PRÄPOSITIONEN

ÜBERSICHT

....

Präpositionen stellen ein Verhältnis zwischen Wörtern oder Wortgruppen her.

Stellung im Satz   → S. 330

Präpositionen können **vor Wörtern** und **Wortgruppen** oder **am Satzende** stehen.

He is interested **in** books.   *Er interessiert sich für Bücher.*
What are you looking **at**?   *Was betrachtest du gerade?*

Gebrauch der Präpositionen   → S. 331

Mit Präpositionen lassen sich **Zeit-**, **Ort-** und **Richtungsangaben** machen.

Zeit:	at, by, during, for, in, on, until
Ort:	across, above, at, below, in, near, on, over, under
Richtung:	from, into, onto, to, towards, over, under
Grund:	because of, despite, due to, thanks to …

Präpositionen nach bestimmten Wortarten   → S. 340

Bestimmte Präpositionen folgen auf einige **Verben**, **Adjektive** und **Substantive**.

ask **for**, depend **on**, laugh **at**, wait **for** …   (Verb + Präposition)
afraid **of**, angry **with**, interested **in** …   (Adjektiv + Präposition)
advice **on**, an idea **about**, power **over** …   (Substantiv + Präposition)

° Was ist eine Präposition?

Präpositionen (*prepositions*) setzen Wörter oder Wortgruppen zueinander in Beziehung und stellen ein Verhältnis zwischen ihnen her; sie werden daher auch **Verhältniswörter** genannt.

at the fair	**with** us	**after** his brother
auf der Messe	*mit uns*	*nach seinem Bruder*

Die meisten Präpositionen sind **einfache Präpositionen** – sie bestehen aus einem Wort. Die wichtigsten einfachen Präpositionen sind:

about	before	down	on/onto	toward
above	below	except	out	under
across	beneath	for	over	until
after	beside	from	past	up
against	between	in/into	round	upon
along	but	like	since	with
around	by	near	than	without
as	concerning	of	through	
at	during	off	to	

There were several trees **between** the houses.
Es gab mehrere Bäume zwischen den Häusern.

Komplexe Präpositionen werden aus mehreren Wörtern zusammengesetzt. Beispiele von komplexen Präpositionen sind:

ahead of	by means of	in exchange for	*on top of*
apart from	due to	in front of	*outside of*
as for	except for	in place of	*prior to*
as of	for lack of	in spite of	*such as*
as well as	in addition to	instead of	*thanks to*
because of	in aid of	near to	*up to*

Last night they played cards **instead of** watching television.
Gestern Abend haben sie Karten gespielt, anstatt fernzusehen.

WORTARTEN

Stellung im Satz

Präpositionen stehen häufig

- **vor Substantiven** (→ S. 30)

He is interested **in** <u>books</u>.   *Er interessiert sich für Bücher.*

- **vor Pronomen** (→ S. 70)

He is interested **in** <u>them</u>.   *Er interessiert sich für sie.*

- **vor Nominalgruppen** (→ S. 371)

He is interested **in** <u>history books</u>.   *Er interessiert sich für Geschichtsbücher.*

- **vor *gerund*** (*ing*-Form) (→ S. 158)

He is interested **in** <u>reading</u>.   *Er interessiert sich fürs Lesen.*

- **am Satzende in Fragen nach dem Objekt** (→ S. 387)

What are you looking **at**?   *Was betrachtest du gerade?*

- **am Satzende in Passivsätzen** (→ S. 173)

My son likes to be talked **to**.
Mein Sohn hat es gerne, wenn mit ihm geredet wird.

- **am Satzende in Relativsätzen** (→ S. 410)

Here comes the man (who) you sold the book **to**.
Hier kommt der Mann, dem du das Buch verkauft hast.

- **am Satzende in Ausrufesätzen** (→ S. 398)

What an awful state you are **in**!
Du bist aber in einer schlimmen Verfassung!

- **am Satzende in Komparativsätzen** (→ S. 407)

She has lived in more countries than most people have been **to**.
Sie hat in mehr Ländern gelebt, als die meisten besucht haben.

- **am Satzende nach Infinitiven mit *to*** (→ S. 149)

She is a difficult person to work **with**.
Sie ist eine Person, mit der es schwierig ist zusammenzuarbeiten.

Präpositionen am Satzanfang

Im formellen schriftlichen Englisch ist es noch gebräuchlich, eine Präposition am Anfang eines Haupt- oder Nebensatzes zu stellen.

For whom is this being developed?
Für wen wird das entwickelt?

That was the party **in** which everyone had set their hopes.
Das war die Partei, in die alle ihre Hoffnung gesetzt hatten.

Gebrauch der Präpositionen

Präpositionen klären das Verhältnis zu anderen Satzelementen meistens in Bezug auf **Zeit**, **Ort** und **Richtung**, aber auch **Grund**, **Folge** oder **Zweck**.

Einige Präpositionen wie z. B. *at*, *in* oder *on* können – je nach Kontext – unterschiedliche Bezüge ausdrücken und somit mehrere Bedeutungen haben. Vergleichen Sie:

They met **at** 9 o'clock.	*Sie trafen sich **um** 9 Uhr.*	(Zeit)
They met **at** the station.	*Sie trafen sich **am** Bahnhof.*	(Ort)
They met **on** Monday.	*Sie trafen sich **am** Montag.*	(Zeit)
They met **on** the bus.	*Sie trafen sich **im** Bus.*	(Ort)
She hung the mirror **on** the wall.	*Sie hängte den Spiegel **an** die Wand.*	
He bought a book **on** modern art.	*Er kaufte ein Buch **über** moderne Kunst.*	
I reached her **on** her phone.	*Ich erreichte sie **über** ihr Telefon.*	
She worked **on** the committee.	*Sie arbeitete **in** dem Ausschuss.*	

Präpositionen für Zeitangaben

Die wichtigsten Präpositionen, die im Zusammenhang mit Zeitangaben verwendet werden, sind:

at	during	in	on	until
by	for			

at

Die Präposition *at* wird vor allem im Zusammenhang mit **Uhrzeiten**, bestimmten **Zeitpunkten** und **religiösen Festen** verwendet.

at nine o'clock	*um neun Uhr*
at night	*nachts*
at the moment	*zur Zeit, im Augenblick*
at midnight	*um Mitternacht*
at sunrise	*bei Sonnenaufgang*
at the weekend	*am Wochenende*
at that time	*zu jener Zeit*
at the same time	*zur gleichen Zeit* (Zeitpunkt)
at times	*gelegentlich*
at Christmas	*an Weihnachten*
at Easter	*an Ostern*

on

Die Präposition *on* wird für bestimmte **Tage**, **Tagesabschnitte** und für das **Datum** verwendet.

on Monday	*am Montag*
on Christmas Day	*am ersten Weihnachtsfeiertag*
on New Year's Eve	*an Silvester*
on his birthday	*an seinem Geburtstag*
on Good Friday	*am Karfreitag*
on the morning of 1. May	*am Morgen des 1. Mai*
on 2nd September	*am 2. September*
on this occasion	*bei dieser Gelegenheit*
on time	*pünktlich*

at the weekend und **on the weekend**

Während im **britischen** Englisch **at the weekend** verwendet wird, ist **on the** weekend im **amerikanischen** Englisch geläufig.

in

Die Präposition **in** wird für **Tagesabschnitte**, **Monate**, **Jahreszeiten**, **Jahres-zahlen** und **Jahrhunderte** verwendet.

in the morning	*morgens*
in the afternoon	*nachmittags, am Nachmittag*
in December	*im Dezember*
in winter/spring	*im Winter/im Frühling*
in 1999	*in 1999*
in the 19th century	*im 19. Jahrhundert*
in those days	*damals*
in a short time	*in einer kurzen Zeit*
in the same time	*in der gleichen Zeit* (Zeitraum)
in time	*rechtzeitig*

 in time = *rechtzeitig*   **on time** = *pünktlich*

for

Die Präposition **for** drückt eine **Zeitdauer** aus.

for a long time	*seit längerem/für längere Zeit*
for two years	*seit zwei Jahren/für zwei Jahre*
They <u>are going</u> to China for two years.	*Sie gehen für zwei Jahre nach China.*
They <u>have been</u> in China for two years.	*Sie sind seit zwei Jahren in China.*

Nicht verwechseln: *for* und *ago*

They went to China **for** two years.
*Sie sind **für** zwei Jahre nach China gegangen.*
They went to China two years **ago**.
*Sie sind **vor** zwei Jahren nach China gegangen.*

In Negativsätzen wird im **amerikanischen** Englisch auch *in* +
Zeitspanne **anstatt *for*** verwendet.

I haven't seen him **for** years.   (BrE)
I haven't seen him **in** years.   (AmE)
Ich habe ihn seit Jahren nicht gesehen.

during

Die Präposition ***during*** wird für einen **Zeitraum** verwendet.

during the holidays   *während der Ferien*
during the week   *während der Woche*

Nicht verwechseln: *during* und *while*

Während ***during*** für Ereignisse verwendet wird und vor einer Nominal-
gruppe (→ S. 371) steht, wird ***while*** für Handlungen benutzt und leitet
Nebensätze (→ S. 403) ein.

during the tennis match   →   **While** I was playing tennis.
während des Tennisspiels   →   *Während ich Tennis spielte.*

by und until

Die Präpositionen ***by*** und ***until*** bedeuten beide *bis*, sie werden aber anders benutzt. Vergleichen Sie:

I need the report by Monday.   *Ich brauche den Bericht bis Montag.*
(Ich habe den Bericht nicht, ich muss ihn spätestens am Montag haben.)

I need the report until Monday.   *Ich brauche den Bericht bis Montag.*
(Ich habe den Bericht und brauche ihn von jetzt bis Montag.)

 Statt *until* wird oft die Kurzform *till* (mit Doppel-l) verwendet.

 through

Im **amerikanischen** Englisch wird häufig auch *through* statt *to* oder *till* verwendet.

The shops are open (from) Monday **to** Saturday.   (BrE)
The shops are open Monday **through** Saturday.   (AmE)
Die Läden haben von Montag bis Samstag auf.

Präpositionen für Ortsangaben

Die wichtigsten Präpositionen, die in Zusammenhang mit Ortsangaben verwendet werden, sind:

across	at	in	on	under
above	below	near	over	

at

at home   *zu Hause*
at his desk   *an seinem Schreibtisch*
at the station   *am Bahnhof*
at the party   *auf der Party*
at church   *in der Kirche* (Gottesdienst)

at the beginning/end	*am Anfang/Ende*
at 19, Baker Street	*in der Baker Street 19*
at the age of 65	*im Alter von 65*

on

Die Präposition *on* wird unter anderem für **Oberflächen** verwendet.

on the table	*auf dem Tisch*
on the wall	*an der Wand*
on the floor	*auf dem Boden*
on the third floor	*im dritten Stock*
on the right	*auf der rechten Seite*
on the corner	*auf der Ecke*
on the coast	*an der Küste*

in

in the corner	*in der Ecke*
in the car industry	*in der Automobilindustrie*
in church	*in der Kirche* (im Gebäude)
in the living room	*im Wohnzimmer*
in the picture	*auf dem Bild/im Bilde* (sein)
in front of the house	*vor dem Haus*

below/under

Below und *under* bedeuten beide *unter* und sind oft austauschbar. Während aber *under* auf etwas unmittelbar unter etwas anderem hinweist, was sogar berührt werden kann, bedeutet *below* oft *unterhalb*.

under the blanket	*unter der Decke*
under the chair	*unter dem Stuhl*
under/below the clouds	*unter den Wolken*
below average	*unter dem Durchschnitt*

above/over

Above und **over** bedeuten beide *über* und sind oft austauschbar, aber nicht immer. Während **over** auch unmittelbar auf das Darunterliegende aufsitzen kann (im Sinne von *bedecken*), bedeutet **above** meistens *oberhalb* und berührt oft das, was darunter ist, nicht.

over the road	*auf der anderen Straßenseite*
above the clouds	*über den Wolken*

The plane flew **above** the crowd.	*Das Flugzeug flog über die Menge.*
They put the table cloth **over** the table.	*Sie legten das Tischtuch über den Tisch.*

nicht: ~~They put the tablecloth above the table.~~

by/near

By bedeutet *neben* und **near** *in der Nähe von*.

The dead cat lay **by** the roadside.	*Die tote Katze lag am Straßenrand.*
Valerie lives **near** Cambridge.	*Valerie lebt in der Nähe von Cambridge.*

nicht: ~~in the near of Cambrige~~

By kann auch ausdrücken, **von wem** etwas **gemacht** worden ist:

Macbeth was written **by** Shakespeare.
Macbeth wurde von Shakespeare geschrieben.

Präpositionen für Richtungsangaben

Präpositionen, die die Richtung angeben, stehen meistens nach einem Verb der Bewegung. Die wichtigsten Präpositionen dieser Gruppe sind:

from	onto	to	towards	under
into	over			

to/towards/into

To als Richtungsangabe gibt an, dass das Ziel erreicht wurde.

She walked **to** the office.   *Sie ist zum Büro gelaufen.*

Towards gibt nur die Richtung an, ohne etwas darüber auszusagen, ob das Ziel erreicht wurde.

She walked **towards** the man.   *Sie ist dem Mann entgegengelaufen.*

Into gibt nicht nur die Richtung an, sondern sagt auch aus, dass das Subjekt (→ S. 372) irgendwo hineingelangt oder hineingetan wird.

She walked **into** the office.   *Sie ist in das Büro gelaufen.*

Onto als Richtungsangabe (*auf etwas*) gibt auch an, dass das Ziel erreicht wurde.

She got **onto** the chair.   *Sie ist auf den Stuhl gestiegen.*

from

She came **from** London.   *Sie kam von London.*

over

The car drove **over** the bridge.   *Das Auto fuhr über die Brücke.*

under

The boat sailed **under** the bridge.   *Das Boot segelte unter der Brücke.*

Präpositionen für Grund, Folge und Zweck

Mit Präpositionen können auch Verhältnisse von **Grund**, **Folge** oder **Zweck** ausgedrückt werden. Sie antworten auf die Fragen *warum?* und *wozu?* Zu dieser Gruppe gehören z. B.:

because of	wegen	in spite of	trotz
despite	trotz	owing to	wegen
due to	aufgrund	thanks to	dank
for	für		

They had a lot of fun on holiday **in spite of** the bad weather.
Sie hatten im Urlaub trotz des schlechten Wetters viel Spaß.
Due to inflation the cost of living rose by 1.5 % last year.
Aufgrund der Inflation sind die Lebensunterhaltungskosten letztes Jahr um 1,5 % gestiegen.
The flight was delayed **because of** fog.
Der Flug war wegen Nebel verspätet.
She invited everyone **for** coffee.
Sie lud alle zum Kaffee ein.

Präposition *of*

Die Präposition *of* hat eine Reihe von unterschiedlichen Bedeutungen.

Of kann eine **Zugehörigkeit** oder eine **Zuordnung** ausdrücken

She tore the sleeve **of** her dress.   *Sie hat den Ärmel ihres Kleides zerrissen.*

Besonders in der Schriftsprache verwendet man *of*, um einen **Besitzer** oder **Verursacher** an ein anderes Substantiv **anzuschließen**.

She took the advice **of** a stranger.   *Sie nahm den Rat eines Fremden an.*

→ siehe auch *of*-Genitiv S. 49

Auch in Verbindung mit **Mengen-** und **Inhaltsangaben** benutzt man die Präposition *of*.

a cup of tea	eine Tasse Tee
a bowl of soup	ein Teller Suppe
a bottle of milk	eine Flasche Milch
a slice of bread	eine Scheibe Brot

Präpositionen nach bestimmten Wortarten

Auf einige Verben, Adjektive und Substantive folgen bestimmte Präpositionen.

Verb + Präposition

act on	*reagieren auf*	act as	*fungieren als*
act for	*jemand vertreten*	act like	*sich benehmen wie*

→ siehe auch Präpositionalverben S. 140
→ für eine Liste gebräuchlicher Präpositionalverben siehe S. 485

Adjektiv + Präposition

afraid of	*Angst haben vor*	identical to	*identisch mit*
allergic to	*allergisch gegen*	intent on	*fixiert auf*
amazed at	*erstaunt über*	interested in	*interessiert an*
angry about	*verärgert über*	keen on	*begeistert von*
angry with	*verärgert mit*	married to	*verheiratet mit*
available for	*verfügbar für*	pleased with	*erfreut über*
dependent on	*abhängig von*	proud of	*stolz auf*
different from	*anders als*	responsible for	*verantwortlich für*
filled with	*gefüllt mit*	responsible to	*verantwortlich gegenüber*
friendly to	*freundlich gegenüber*	uncertain of	*unsicher über*

Substantiv + Präposition

admiration for	*Bewunderung für*	a decline in	*ein Rückgang von*
advantage over	*Vorteil über*	a gap between	*eine Lücke zwischen*
advice on	*Rat über*	an idea about	*eine Idee zu*
an attack on	*eine Attacke auf*	an increase in	*eine Erhöhung in*
a balance	*ein Gleichgewicht*	judgement on	*Urteil über*
between	* zwischen*	the man from	*der Mann aus*
a battle against	*ein Kampf gegen*	a pound of	*ein Pfund …*
a book about	*ein Buch über*	power over	*Macht über*
a catch in	*eine Falle in*	a quarrel over	*ein Streit über*
confidence in	*Vertrauen in*	a report on	*ein Bericht über*
cutbacks in	*Kürzungen in*	a similarity in	*eine Ähnlichkeit mit*
a debate about	*eine Debatte über*	a weakness for	*eine Schwäche für*

KONJUNKTIONEN

Konjunktionen verbinden Wörter, Wortgruppen und Sätze miteinander.

Nebenordnende Konjunktionen → S. 343

Nebenordnende Konjunktionen **verbinden gleichrangige Elemente** miteinander.

and, but, for, nor, or, so, yet ...

Unterordnende Konjunktionen → S. 344

Unterordnende Konjunktionen **leiten Nebensätze ein** und machen sie so vom Hauptsatz abhängig.

although, as if, because, if, since, that, until, when, while ...

Konjunktionaladverbien → S. 345

Statt mit Konjunktionen können **zwei Hauptsätze** auch mit Adverbien – so genannten Konjunktionaladverbien – verbunden werden.

anyway, besides, however, moreover, nevertheless, still ...

Transitional phrases → S. 346

Eine **gedankliche Verbindung** zwischen **zwei Sätzen** kann auch mit bestimmten Wendungen gebildet werden.

after all, at any rate, by the way, for example, for instance ...

WORTARTEN

Was ist eine Konjunktion?

Konjunktionen (*conjunctions*) **verbinden** Wörter, Wortgruppen und Sätze miteinander. Sie werden auch **Bindewörter** (*linking words*) genannt.

John loves sailing **and** so does Jack.
John liebt Segeln und Jack auch.

Konjunktionen können **einfach** und **komplex** sein: Einfache Konjunktionen bestehen aus einem Wort, z. B. and (*und*) but (*aber*), because (*weil*), komplexe Konjunktionen aus mehreren Wörtern, z. B. as soon as (*sobald*).

I'll phone you **as soon as** I get home.
Ich rufe dich an, sobald ich zu Hause bin.

Manche Konjunktionen bestehen **aus zwei Teilen**, die getrennt im Satz stehen. Diese Konjunktionen werden *correlative conjunctions* genannt.

both ... and	*sowohl ... und*	not only ... but also	*nicht nur ... sondern auch*
either ... or	*entweder ... oder*	whether .... or	*ob ... oder*
neither ... nor	*weder ... noch*		

We should be able to see **both** Amanda **and** Mark this time.
Wir müssten dieses Mal sowohl Amanda als auch Mark sehen können.
He **not only** broke his leg **but also** hurt his head.
Er hat sich nicht nur das Bein gebrochen, sondern sich auch am Kopf verletzt.

Gebrauch der Konjunktionen

Konjunktionen stellen die Elemente, die sie verbinden, in ein bestimmtes **inhaltliches Verhältnis** zueinander und zwar in Bezug auf z. B. Zeit, Ort, Ursache, Folge, Bedingung, Ergebnis und Gegensätzlichkeit. Sie können auch **Aufzählungen** bzw. **Reihungen** ermöglichen.

Jane isn't in the office today **because** she is ill.
Jane ist heute nicht im Büro, weil sie krank ist.

(Der Nebensatz mit *because* liefert den Grund, warum Jane nicht im Büro ist.)

She was always happy **although** she was never rich.

Sie war immer glücklich, obwohl sie nie reich war.

(*Although* verbindet zwei Sätze, die im Gegensatz zueinander stehen.)

He'll phone us **when** he leaves.

Er wird uns anrufen, wenn er losfährt.

(*When* gibt das zeitliche Verhältnis an.)

We could go to the theatre **or** to the cinema.

Wir könnten ins Theater oder ins Kino gehen.

(*Or* drückt zwei Möglichkeiten aus.)

He sells new **and** second-hand cars.

Er verkauft neue und gebrauchte Autos.

(Hier wird etwas aufgezählt.)

→ siehe dazu auch ‚Adverbialsätze' S. 403

Nebenordnende Konjunktionen

Nebenordnende Konjunktionen (*co-ordinating conjunctions*) verbinden **gleichrangige Elemente** miteinander – zwei gleichrangige Wörter, Wortgruppen oder Sätze.

Zu den nebenordnenden Konjunktionen gehören z. B.:

and	*und*	**or**	*oder*
but	*aber*	**so**	*deshalb, also*
for	*denn*	**yet**	*und doch*
nor	*noch*		

She was well informed **and** very helpful.

Sie war gut informiert und sehr hilfsbereit.

She promised to come sometime **but** she isn't coming today.

Sie hat versprochen, irgendwann zu kommen, aber heute kommt sie nicht.

Unterordnende Konjunktionen

Unterordnende Konjunktionen (*subordinating conjunctions*) **leiten Nebensätze ein** (→ S. 401) und machen sie so vom Hauptsatz (→ S. 383) abhängig.

Zu den unterordnenden Konjunktionen gehören z. B.:

after	*nach*	**in case**	*falls*
although	*obwohl*	**no matter how**	*egal wie*
as far as	*insoweit*	**once**	*sobald*
as if	*als ob*	**providing that**	*vorausgesetzt, dass*
as soon as	*sobald*	**since**	*weil*
because	*weil*	**so that**	*damit*
before	*vor*	**that**	*dass*
even if	*auch wenn*	**unless**	*es sei denn*
even though	*auch wenn*	**until**	*bis*
how	*wie*	**when/whenever**	*wann/wann auch immer*
if	*wenn*	**where/wherever**	*wo/wo auch immer*
in as much as	*in so fern als*	**while**	*während*

They went to the exhibition **even though** the tickets were very expensive.
Sie besuchten die Ausstellung, obwohl die Karten sehr teuer waren.

→ für Nebensätze mit Konjunktionen siehe ‚Nebensätze‘ S. 401

Ein Wort mehrere Funktionen

Ein Wort kann unterschiedlichen Wortklassen angehören und somit mehrere Funktionen bzw. Bedeutungen im Satz haben. So können manche Adverbien und Präpositionen auch als Konjunktion im Satz stehen.

She was **so** happy to see him again.	(*so* = Adverb)
*Sie war **so** froh, ihn wiederzusehen.*	
Her flight was delayed **so** she missed the meeting.	(*so* = Konjunktion)
*Ihr Flug war verspätet, **deshalb** verpasste sie das Meeting.*	

She bought a book **for** Thomas.	(*for* = Präposition)
*Sie kaufte ein Buch **für** Thomas.*	
She was disappointed **for** everyone had gone.	(*for* = Konjunktion)

*Sie war enttäuscht, **denn** alle waren bereits gegangen.*

Konjunktionaladverbien

Zwei **Hauptsätze** (→ S. 383) können nicht nur durch Konjunktionen sondern auch durch Adverbien – sog. Konjunktionaladverbien (*conjunctive adverbs*) – **verbunden** werden. Zwischen den Sätzen steht meistens ein Semikolon (→ S. 472).

Konjunktionale Adverbien sind z. B.:

also	*auch*	**likewise**	*ebenfalls*
anyhow	*sowieso*	**meanwhile**	*inzwischen*
anyway	*jedenfalls*	**moreover**	*darüber hinaus*
besides	*außerdem*	**nevertheless**	*nichtsdestoweniger*
consequently	*infolgedessen*	**next**	*als nächstes*
finally	*schließlich*	**otherwise**	*ansonsten*
furthermore	*darüber hinaus*	**similarly**	*ebenso*
hence	*daher*	**still**	*dennoch*
however	*jedoch*	**then**	*dann*
incidentally	*übrigens*	**therefore**	*deshalb*
instead	*stattdessen*	**thus**	*folglich*

They are planning to launch the product in May; **however** they haven't informed marketing of their plans.
Sie planen, das Produkt im Mai auf den Markt zu bringen, sie haben jedoch dem Marketing nichts von ihren Plänen erzählt.

Konjunktionaladverbien stehen meistens gleich nach dem Semikolon, manche können aber auch **an einer anderen Stelle im zweiten Satz** stehen. In diesem Fall werden sie in Kommas eingeschlossen.

They are planning to launch the product in May; they haven't, **however**, informed marketing of their plans.

Transitional phrases

Bestimmte Wendungen (so genannte *transitional phrases*) können eine **gedankliche Verbindung** zwischen zwei Sätzen bilden. Sie stehen am Anfang des zweiten Satzes und werden von einem Komma gefolgt.

Beispiele für *transitional phrases*:

after all	*immerhin*	for instance	*zum Beispiel*
as a result	*als Folge davon*	in addition	*außerdem*
at any rate	*zumindest*	in fact	*in Wirklichkeit*
at the same time	*gleichzeitig*	on the contrary	*ganz im Gegenteil*
by the way	*übrigens*	on the other hand	*andererseits*
for example	*zum Beispiel*		

I don't really have time to go to the meeting. **On the other hand**, I do need to discuss a few things with my boss.
Ich habe eigentlich keine Zeit, um zu der Sitzung zu gehen. Andererseits muss ich ein paar Sachen mit meinem Chef besprechen.
I think we should invite Philip to the meeting. **After all**, he is the specialist.
Ich finde, wir sollten Philip zu der Besprechung einladen. Immerhin ist er der Spezialist.

Dank *transitional phrases* bleiben die **Sätze kurz** und sind dadurch **einfacher zu verstehen**.

INTERJEKTIONEN

ÜBERSICHT

....

Gefühle und Empfindungen → S. 348

Interjektionen können Gefühle und Empfindungen wie Freude, Trauer, Überraschung, Schmerz usw. ausdrücken.

Hooray, you've done it!   *Hurra! Du hast es geschafft!*
Yuck, that is disgusting!   *Igitt! Das ist widerlich.*

Aktives Zuhören → S. 439

In (Telefon-)Gesprächen werden Interjektionen benutzt, um aktives Zuhören zu signalisieren.

- Anyway, in the end the hero dies and it was actually quite sad.
- **Oh**.

Füllwörter für Denkpausen → S. 350

Um längere Sprechpausen zu vermeiden, werden bestimmte Füllwörter verwendet.

Well ... I'm not quite sure ...   *Also ... ich bin mir nicht ganz sicher ...*

WORTARTEN

Was ist eine Interjektion?

Interjektionen (*interjections*) sind Redewendungen und Ausrufe, die kurz und knapp **Emotionen und Empfindungen** (z. B. Freude, Entzücken, Schmerz, Überraschung, Verärgerung usw.) **ausdrücken**. Interjektionen können aus einem Wort bestehen und ganze Sätze ersetzen.

Gebrauch der Interjektionen

Interjektionen kommen meist in der gesprochenen Sprache vor und werden selten geschrieben. Sie werden als Reaktion auf etwas gebraucht, was vorher gesagt worden oder passiert ist.

Gefühle und Empfindungen

Die wichtigsten Interjektionen für Gefühle und Empfindungen sind:

aha	gosh	oh boy	ow	yippee
bother	hey	ooo	phew	yuck
crickey	hooray	oops	tut-tut	whoops
damn	mm	ouch	ugh	wow

→ siehe dazu auch Ausrufesätze S. 398

Hooray/Yippee/Aha, I've passed my driving test! (Freude)
Hurra! Ich habe meine Fahrprüfung bestanden.

It's starting to rain. – **Bother./Damn./Oh no**. I forgot to close the windows.
(Verärgerung)
Es fängt an zu regnen. – Verdammt! Ich habe vergessen, die Fenster zu schließen.

Ouch/Ow, you're hurting me. (Schmerz)
Aua! Du tust mir weh.

Ugh/Yuck, that is disgusting! (Abscheu, Ekel)
Igitt! Das ist widerlich.

Christopher is playing the piano in the Albert Hall on Monday. - **Gosh**,/**Wow**,/
Crikey,/**Oh boy**, I didn't know he could play that well. (starke Überraschung)
*Christopher spielt am Montag Klavier in der Albert Hall. – Mann!/Toll! Ich wusste gar
nicht, dass er so gut spielen kann.*

Oops,/**Whoops**,I think I've just made a faux pas. (Irrtum, Fehltritt)
Hoppla/Hups! Ich glaube, ich habe gerade einen Fauxpas begangen.

Phew, that was lucky. (Erleichterung)
Puh! Da habe ich Glück gehabt.

Ooo, she's gorgeous! (Entzücken)
Ach! Sie ist zauberhaft.

Hey! Watch what you're doing. (Aufmerksamkeit, etwas unhöflich)
He! Pass doch auf (was du machst).

Tut-tut. You've forgotten to put sugar in my tea, again. (Missbilligung, auch humorvoll)
Na, na. Du hast schon wieder vergessen, Zucker in meinen Tee zu tun.

 mm

Mm hat je nach Länge und Intonation verschiedene Bedeutungen.

mmmm. Smells good.　　**mm**? Sorry, what did you say?　　**mm** ... **mm**. I agree.
Das riecht gut.　　　　　*Wie bitte? Was hast du gesagt?*　　*Ich stimme dir zu.*

Aktives Zuhören

Interjektionen werden häufig – vor allem in Telefongesprächen – als Aus-
druck des aktiven Zuhörens verwendet. Meist drückt man **Verständnis** und
Zustimmung aus. Ihre Verwendung zeigt Aufmerksamkeit und Anteilnahme
und sorgt für eine positive Grundstimmung.

Typische Interjektionen bei aktivem Zuhören sind:

ahh	good	no	ok	uh-huh
aha	I see	oh	really	yeah
exactly	mm	oh dear	right	wow

Ihre Verwendung in einem Telefongespräch könnte z. B. so aussehen:

- I went to the theatre yesterday and I saw a great play about a young man from India ...
- **Uh-huh**.
- ... it had some really famous actors in it. You know the ones from that film we saw a few months ago.
- **Yeah**.
- Anyway, in the end the hero dies and it was actually quite sad.
- **Oh**.
- Well, we enjoyed it anyway.
- **Good**.

Füllwörter für Denkpausen

Da längere Sprechpausen für die meisten englischen Muttersprachler unangenehm sind, versucht man, den Redefluss zu erhalten, indem man bei Denkpausen bestimmte Füllwörter (*time fillers*) benutzt.

Viel verwendete *time fillers* sind:

well ...	um ...	uh	let me think ...
so ...	I mean...		

Well ... I'm not quite sure ... I mean .... I think it would work.
Also ... ich bin mir nicht ganz sicher ... ich meine ... Ich glaube, dass es gehen würde.

ZAHLEN UND MENGENANGABEN

ÜBERSICHT

Zahlen → S. 352

Die Zahlwörter drücken einen genauen Zahlenwert aus.

Kardinalzahlen (Grundzahlen)	one, two, twenty-seven ...	→ S. 352
Ordinalzahlen (Ordnungszahlen)	first, second, fourteenth ...	→ S. 356
Dezimalzahlen	one half, two thirds ...	→ S. 354
Wiederholungszahlen	once, twice, three times ...	→ S. 359
Vervielfältigungszahlen	single, double, triple ...	→ S. 359

Datum und Uhrzeit → S. 360

Das Datum wird aus einer **Ordnungszahl**, einem **Monat** und der **Jahreszahl** gebildet.

01/04/2010 – the first of April two thousand and ten (oder: twenty ten)

Die Uhrzeit wird mit *past* und *to* ausgedrückt. Bei den vollen Stunden sagt man *o'clock* dazu.

15:00	It's three **o'clock**.	15:05	It's five **past** three.
15:30	It's **half past** three.	15:50	It's ten **to** three.

Mengenangaben → S. 364

Für zählbare Substantive verwendet man *a few* (einige), *few* (nur wenige), *many* (viele), *quite a few* (relativ viele, nicht wenige).

Für unzählbare Substantive verwendet man *a little* (ein bisschen), *little* (nur wenig), *much* (viel).

WORTARTEN

Die Zahlwörter, auch Numeralien genannt, geben Auskunft darüber, in welcher Menge, Anzahl oder Reihenfolge etwas vorkommt.

Zahlen

Kardinalzahlen (Grundzahlen)

Kardinalzahlen (*cardinal numbers*) geben eine genaue Menge oder eine genaue Anzahl von Personen, Dingen oder Sachverhalten an.

Die Zahlen von 1 bis 20

1	one	11	**eleven**
2	two	12	**twelve**
3	three	13	**thirteen**
4	four	14	**fif**teen
5	five	15	**fif**teen
6	six	16	sixteen
7	seven	17	seventeen
8	eight	18	eighteen
9	nine	19	nineteen
10	ten	20	**twenty**

Die Zahlen 21 bis 100

Die Einerzahlen werden mit **Bindestrich** an die Zehnerzahlen angehängt.

21	twenty-one	31	thirty-one
22	twenty-two	32	thirty-two
23	twenty-three	33	thirty-three
24	twenty-four	40	**forty**
25	twenty-five	50	**fif**ty
26	twenty-six	60	sixty
27	twenty-seven	70	seventy
28	twenty-eight	80	eighty
29	twenty-nine	90	ninety

| 30 | **thirty** | 100 | one hundred |

fff Bei 40 ändert sich die Schreibweise: Man schreibt **four** (4), **fourteen** (14) aber **forty** (40).

Bei den Zahlen **100**, **1.000** und **1.000.000** kann in der Alltagssprache anstatt der Zahl *one* auch *a* stehen.

Die Zahlen ab 100

Einer- und Zehnerzahlen werden meistens mit einem *and* an die Hunderter gehängt.

Die Zahlen ab eintausend werden pro Tausenderschritt mit einem **Komma** gekennzeichnet: 1,000 und 2,000 usw. Das Komma wird nicht gesprochen.

200	two hundred	*zweihundert*
600	six hundred	*sechshundert*
101	a/one hundred and one	*(ein)hunderteins*
255	two hundred and fifty-five	*zweihundertfünfundfünfzig*
1,000	a/one thousand	*eintausend*
2,000	two thousand	*zweitausend*
1,478	one thousand four hundred and seventy-eight	*(ein)tausendvierhundertachtundsiebzig*
1,000,000	a/one million	*eine Million*
2,000,000	two million	*zwei Millionen*
1,000,000,000	a/one billion	*eine Milliarde*
2,000,000,000	two billion	*zwei Milliarden*
1,000,000,000,000	a/one trillion	*eine Billion*
2,000,000,000,000	two trillion	*zwei Billionen*

We sold **one hundred and sixteen** bottles.
Wir haben hundertsechzehn Flaschen verkauft.

There were nearly **a thousand** children at the school party.
Auf dem Schulfest waren fast tausend Kinder.

 kein Plural-*s* in der Mehrzahl

Bezeichnungen wie ***dozen*** (*Dutzend*), ***hundred*** (*Hundert*) ***thousand*** (*tausend*), ***million*** (*Million*), ***billion*** (*Milliarde*) und ***trillion*** (*Billion*) bekommen in der Mehrzahl kein **Plural-*s***.

4 x 12	→ four dozen	300	→	three hundred
6,000	→ six thousand	200,000,000	→	two hundred million

Wenn mehrere Dutzende, Hunderte, Tausende usw. gemeint sind, aber **keine genaue Zahl** vor ***dozen***, ***hundred***, ***thousand*** usw. steht, werden ein **Plural-*s*** und häufig ein ***of*** angehängt.

hundred**s of** dollars	*Hunderte von Dollar*
dozen**s of** eggs	*Dutzende von Eier*
hundred**s** and hundred**s**	*Hunderte und Aberhunderte*

(!) ....

Eine **Milliarde** ist im Englischen ***a/one billion***!

There are more than six **billion** people on earth.
*Es gibt mehr als sechs **Milliarden** Menschen auf der Erde.*

 ....

Im Englischen werden die Wörter für Zahlen **einzeln geschrieben**, nicht zusammen wie im Deutschen!

Dezimalzahlen

Dezimalzahlen (*decimal numbers*) werden im Englischen mit einem **Punkt** gekennzeichnet und gesprochen. Die Zahlen hinter dem Punkt werden einzeln genannt.

Englisch	Deutsch	Englisch	Deutsch
1.5	*1,5*	one point five	*eins Komma fünf*
0.25	*0,25*	nought point two five	*null Komma zwei fünf*
0.06	*0,06*	nought point oh six	*null Komma null sechs*
1,250.579	*1250,579*	one thousand two hund-red and fifty point five seven nine	*eintausendzweihundert-fünfzig Komma fünf sieben neun*

The interest rate has risen by nought point two five per cent (0.25%).
Die Zinsen sind um null Komma zwei fünf Prozent gestiegen.

Null

Im Englischen hat die Null verschiedene Namen: **nought**, **oh**, **nil**, **love** und **zero**. Diese Bezeichungen werden unterschiedlich eingesetzt.

Nought ist die geläufigste Bezeichung für 0 **vor dem Dezimalkomma**.

0.345 → nought point three four five

Oh wird meistens verwendet für 0 **nach dem Dezimalkomma**, in **Telefonnummern** sowie in **Jahreszahlen**, **Adressen** und **allgemeinen Zahlen**.

0.506 → nought point five oh six	(Dezimalzahl)
810 770 → eight one oh double seven oh	(Telefonnummer)
1809 → eighteen oh nine	(Jahreszahl)
204 North Road → two oh four North Road	(Adresse)

nil wird für **Fussballergebnisse** verwendet.

three nil (3-0)

love wird für 0 Punkte in einem **Tennisspiel** verwendet.

fifteen – love (15-0)

Zero wird im **britischen Englisch** meist im Zusammenhang mit Temperaturen um den Gefrierpunkt verwendet.

Im **amerikanischen Englisch** wird *zero* meistens für 0 in Dezimalzahlen, Adressen, Temperaturen und allgemeinen Zahlen verwendet.

Ordinalzahlen (Ordnungszahlen)

Ordinalzahlen (*ordinal numbers*) drücken eine bestimmte Position in Reihenfolgen und Rangfolgen aus.

Die Ordnungszahlen von 1. bis 20.

Im Englischen bildet man eine Ordnungszahl, indem man an die **Grundzahl** ein **-th** anhängt – Ausnahmen sind *first*, *second* und *third*.

Bei der Schreibung in Ziffern werden die letzten zwei Buchstaben des jeweils geschriebenen Wortes an die Ordnungszahl (hochgestellt) angehängt: 1st oder 1st, 2nd oder 2nd, 3rd oder 3rd, 4th oder 4th usw.

	the		*der/die/das*
1.	first	1st	*erste*
2.	second	2nd	*zweite*
3.	third	3rd	*dritte*
4.	fourth	4th	*vierte*
5.	fifth	5th	*fünfte*
6.	sixth	6th	*sechste*
7.	seventh	7th	*siebte*
8.	eighth	8th	*achte*
9.	ninth	9th	*neunte*
10.	tenth	10th	*zehnte*
11.	eleventh	11th	*elfte*

12.	twelfth	12th	*zwölfte*
13.	thirteenth	13th	*dreizehnte*
14.	fourteenth	14th	*vierzehnte*
15.	fifteenth	15th	*fünfzehnte*
16.	sixteenth	16th	*sechzehnte*
17.	seventeenth	17th	*siebzehnte*
18.	eighteenth	18th	*achtzehnte*
19.	nineteenth	19th	*neunzehnte*
20.	twentieth	20th	*zwanzigste*

This is the **fifth** time I have visited Paris.

Das ist das fünfte Mal, dass ich Paris besuche.

 Bei glatten Zehnerzahlen ab 20 wird das **-y** zu **-ieth**!

Die Ordnungszahlen ab 21.

Bei den zusammengesetzten Ordnungszahlen wird ein Bindestrich verwendet.

	the		der/die/das
21.	twenty-first	21st	*einundzwanzigste*
22.	twenty-second	22nd	*zweiundzwanzigste*
23.	twenty-third	23rd	*dreiundzwanzigste*
24.	twenty-fourth	24th	*vierundzwanzigste*
25.	twenty-fifth	25th	*fünfundzwanzigste*
30.	thirtieth	30th	*dreißigste*
40.	fortieth	40th	*vierzigste*
50.	fiftieth	50th	*fünfzigste*
60.	sixtieth	60th	*sechzigste*
70.	seventieth	70th	*siebzigste*
80.	eightieth	80th	*achtzigste*
90.	ninetieth	90th	*neunzigste*
100.	one hundredth	100th	*hundertste*
1,000.	one thousandth	1,000th	*tausendste*
1,000,000.	one millionth	1,000,000th	*millionste*

> **i** Achtung! Die ersten drei Zahlen werden bei jedem Zehner mit *first*, *second* und *third* gebildet!
>
> 61st – sixty-first   62nd – sixty-second   63rd – sixty-third

Gebrauch der Ordnungszahlen

Die Ordnungszahlen können **wie Adjektive** (→ S. 290) benutzt werden.

It's her **fortieth** birthday today.   *Heute ist ihr vierzigster Geburtstag.*

Ordnungszahlen können auch **alleine** für eine **Person** oder **Sache** stehen.

They all ran very fast. Nelly came **second**.
Sie sind alle schnell gerannt. Nelly ist Zweite geworden.

Ordnungszahlen werden zur Bildung des **Datums** verwendet (→ S. 360).

17th November/the **seventeenth** of November
17. November/der siebzehnte November

Bruchzahlen

Bruchzahlen (*fractional numbers*) bezeichnen Teile eines Ganzen.

1/2	a/one half	*ein/e halbe/r/s*
1/3	a/one third	*ein Drittel*
1/4	a/one quarter, a/one fourth	*ein Viertel*
1/8	an/one eighth	*ein Achtel*
2/3	two thirds	*zwei Drittel*
3/4	three quarters, three fourth	*drei Viertel*
3 1/2	three and a half	*dreieinhalb*
5 1/4	five and a quarter	*fünfeinviertel*

The money was divided among three people, so each received a **third**.
Das Geld wurde unter drei Personen aufgeteilt, sodass jeder ein Drittel erhielt.

half und **halves**

one hal**f**   *eine Hälfte*   two hal**ves**   *zwei Hälften*

Wiederholungszahlen

Will man ausdrücken, **wie oft** etwas vorhanden ist oder vorkommt, verwendet man Wiederholungszahlen.

once	*einmal*	four times	*viermal*
twice	*zweimal*	ten times	*zehnmal*
three times	*dreimal*	a hundred times	*hundertmal*

I've seen this western **four times** already.
Ich habe diesen Western schon viermal gesehen.

Vervielfältigungszahlen

Mit Vervielfältigungszahlen (*multiples*) bezeichnet man, wie oft etwas vorkommt oder vorhanden ist.

single	*einfach*	fourfold	*vierfach*
double	*zweifach*	fivefold	*fünffach*
threefold, triple	*dreifach*	(one) hundredfold	*hundertfach*

James wanted his invoices **threefold**.
James wollte die Rechnungen dreifach haben.

WORTARTEN

Datum und Uhrzeit

Das Datum

Monate und Wochentage

months	Monate	days of the week	Wochentage
January	*Januar*	Monday	*Montag*
February	*Februar*	Tuesday	*Dienstag*
March	*März*	Wednesday	*Mittwoch*
April	*April*	Thursday	*Donnerstag*
May	*Mai*	Friday	*Freitag*
June	*Juni*	Saturday	*Samstag*
July	*Juli*	Sunday	*Sonntag*
August	*August*		
September	*September*		
October	*Oktober*		
November	*November*		
December	*Dezember*		

→ für Präpositionen bei Wochentagen und Monaten siehe S. 332 - 333

Jahreszahlen

Die Jahreszahlen werden ohne Komma geschrieben und meistens in Hundertern gezählt. Dabei werden im Alltagsenglisch häufig die Wörter **hundred** und **and** weggelassen.

1800	eighteen hundred
1930	nineteen hundred and thirty/nineteen thirty
1998	nineteen hundred and ninety-eight/nineteen ninety-eight
2000	two thousand
2005	two thousand and five/twenty oh five
2011	twenty hundred and eleven/twenty eleven

Bildung des Datums

Zur Bildung des Datums wird eine **Ordnungszahl** (→ S. 356), ein **Monat** und eine **Jahreszahl** benötigt. Die Schreibweise unterscheidet sich von der Sprechweise folgendermaßen (die zweite Variante ist in den USA geläufiger).

geschriebenes Datum	gesprochenes Datum
1st April 2006	*the first of April two thousand and six*
auch: April 1st, 2006	*April the first two thousand and six*
3rd July 1998	*the third of July nineteen ninety-eight*
auch: July 3rd, 1998	*July the third nineteen ninety-eight*

Das Datum kann auch nur mit Ziffern geschrieben werden. Gesprochen wird es trotzdem wie oben.

01/04/2010 – the first of April two thousand and ten/... twenty ten

Im **amerikanischen** Englisch wird bei der Schreibung in Ziffern **zuerst der Monat** und dann der Tag geschrieben!

04/01/2010 = the first of April two thousand and ten/... twenty ten

My birthday is 2nd February.
(gesprochen: My birthday is (on) the second of February.)
Mein Geburtstag ist am 2. Februar.

We celebrated our 25th wedding anniversary on June 10th.
(gesprochen: ... our twenty-fifth wedding anniversary on the tenth of June/on June the tenth.)
Wir haben unseren fünfundzwanzigsten Hochzeitstag am 10. Juni gefeiert.

Nützliche **Redewendungen** rund um Jahreszahlen.

in the eleventh century	*im 11. Jahrhundert*
in the early thirteenth century	*im frühen 13. Jahrhundert*
in the year nineteen sixty	*im Jahre 1960*
in the (late) seventies, in the 70s	*in den (späten) Siebzigern*
the eighties, the 80s	*die Achtzigerjahre*
in nineteen eighty-four	*1984*
from nineteen ninety-five until/till/to two thousand and two	*von 1995 bis 2002*
last/next year	*letztes/nächstes Jahr*
twenty-five years ago	*vor 25 Jahren*
five twenty B.C./A.D.	*520 v.Chr./n.Chr.*

B.C. und A.D.

B.C. = before Christ – *vor Christi Geburt*, **A.D.** = Anno Domini – *nach Christi Geburt*. Ausgesprochen wird im Englischen in der Regel aber nur die Kurzform!

Die Uhrzeit

Nach der Uhrzeit fragt man im Englischen:

What time is it?/What's the time?   *Wie spät ist es?*

Die englische Uhr zählt meistens **2 x 12 Stunden**. Bei genauen Zeitangaben fügt man ein **a.m.** oder **p.m.** hinzu:

- Die Stunden von 00:00 bis 11:59 werden mit **a.m.** gekennzeichnet.

- Die Stunden von 12:00 bis 23:59 werden mit **p.m.** gekennzeichnet.

The train arrives at 7.15 p.m.   *Der Zug kommt um 19:15 Uhr an.*
(The train arrives at quarter past seven (in the evening).)

a.m.* und *p.m.

Die Kurzformen kommen aus dem Lateinischen: ***a.m.*** = ante meridiem
(vor dem Mittag), ***p.m.*** = post meridiem (nach dem Mittag).

Die Uhrzeit **von der vollen Stunde bis zur folgenden halben Stunde** wird mit
past ausgedrückt.

It's three o'clock.	*Es ist drei Uhr.*
It's five past three.	*Es ist fünf nach drei.*
It's quarter past three.	*Es ist Viertel nach drei.*
It's twenty-five past three.	*Es ist fünf vor halb vier.*
It's half past three.	*Es ist halb vier.*

 Achtung! Nur bei den **vollen Stunden** sagt man ***o'clock*** dazu.

Die Uhrzeit **von einer halben Stunde bis zur folgenden ganzen Stunde** wird
mit ***to*** ausgedrückt.

It's twenty five to twelve.	*Es ist fünf nach halb zwölf.*
It's quarter to twelve.	*Es ist Viertel vor zwölf.*
It's ten to twelve.	*Es ist zehn vor zwölf.*
It's twelve o'clock.	*Es ist zwölf Uhr.*

Bei den **Minuten zwischen den Fünferschritten** muss man zusätzlich ***minutes*** sagen.

It's eleven minutes past one.	*Es ist elf Minuten nach eins.*
It's two minutes to two.	*Es ist zwei Minuten vor zwei.*

WORTARTEN

Digital angezeigte Uhrzeiten können allerdings auch so gelesen werden, wie sie erscheinen.

1:15	It's one fifteen.
2:30	It's two thirty.
6:41	It's six forty-one.
13:27	It's thirteen twenty-seven.
22:59	It's twenty-two fifty-nine.

Vorsicht: Manche **digitalen Uhrzeiten** können, wenn sie ausgesprochen werden, **missverstanden** werden. Twenty two [tu:] ten kann entweder als *22:10* oder als *zwanzig vor zehn* verstanden werden.

Nützliche **Redewendungen** rund um die Uhrzeit.

at 8 o'clock	*um 8 Uhr*
at **about** 6 (o'clock)	*ungefähr um 6 Uhr*
It's **nearly** half past one.	*Es ist fast halb zwei.*
It's **just** seven fifteen.	*Es ist gerade eben Viertel nach sieben.*
It's **exactly** ten o'clock.	*Es ist genau 10 Uhr.*
half an hour	*eine halbe Stunde*
three quarters of an hour	*eine Dreiviertelstunde*
kilometres **per** hour	*Kilometer pro Stunde*

Mengenangaben

Bei Mengen- und Maßangaben ist es wichtig zu unterscheiden, ob diese in Verbindung mit zählbaren oder unzählbaren Substantiven stehen (→ S. 39).

Fragen

Nach der Menge der **zählbaren Substantive** fragt man:

How many ...?	*Wie viele ...?*

Nach der Menge der **unzählbaren Substantive** fragt man:

How much ...?	*Wie viel ...?*
How many apples are there?	*Wie viele Äpfel sind es?*
How much milk have we got?	*Wie viel Milch haben wir noch?*

→ siehe auch Indefinitpronomen *much* und *many* S. 100

Nicht zählbare Substantive können jedoch durch eine **zusätzliche Mengen- oder Maßangabe** zählbar gemacht werden, beispielsweise durch die Ergänzung entsprechender Gefäße, die man einzeln zählen kann. Dabei wird die Frage mit ***How many ...?*** formuliert. Vergleichen Sie:

How much wine should I buy?	*Wie viel Wein soll ich kaufen?*
How many bottles of wine should I buy?	*Wie viele Flaschen Wein soll ich kaufen?*

→ siehe dazu auch ‚Unzählbare Substantive' S. 39

  money

Money (*Geld*) ist im üblichen Sinn **nicht zählbar**. Gleichzeitig aber werden Antworten auf Fragen nach Geldmengen oft in zählbaren Währungseinheiten angegeben.

How much money do you have on you?
Wie viel Geld hast du dabei?
I have five **dollars** and twenty-five **cents**.
Ich habe fünf Dollar und fünfundzwanzig Cent.

Mengenangaben mit Indefinitpronomen

Zählbare Substantive im Plural verwendet man zusammen mit folgenden Indefinitpronomen (→ S. 90):

a few   *ein paar, einige*   → siehe dazu S. 99

few	*nur wenige*	→ siehe dazu S. 99
many	*viele*	→ siehe dazu S. 100
quite a few	*relativ viele, nicht wenige*	→ siehe dazu S. 100

A few coins fell on the floor.
Einige Münzen fielen auf den Boden.
Few people like to swim in cold water.
Nur wenige Leute schwimmen gern in kaltem Wasser.

Many people disagree.
Viele Leute sind anderer Meinung.
Quite a few people have read Shakespeare.
Ziemlich viele Leute haben Shakespeare gelesen.

Nicht zählbare Substantive werden dagegen in Verbindung mit folgenden Indefinitpronomen (→ S. 90) gebraucht:

a little	*ein bisschen*	→ siehe dazu S. 100
little	*nur wenig*	→ siehe dazu S. 100
much	*viel*	→ siehe dazu S. 100

Would you like a little milk with your coffee?
Möchten Sie ein bisschen Milch in Ihren Kaffee?
Olga ate little soup but a lot of cake.
Olga hat wenig Suppe, aber viel Kuchen gegessen.
Don't make so much noise!
Mach nicht so viel Lärm!

much und *many* nicht in bejahten Aussagesätzen

In bejahten Aussagesätzen ist es sehr ungewöhnlich, *much* oder *many* zu verwenden. Hier wird meistens *a lot of* benutzt.

I still have a lot of cheese and a lot of grapes.
Ich habe immer noch viel Käse und viele Weintrauben.
nicht: ~~I still have much cheese and many grapes.~~

a lot of

Die Konstruktion **a lot (of)** (*viel(e)*) hat dieselbe Bedeutung wie **much** oder **many** und kann sowohl mit zählbaren als auch mit nicht zählbaren Substantiven in bejahten Aussagesätzen verwendet werden (→ siehe dazu auch S. 101).

We ate a lot of lasagna. (nicht zählbar)
Wir haben viel Lasagne gegessen.
We talked to a lot of people that we knew. (zählbar)
Wir haben mit vielen Leuten gesprochen, die wir kannten.

Man kann diese Konstruktion jedoch nicht mit **how**, **too**, **as** und **so** kombinieren.

We ate too much lasagna.
Wir haben zu viel Lasagne gegessen.
I haven't read as many books this year.
Ich habe dieses Jahr nicht so viele Bücher gelesen.
I didn't know you still had so much time left.
Ich wusste nicht, dass du noch so viel Zeit hattest.

some und any

Das unbestimmte Pronomen **some** (*manche, einige, welche*) bezieht sich meistens auf eine **unbestimmte Menge** und wird in bejahten Aussagesätzen benutzt, wenn die genaue Zahl oder Menge unwichtig ist.

Linda asked Roger to buy some milk.
Linda hat Roger gebeten, etwas Milch zu kaufen.

In **verneinten Sätzen** benutzt man anstelle von **some** das unbestimmte Pronomen **any**. Übersetzt wird *any* mit *keiner/keine/keines*.

She didn't have any time to visit the Eiffel Tower when she was in Paris.
Sie hatte keine Zeit, den Eiffelturm zu besichtigen, als sie in Paris war.

→ für *some* und *any* siehe auch S. 98

DER SATZ

ÜBERSICHT

Satzglieder →S.371

Jedes Wort bzw. jede Wortgruppe hat innerhalb eines Satzes eine **bestimmte Aufgabe**. Man spricht dann nicht mehr von Wörtern, sondern von Satzgliedern.

Das **Prädikat** gibt an, was das Subjekt tut oder was passiert.

I **love** music. *Ich liebe Musik.*

Das **Subjekt** (wer? oder was?) tut etwas, oder es passiert etwas mit ihm.

The child goes to school. *Das Kind geht zur Schule.*

Das **Objekt** (wen? oder was?) gibt an, auf wen oder was sich die Handlung des Satzes bezieht.

She met **Robert**. *Sie traf Robert.*
He bought **her** flowers. *Er kaufte ihr Blumen.*

Die **adverbiale Bestimmung** gibt die Umstände einer Handlung an.

They worked **very quickly**. *Sie arbeiteten sehr schnell.*

Wortstellung im Satz →S.380

Die Wortstellung im Satz ist die **Reihenfolge** der verschiedenen Satzglieder in einem Satz, die nach bestimmten Regeln festgelegt ist.

Hauptsatzarten →S.383

Ihrer **inhaltlichen Funktion** entsprechend lassen sich verschiedene Hauptsatzarten unterscheiden.

Aussagesatz:	I can swim.	*Ich kann schwimmen.*
Fragesatz:	Are you cold?	*Ist dir kalt?*
Aufforderungssatz:	Listen carefully.	*Hör gut zu!*

| **Wunschsatz** | If only I were younger. | *Wenn ich nur jünger wäre.* |
| **Ausrufesatz:** | How wonderful! | *Wie wunderbar!* |

Einfache und komplexe Sätze → S. 399

Der einfache Satz besteht nur aus einem **Hauptsatz**.
The dog ate the bone.

Die Verbindung aus zwei oder mehreren Hauptsätzen heißt **Satzreihe**.
Tom went to the supermarket **and** he bought a bottle of wine.

Die Verbindung aus Hauptsatz und Nebensatz nennt man **Satzgefüge**.
I'll call you **if** I get home in time.

Nebensätze → S. 401

Nebensätze sind **untergeordnete Sätze**: Sie hängen von einem anderen Satz ab und bilden zusammen mit ihm ein Satzgefüge.

Nebensätze können von **Konjunktionen** (as, because, when ...) oder **Pronomen** (whom, that, which ...) eingeleitet werden. Sie können aber auch **ohne ein Einleitewort** mit einem Hauptsatz verbunden werden.

Adverbialsätze bestimmen die Umstände eines Geschehens im Hauptsatz näher.
They had dinner **before he arrived**.

Relativsätze erläutern ein Satzglied im Hauptsatz näher.
This is the book **that I was talking about**.

***That*-Sätze** könnnen Satzglieder im Hauptsatz ersetzen.
They had forgotten **that he couldn't speak English**.

Indirekte Fragesätze enthalten eine Frage aus der direkten Rede.
He asked me **whether I was married**.

Was ist ein Satz?

Sätze sind selbstständige sprachliche Einheiten, die zu Texten zusammengesetzt werden können.

Ein Satz besteht allerdings nicht aus einer beliebigen Aneinanderreihung von einzelnen Wörtern, die im Zusammenhang keinen Sinn ergeben:

nicht: ~~A bought daughter for she dress youngest lovely red her has.~~
Ein gekauft Tochter für sie Kleid jüngste hübsches rotes ihre hat.

sondern: She has bought a lovely red dress for her youngest daughter.
Sie hat ein hübsches rotes Kleid für ihre Tochter gekauft.

Um einen richtigen Satz zu bilden, müssen demnach bestimmte Regeln befolgt werden.

Den Bestandteilen eines Satzes sind bestimmte Aufgaben zugewiesen (→ S. 371), dabei ist auch ihre Reihenfolge im Satz (→ S. 380) festgelegt.

Was ist eine Wortgruppe?

Eine Wortgruppe (*phrase*) kann **aus einem einzigen Wort oder mehreren Wörtern** bestehen, die zusammen eine Funktion im Satz erfüllen (→ siehe Satzglieder S. 371). Die Wörter einer Wortgruppe bleiben innerhalb des Satzes meistens zusammen.

Wortgruppe   Wortgruppe   Wortgruppe   Wortgruppe

She   has bought   a lovely red dress   for her youngest daughter.
Sie hat ein hübsches rotes Kleid für ihre Tochter gekauft.

Es gibt verschiedene Arten von Wortgruppen, je nachdem, welche Wortart den **Kern einer Wortgruppe** bildet.

- **Nominalgruppe** – ein Substantiv oder ein Pronomen bilden den Kern der Gruppe.

He is **a kind person**.   *Er ist eine nette Person.*

- **Verbgrupppe** – ein Verb bildet den Kern der Gruppe.

I **can't believe** it.   *Ich kann es nicht glauben.*

- **Adjektivgruppe** – ein Adjektiv bildet den Kern der Gruppe.

The boy was **badly hurt**.   *Der Junge wurde schwer verletzt.*

- **Adverbgruppe** – ein Adverb bildet den Kern der Gruppe.

He reads **extremely slowly**.   *Er liest extrem langsam.*

- **Präpositionalgruppe** – eine Präposition bildet den Kern der Gruppe.

They drove **under the bridge**.   *Sie fuhren unter die Brücke.*

Satzglieder

Jedes Wort innerhalb des Satzes hat eine bestimmte Aufgabe. Manchmal gehören in einem Satz mehrere Wörter zusammen (Wortgruppe) und erfüllen gemeinsam eine Aufgabe. Diese Wörter bzw. Wortgruppen nennt man Satzglieder (*clauses*).

Man unterscheidet folgende Satzglieder: Prädikat, Subjekt, Objekt, Ergänzung und adverbiale Bestimmung.

Das Prädikat

Mit dem Prädikat (*predicate*) wird eine Aussage über das Subjekt, also den Satzgegenstand (→ S. 372), gemacht. Es sagt aus, **was das Subjekt tut** oder **was geschieht**.

Das Prädikat besteht aus mindestens einem Vollverb, das von Hilfsverben

(→ S. 112), Modalverben (→ S. 123) oder Partizipien (→ S. 154) begleitet werden kann. Es steht in einfachen Aussagesätzen meistens an zweiter Stelle, direkt nach dem Subjekt.

I **love** music.
Ich liebe Musik.
He **has been listening** to music for over two hours.
Er hört bereits seit über zwei Stunden Musik.

Das Prädikat ist das zentrale Satzglied und enthält immer eine **konjugierte Verbform**. Diese konjugierte Verbform (Personalform des Verbs) stimmt in Person und Numerus (→ S. 166) mit dem Subjekt überein.

Das Subjekt

Das Subjekt (*subject*) ist das Satzglied, das etwas tut bzw. mit dem etwas getan wird. Nach dem Subjekt fragt man mit *wer?* oder *was?*. Das Prädikat passt sich im Numerus (Singular oder Plural) und in der Person immer dem Subjekt an.

The child goes to school.   *Das Kind geht zur Schule.*
(Wer geht zur Schule? – das Kind = Subjekt)
nicht: ~~The child go to school.~~

The people are singing in the street.   *Die Menschen singen auf der Straße.*
(Wer singt auf der Straße? – die Menschen = Subjekt)

Das Subjekt wird meist durch ein Substantiv, ein Pronomen oder eine Nominalgruppe (→ S. 371) repräsentiert. Auch **mehrere Substantive** zusammen können das Subjekt bilden. Das Subjekt steht meistens am Satzanfang.

Emily, Jan and Poppy are flying to Germany.
Emily, Jan und Poppy fliegen nach Deutschland.

Platzhaltersubjekt *there*

Wenn man sagen möchte, dass etwas existiert, ist es im Englischen geläufig, *there is* (*es gibt* + Singular) bzw. *there are* (*es gibt* + Plural) als Platzhaltersubjekt zu verwenden. Diese Konstruktionen stehen am Satzanfang statt des eigentlichen Subjekts.

There are two shops in our village. *Es gibt zwei Läden in unserem Dorf.*
nicht: ~~It gives two shops in our village.~~

Nebensatz als Subjekt

Das Subjekt kann durch einen **Nebensatz** (→ S. 401) repräsentiert werden.

That he needed help surprised me.
Dass er Hilfe brauchte, hat mich überrascht.

Der Nebensatz kann auch am Satzende stehen – in diesem Fall wird die Subjektposition am Satzanfang vor dem Verb mit *it* als Platzhalter belegt.

It surpised me **that he needed help**.
Es hat mich überrascht, dass er Hilfe brauchte.

Infinitivsatz als Subjekt

Das Subjekt kann mit einem **Infinitivsatz** (→ S. 417) gebildet werden.

To see a baby smile for the first time makes you really happy.
Zu sehen, wie ein Baby das erste Mal lächelt, macht einen richtig glücklich.

Da Infinitivsätze meistens am Ende des Satzes stehen und das Subjekt vor dem Verb stehen sollte, verwendet man für Infinitivsätze als Subjekt ein *it* als Platzhaltersubjekt, das am Satzanfang vor dem Verb steht.

It makes you really happy **to see a baby smile for the first time**.
Es macht einen wirklich glücklich, ein Baby das erste Mal lächeln zu sehen.

Gerund als Subjekt

Auch eine *ing*-**Form** (*gerund,* → S. 158) kann Subjekt des Satzes sein.

Reading is her hobby. *Lesen ist ihr Hobby.*

Sätze ohne Subjekt

In der Regel kann auf das Subjekt nicht verzichtet werden.

He is flying to England.   *Er fliegt nach England.*
nicht: ~~Is flying to England.~~

Bei Aufforderungen (→ siehe Imperativ S. 171) fehlt das Subjekt allerdings.

Listen carefully.   *Hör/Hört/Hören Sie gut zu!*

Das Objekt

Viele Sätze geben nicht nur an, wer handelt oder was geschieht, sondern geben auch an, auf wen oder was sich eine Handlung bezieht. Diese zusätzlichen Angaben nennt man Objekt (*object*). Objekte antworten auf die Frage **wen?** oder **was?**.

Das Objekt wird durch ein Substantiv, ein Pronomen oder eine Nominalgruppe (→ S. 371) repräsentiert. Es steht meistens nach dem Prädikat (→ S. 371).

She met **him/Robert**.   *Sie traf ihn/Robert.*
(Wen traf sie? – *ihn/Robert* = Objekt)

She bought **an interesting book**.   *Sie kaufte ein interessantes Buch.*
(Was kaufte sie? – *ein interessantes Buch* = Objekt)

In aller Regel bestimmt das Verb die Art und die Anzahl der Objekte, die in einem Satz erforderlich sind. Es gibt **obligatorische** (zwingend erforderliche) **Objekte**, ohne die ein Satz nicht vollständig und damit grammatisch falsch wäre, und **fakultative** (nicht erforderliche) **Objekte**, die weggelassen werden können, wobei der Satz dennoch grammatisch richtig bleibt.

I like **you**.   *Ich mag dich.*
nicht: ~~I like.~~ (Das Objekt *you* ist obligatorisch.)

She is singing a song.   oder   She is singing.
Sie singt ein Lied.   *Sie singt.*
(Das Objekt *a song* ist fakultativ.)

Nebensatz als Objekt

Das Objekt kann nicht nur mit einem Wort bzw. einer Wortgruppe sondern auch mit einem Nebensatz (→ S. 401) gebildet werden.

The mayor acknowledged **that they had been successful**.
Der Bürgermeister hat anerkannt, dass sie erfolgreich waren.

Infinitivsatz als Objekt

Das Objekt kann auch mit einem **Infinitivsatz** (→ S. 417) gebildet werden.

I don't know **how to do that**.   *Ich weiß nicht, wie man das macht.*

Gerund als Objekt

Das Objekt kann auch eine ***ing*-Form** (*gerund,* → S. 155) sein.

I like **reading**.   *Ich mag Lesen.*

Direktes und indirektes Objekt

Je nachdem, was ein Objekt im Satz repräsentiert, spricht man im Englischen von einem direkten bzw. einem indirekten Objekt.

Direkte Objekte beziehen sich auf Personen oder Dinge, die von der Handlung (dem Verb) direkt betroffen sind.

He likes **ice-cream**.   *Er mag Eiscreme.*
He saw **her**.   *Er sah sie.*

Das direkte Objekt wird im **Passiv** (→ S. 173) zum Subjekt des Satzes (→ S. 372).

He saw **her**. → **She** was seen.   *Er sah sie.* → *Sie wurde gesehen.*

Indirekte Objekte beziehen sich meist auf den Empfänger eines direkten Objekts. Somit wird im Englischen ein indirektes Objekt immer von einem direkten Objekt begleitet.

He bought **her** a bouquet of flowers.   *Er kaufte ihr einen Blumenstrauß.*
Eric will give **Mary** my business card.   *Eric wird Mary meine Visitenkarte geben.*

Das direkte Objekt entspricht dem deutschen **Akkusativobjekt** (*wen? was?*), das indirekte Objekt dem **Dativobjekt** (*wem?*). Im Unterschied zum Deutschen kann aber im Englischen ein indirektes Objekt nicht alleine im Satz stehen, sondern wird immer von einem direkten Objekt begleitet.

Reihenfolge der Objekte

Das indirekte Objekt kann im Satz vor dem direkten Objekt stehen.

James sent **Georgina** a birthday present.
James hat Georgina ein Geburtstagsgeschenk geschickt.

Nach bestimmten Verben (wie z. B. buy, give, send) kann das indirekte Objekt als eine **Präpositionalgruppe mit *to*** nach dem direkten Objekt stehen.

James sent a birthday present **to Georgina**.
James hat Georgina ein Geburtstagsgeschenk geschickt.

→ siehe dazu auch S. 72

Wenn **das direkte Objekt ein Pronomen** (it, they usw.) ist, kann nur die Struktur direktes Objekt + indirektes Objekt mit *to* verwendet werden.

James sent it **to Georgina**.   *James hat es Georgina geschickt.*
nicht: ~~James gave Georgina it.~~

Sind **beide Objekte Pronomen**, steht meistens das indirekte Objekt mit *to* nach dem direkten Objekt.

James sent it **to her**.   *James hat es ihr geschickt.*

Ergänzungen

Mit Ergänzungen (*complements*) werden Aussagen über Subjekt (→ S. 372)
oder Objekt (→ S. 374) gemacht. Die meisten Ergänzungen sind Nominal-
und Adjektivgruppen (→ S. 371).

Subjektergänzung

Eine Subjektergänzung (*subject complement*) liefert **zusätzliche Informationen zum Subjekt** und steht meistens nach dem Verb *be* (*sein*) sowie nach
Verben, die eine Veränderung oder eine (Sinnes)Wahrnehmung ausdrücken.

be	*sein*	remain	*bleiben*
become	*werden*	seem	*(er)scheinen*
feel	*sich fühlen*	smell	*riechen*
get	*werden*	sound	*klingen*
grow	*werden, wachsen*	taste	*schmecken*
look	*aussehen*		

Madeleine is **my best friend**.   *Madeleine ist meine beste Freundin.*

She suddenly felt **sad**.   *Plötzlich fühlte sie sich traurig.*

Objektergänzung

Eine Objektergänzung (*object complement*) liefert **zusätzliche Informationen
über das Objekt** (→ S. 374) und steht meistens nach folgenden Verben:

appoint	*ernennen*	find	*finden*
call	*nennen*	keep	*halten*
consider	*betrachten als*	leave	*lassen*
declare	*erklären zu*	make	*machen*
elect	*wählen zu*	name	*nennen*

She keeps her apartment **clean and tidy**.
Sie hält ihre Wohnung sauber und aufgeräumt.

The terrible weather made <u>everyone</u> **depressed**.
Das schreckliche Wetter machte jeden deprimiert.

Präpositionalobjekt

Viele Verben werden im Englischen von bestimmten **Präpositionen** gefolgt, **die eine Nominalgruppe** (→ S. 371) **mit dem Verb verbinden**, z. B. ask for (*bitten um*), laugh at (*lachen über*) usw. (→ siehe Präpositionalverben S. 140). Die Präposition zusammen mit der Wortgruppe bilden im Satz das Präpositionalobjekt (*prepositional complement*).

Tom <u>told</u> Janet **about the film**. *Tom erzählte Janet von dem Film.*

Katherine <u>asked</u> Bob **for a cigarette**. *Katherine bat Bob um eine Zigarette.*

Adverbiale Bestimmungen

Die adverbiale Bestimmung (*adjunct, adverbial*) ist ein Satzglied, mit dem die **Umstände** eines Sachverhalts oder Geschehens näher angegeben werden.

Adverbiale Bestimmungen sind **nicht notwendig** zur Bildung eines vollständigen Satzes. Das heißt: Auch wenn man sie streicht, bleibt der Satz verständlich und grammatisch korrekt.

Adverbiale Bestimmungen können mit verschiedenen Wörtern und Wortgruppen gebildet werden:

suddenly	*plötzlich*	(Adverb)
very carefully	*sehr vorsichtig*	(Adverbgruppe)
after dinner	*nach dem Mittagessen*	(Präpositionalgruppe)
last September	*letzten September*	(Nominalgruppe)

→ für Adverbien siehe S. 313, für Wortgruppen siehe S. 370

Mit adverbialen Bestimmungen lassen sich unterschiedliche **Angaben über die Umstände** eines Geschehens machen und zwar unter anderem in Bezug auf:

- **Zeit** (wann? wie lange? seit wann? bis wann?)

She works **every Monday**.   *Sie arbeitet jeden Montag.*

- **Ort** (wo? wohin? woher? wie weit?)

There is a flat for sale **in our building**.
Es ist eine Wohnung in unserem Gebäude zu verkaufen.

- **Art und Weise** (wie? auf welche Weise?)

They worked **very quickly**.   *Sie arbeiteten sehr schnell.*

- **Ursache oder Grund** (warum? weshalb?)

They left **because of the noise**.   *Sie sind wegen des Lärms gegangen.*

- **Häufigkeit** (wie oft?)

He's **never** been to London.   *Er ist noch nie in London gewesen.*

→ für Stellung der adverbialen Bestimmungen im Satz siehe S. 381

 Präpositionalobjekt oder adverbiale Bestimmung?

Sowohl adverbiale Bestimmungen als auch Objekte (→ S. 374) können
mit einer Präposition eingeleitet werden.

Der Unterschied liegt darin, dass **Präpositionalobjekte vom Verb
abhängen**, während **adverbiale Bestimmungen** vor allem **zusätzliche
Informationen liefern** und auch weggelassen werden können.

He asked **for the bill**.   (Präpositionalobjekt)
Er bat um die Rechnung.
He's been watching television **for two hours**.   (adv. Bestimmung der Zeit)
Er hat zwei Stunden lang ferngesehen.

Partizipien als adverbiale Bestimmungen

Adverbiale Bestimmungen können auch mit Hilfe von **present participle** (→ S. 155) und **past participle** (→ S. 154) gebildet werden.

Swearing at him she left the room.
Auf ihn schimpfend verließ sie das Zimmer.
Disappointed in the result he swore never to watch football again.
Enttäuscht über das Ergebnis schwor er, nie wieder Fußball zu schauen.

Wortstellung im Satz

Die Wortstellung im Satz ist die **Reihenfolge** der verschiedenen Satzglieder in einem Satz, die nach bestimmten Regeln festgelegt ist. Die Wortstellung ist in Haupt- und Nebensätzen gleich.

Normale Wortstellung

Von einem vollständigen Satz spricht man bereits, wenn er ein Subjekt (→ S. 372) und ein Prädikat (→ S. 371) enthält. Das **Subjekt** steht in englischen Sätzen meist am Satzanfang vor dem **Prädikat**.

I know.	*Ich weiß.*
Claire is painting.	*Claire malt (gerade).*

Enthält ein Satz zusätzlich ein **Objekt** (→ S. 374), dann ist die Reihenfolge Subjekt + Prädikat + Objekt.

Claire is painting **a picture**.	*Claire malt (gerade) ein Bild.*

Bei Sätzen mit zwei Objekten steht **das indirekte Objekt** vor dem direkten Objekt (ohne Präposition) oder nach dem direkten Objekt (mit Präposition).

Claire is painting **Tim** a picture.	*Claire malt Tim ein Bild.*
Claire is painting a picture **for Tim**.	*Claire malt ein Bild für Tim.*

→ zur Wortstellung bei *phrasal verbs* siehe S. 145

Fügt man eine **adverbiale Bestimmung** hinzu, steht diese meistens am Satzende.

Claire is painting a picture for Tim **at the moment**.
Claire malt zurzeit ein Bild für Tim.

Stehen im Satz mehrere adverbiale Bestimmungen gilt die Regel **Ort vor Zeit**.

Fiona drove Jan **to the station** (Ort) **in the morning** (Zeit).
Fiona fuhr Jan am Morgen zum Bahnhof.

🌍 Vorsicht: Im Deutschen ist die Reihenfolge der adverbialen Bestimmungen umgekehrt – Zeit vor Ort.

She picked him up **from the station in the evening**.
*Sie holte ihn **am Abend vom Bahnhof** ab.*

Zur Betonung können **Orts- oder Zeitangaben** auch **vorne** stehen.

In the evening she picked him up from the station.
Am Abend holte sie ihn vom Bahnhof ab.
In London she went to several museums.
In London ging sie in mehrere Museen.

→ siehe auch Adverbien S. 313 und Adverbgruppe S. 371

Adverbiale Bestimmungen der Häufigkeit stehen zwischen Subjekt (→ S. 372) und Prädikat (→ S. 371).

Roderick **nearly always** goes to the pub in the evenings.
Roderick geht abends fast immer in die Kneipe.

Wenn das **Prädikat aus mehreren Wörtern** besteht, steht die adverbiale Bestimmung nach dem Hilfsverb.

Annette has **never** been to South Africa.
Annette ist noch nie in Südafrika gewesen.

Stellung der adverbialen Bestimmungen

Manche adverbiale Bestimmungen können im Satz an verschiedenen Stellen stehen: **am Anfang**, **beim Verb** oder **am Ende**.

Suddenly the driver stopped the train.
The driver **suddenly** stopped the train.
The driver stopped the train **suddenly**.
Plötzlich hielt der Fahrer den Zug an.

→ siehe auch *fronting* unten

Allerdings steht eine Adverbgruppe (→ S. 371) **nicht zwischen Verb und Objekt** (→ S. 374).
nicht: ~~The driver stopped suddenly the train.~~

Abweichungen von der normalen Wortstellung

In bestimmten Fällen kann es auch zu einer Abweichung von der normalen Wortstellung kommen. Die wichtigsten Abweichungen sind Inversion und *fronting*.

Wird die normale Reihenfolge der Satzglieder umgedreht, spricht man von Inversion. Der häufigste Fall von **Inversion** sind **Fragen**: Hier wird das Verb vor das Subjekt (→ S. 372) gestellt.

You **are** having fun.   *Du hast gerade Spaß.*
Are you having fun?   *Hast du gerade Spaß?*

Die Änderung der normalen Wortstellung kann auch dazu dienen, bestimmte Elemente im Satz **besonders hervorzuheben**. In diesem Fall werden die zu betonenden Elemente (meistens eine adverbiale Bestimmung (→ S. 378) oder ein Objekt (→ S. 374)) an den Satzanfang gestellt. Dies nennt man *fronting*.

What a week. **This morning** I fell of my bike and **yesterday** I crashed the car.

Was für eine Woche. Heute früh bin ich vom Fahrrad gefallen, und gestern habe ich das Auto zu Schrott gefahren.

I hardly ever speak to my brother. **My sister**, I speak to more often.
Ich spreche kaum mit meinem Bruder. Mit meiner Schwester spreche ich öfters.

Wenn adverbiale Bestimmungen mit negativer Bedeutung, wie z. B. *never* (*nie*), *rarely* (*selten*) oder *seldom* (*selten*), an den Anfang des Satzes gestellt werden, kommt es zusätzlich zu einer Inversion von Subjekt (→ S. 372) und Prädikat (→ S. 371).

Never before <u>had I</u> felt so humiliated.
Nie zuvor habe ich mich so gedemütigt gefühlt.

Hauptsatzarten

Sätze erfüllen verschiedene **inhaltliche Funktionen**. Mit ihnen können Aussagen gemacht, Fragen gestellt, Aufforderungen und Ausrufe formuliert oder auch Wünsche geäußert werden. Einige dieser Funktionen sind an eine feste Satzform, also an einen bestimmten Aufbau des Satzes gebunden.

Ihrer inhaltlichen Funktion entsprechend lassen sich folgende Satzarten unterscheiden: **Aussagesatz**, **Fragesatz**, **Aufforderungssatz**, **Wunschsatz**, **Ausrufesatz**.

Diese Satzarten sind **Hauptsätze** (*main clauses*), da sie sinnvoll allein stehen können und von keinem anderen Satz abhängen.

Aussagesatz

Der Aussagesatz (*declarative clause*) ist die am häufigsten gebrauchte Satzart. Er fängt mit einem Großbuchstaben am Satzanfang an und endet mit einem Punkt. Mit Aussagesätzen drückt man **Feststellungen**, **Mitteilungen** oder **Sachverhalte** aus. Sie können positiv oder negativ sein.

I go to work by train.   *Ich fahre mit dem Zug zur Arbeit.*

He doesn't live in Germany.   *Er lebt nicht in Deutschland.*

In einem Aussagesatz steht das Subjekt (→ S. 372) normalerweise am Satz-
anfang vor dem Prädikat (→ S. 371).

Fragesatz

Wenn man sich über Sachverhalte informieren möchte, benutzt man den
Fragesatz (*interrogative clause*). Er fängt mit einem Großbuchstaben an und
endet mit einem Fragezeichen. Im Englischen unterscheidet man haupt-
sächlich zwischen Ergänzungsfragen und Entscheidungsfragen.

Entscheidungsfragen

Entscheidungsfragen (*closed questions*) sind Fragen, auf die typischerweise
eine Ja- oder Nein-Antwort folgt, oder bei denen sich die gefragte Person
zwischen mehreren Möglichkeiten entscheiden muss. Sie werden häufig
auch *Ja/Nein*-Fragen (*yes/no questions*) genannt.

Do you live in New York?   *Lebst du in New York?*
(Die Antwort ist entweder *Ja* oder *Nein*.)
Do you live in York or London?   *Lebst du in York oder in London?*
(Die Antwort ist entweder *York* oder *London*.)

Entscheidungsfragen fangen normalerweise mit einem Hilfsverb (→ S. 112)
oder einem Modalverb (→ S. 123) an, das vor das Subjekt (→ S. 372) gestellt
wird. Somit ist die Reihenfolge in einer Entscheidungsfrage:

Hilfsverb/Modalverb + Subjekt + Vollverb + weitere Satzglieder

Aussagesatz	Fragesatz
You are cold.	→ **Are** you cold?
Dir ist kalt.	*Ist dir kalt?*
He is working in London.	→ **Is** he working in London?
Er arbeitet (gerade) in London.	*Arbeitet er (gerade) in London?*

I will be seeing him on Monday.	→	**Will** you be seeing him on Monday?
Ich werde ihn am Montag sehen.		*Wirst du ihn am Montag sehen?*
I can swim.	→	**Can** you swim?
Ich kann schwimmen.		*Kannst du schwimmen?*

→ siehe auch ‚be als Vollverb' S. 115

Ist in dem Aussagesatz kein Hilfsverb bzw. Modalverb vorhanden, verwendet man für eine Frage das **Hilfsverb *do*** (*do/does* bzw. *did* in der Vergangenheit) als Ersatzhilfsverb.

I like fast cars.	→	**Do** you like fast cars?
Ich mag schnelle Autos.		*Magst du schnelle Autos?*
His father works in Paris.	→	**Does** his father work in Paris?
Sein Vater arbeitet in Paris.		*Arbeitet sein Vater in Paris?*
Tom went to Dublin yesterday.	→	**Did** Tom go to Dublin yesterday?
Tom ging gestern nach Dublin.		*Ging Tom gestern nach Dublin?*

→ zur Bildung von Fragen in verschiedenen Zeiten siehe ‚Die Zeiten' S. 194

Verneinte Entscheidungsfragen

Bei **verneinten Fragen** steht ***not*** hinter dem Hilfsverb (→ S. 112) bzw. dem Modalverb (→ S. 123). In diesen Fragen wird meistens die Kurzform vor das Subjekt (→ S. 372) gestellt. Benutzt man die Langform, ändert sich die Satzstellung (Hilfsverb oder Modalverb + Subjekt + *not*).

She is running.	→	Isn't she running?
	→	Is she not running?
Sie läuft.		*Läuft sie nicht?*
It'll rain tomorrow.	→	Won't it rain tomorrow?
	→	Will it not rain tomorrow?
Morgen wird es regnen.		*Wird es morgen nicht regnen?*

→ siehe auch ‚Negation' S. 420

Informelle Fragen

In sehr informellen Fragen werden häufig Hilfsverben einfach wegelassen oder zusätzlich gekürzt.

Need more money, John?	*Brauchste noch Geld, John?*
D'you know the hotel I mean?	*Kennst du das Hotel, das ich meine?*

Kurzantworten auf *Ja/Nein*-Fragen

Kurzantworten sind Antworten, die mit **Yes** oder mit **No** beginnen. Das reicht zwar als eine Antwort, gilt im Englischen jedoch als unhöflich. Es ist höflicher, das Subjekt (→ S. 372) (in Form des entsprechenden Personalpronomens) und das Hilfsverb aus der Frage zu wiederholen.

Is Alex at home?	Yes, **he is.**	No, **he isn't.**
Can I see him?	Yes, **you can.**	No, **you can't.**
Are we meeting at six?	Yes, **we are.**	No, **we aren't.**
Did Fiona help you?	Yes, **she did.**	No, **she didn't.**
Have you finished?	Yes, **I have.**	No, **I haven't.**
Has Madeleine arrived?	Yes, **she has.**	No, **she hasn't.**

→ für Kurzantworten in verschiedenen Zeiten siehe ‚Die Zeiten' S. 194

 Antworten in Kurz- und Langform

Während in bejahten Kurzantworten immer die **Langform** verwendet wird, benutzt man in der verneinten Kurzantwort meist die Kurzform und nur zur Betonung (oder im formellen schriftlichen Gebrauch) die Langform.

Yes, he **is.**	**No**, he **isn't.**
nicht: ~~Yes, he's.~~	**No**, he **is not.** (nur zur Betonung)

(!) Bitte beachten Sie: Im Englischen ist es wesentlich **höflicher**, eine **Kurzantwort** zu geben statt eines einzelnen *Yes* oder *No*.

Ergänzungsfragen

Ergänzungsfragen (*open questions*) werden verwendet, wenn man über einen Sachverhalt **zusätzliche und genauere Informationen** erhalten möchte. Diese Fragen werden mit Fragewörtern eingeleitet, auf die das Verb folgt. Sie werden auch *wh*-Fragen genannt.

What?	*Was?*	**Who?**	*Wer?*
When?	*Wann?*	**Whose?**	*Wessen?*
Where?	*Wo?*	**Why?**	*Warum?*
Which?	*Welche/r/s?*	**How?**	*Wie?*

Who is going to the conference?	*Wer geht zur Konferenz?*
Where have you been?	*Wo bist du gewesen?*

Mit Ergänzungsfragen werden Auskünfte zu Subjekt (→ S. 372), Objekt (→ S. 374), Ergänzungen (→ S. 377) oder adverbialen Bestimmungen (→ S. 378) erbeten.

Fragen nach dem Subjekt
Wortstellung: Fragewort → Verb → Objekt

Who would like a cup of tea? – <u>Karyn</u> would like a cup of tea.
Wer möchte eine Tasse Tee? – Karyn möchte eine Tasse Tee.

Fragen nach dem Objekt
Wortstellung: Fragewort → Hilfsverb → Subjekt → Verb

What does Emma want? – Emma wants <u>a glass of water</u>.
Was möchte Emma? – Emma möchte ein Glas Wasser.

Fragen nach einer Ergänzung

Wortstellung: Fragewort → Hilfsverb → Subjekt → Verb

What does the dress look like? – It looks <u>a little bit old-fashioned</u>.
Wie sieht das Kleid aus? – Es sieht ein bisschen altmodisch aus.

Fragen nach einer adverbialen Bestimmung

Wortstellung: Fragewort → Hilfsverb → Subjekt → Objekt

How often does Jan play tennis? – He plays tennis <u>once a week</u>.
Wie oft spielt Jan Tennis? – Er spielt einmal in der Woche Tennis.

 Informelle Fragen

Sehr informelle Ergänzungsfragen können aus nur einem Wort bestehen.

You have to do your homework now. – **Why?**
Du musst jetzt deine Hausaufgaben machen. – Warum?
I have to go to London. – **When?**
Ich muss nach London. – Wann?

Sie können häufig auch durch eine Präposition am Ende ergänzt werden.

I have to go to London. – **What for?**
Ich muss nach London. – Wozu?
I am seeing Neil tomorrow. – **What about?**
Morgen treffe ich Neil. – Um was geht's?

Verneinte Ergänzungsfragen

Bei verneinten Ergänzungsfragen steht **not** hinter dem Hilfsverb (→ S. 112)
bzw. dem Modalverb (→ S. 123).

Why **can't** you ask him?	*Warum kannst du ihn nicht fragen?*
What **don't** you know?	*Was weißt du nicht?*

Falls kein Hilfsverb oder Modalverb vorhanden ist, verwendet man für eine verneinte Ergänzungsfrage immer das **Hilfsverb** *do* (*do/does* bzw. *did* in der Vergangenheit) als Ersatzhilfsverb.

Who **doesn't** like ice cream?   *Wer mag kein Eis?*

→ siehe auch ‚Negation' S. 420

Kurzantworten auf *who*-Fragen

Auch Subjektfragen, d. h. Fragen, die mit *who* anfangen, können in bestimmten Fällen durch spezielle Kurzantworten beantwortet werden. Dabei besteht die Kurzantwort aus dem Subjekt (→ S. 372) und dem entsprechenden Hilfsverb (→ S. 112).

Who has been to London? – **John has.**
Wer war in London? – John.
Who has been to Paris? – **John, Philip and Patrick have.**
Wer war in Paris? – John, Philip und Patrick.

i Wird als Kurzantwort **die erste Person Singular** verwendet, auf die kein Verb mehr folgt, so muss die Objektform des Personalpronomens, d. h. *me* statt *I* (→ S. 71) verwendet werden.

Who has been to Dublin? – **I have.**   *Wer war in Dublin? – Ich.*
Who has been to Berlin? – **Me.**   *Wer war in Berlin? – Ich.*

Der Aussagesatz als Frage

Aussagesätze können als Frage verwendet werden – vor allem in der gesprochenen Sprache. Hier wird die **Intonation** (→ S. 25) **geändert** – der Tonfall steigt am Satzende.

You're going to town?   *Du fährst in die Stadt?*

Kurzfragen

Eine sehr typische Art, im Englischen Fragen zu stellen, sind Aussagesätze mit anschließender Kurzfrage (*tag question*). Die Kurzfrage besteht aus dem **Hilfsverb** (→ S. 112) bzw. **Modalverb** (→ S. 123) und dem **Subjekt** aus dem Aussagesatz (→ S. 372).

You like chocolate, **don't you?**	*Du magst Schokolade, oder?*
You don't like chocolate, **do you?**	*Du magst keine Schokolade, nicht wahr?*

Bei dieser Art von Fragen ist zu beachten, dass verneinte Kurzfragen auf bejahte Aussagesätze folgen und umgekehrt – positive Kurzfragen auf verneinte Aussagesätze.

It's a lovely day, **isn't** it?	*Es ist ein wunderschöner Tag, nicht wahr?*
It **hasn't** finished already, **has** it?	*Es ist noch nicht zu Ende, oder?*

Ist in der Frage kein Hilfsverb bzw. Modalverb vorhanden, wird *do*, *does* oder *did* als Ersatzhilfsverb verwendet.

You always have breakfast, **don't** you? (mit Ersatzhilfsverb *do*)
Du frühstückst immer, nicht wahr?

 Ausnahme: Kurzantwort mit *be*

Wenn *be* im Satz als **Vollverb** (→ S. 106) verwendet wird, benötigt man in der Kurzfrage **kein Ersatzhilfsverb *do***.

Your son **is** a good tennis player, **isn't** he?
Ihr Sohn ist ein guter Tennisspieler, nicht wahr?

 Steigende und fallende Intonation

Eine steigende Intonation (→ S. 25) kennzeichnet eine echte Frage, die eine informationstragende Antwort mit Ja oder Nein unbedingt erfordert, während eine fallende Intonation (→ S. 25) eine Bestätigungsfrage bedeutet. Die Antwort wird meistens eine höfliche Übereinstimmung sein.

Indirekte Fragen

Um eine Frage weniger direkt und somit **höflicher** zu machen, verwendet man in der Umgangssprache häufig indirekte Fragen, d. h. Nebensätze mit *if* oder *whether*. Dabei ändert sich auch die Wortstellung der Frage.

direkte Frage	indirekte Frage
Will you help me? *Wirst du mir helfen?*	I wonder if you could help me? *Könnten Sie mir eventuell helfen?*
Is this the right way to the railway station? *Ist das der richtige Weg um Bahnhof?*	Could you please tell me whether this is the right way to the railway station? *Könnten Sie mir bitte sagen, ob das der richtige Weg zum Bahnhof ist?*

→ siehe dazu auch S. 415

Aufforderungssatz

Aufforderungssätze (*imperative clauses*) werden benutzt, um Befehle, Anweisungen, Aufforderungen sowie auch Einladungen auszusprechen.

Hi Martin, come on in and have a drink.   *Hi Martin. Komm doch rein und trink was.*

Für Aufforderungssätze wird im Englischen der **Imperativ** (→ S. 171) verwendet, d. h. sie werden mit der **Grundform des Verbs** gebildet und haben im Singular und Plural die gleiche Form.

Listen carefully.   *Hör/Hört/Hören Sie gut zu!*
Shut the door, please.   *Mach/Macht/Machen Sie die Tür bitte zu!*

Kein Ausrufezeichen bei Aufforderungen

Bei Aufforderungen wird kein Ausrufezeichen verwendet, es sei denn man möchte andeuten, dass die Aufforderung lautstark ausgeführt wurde.

Please in Aufforderungssätzen

Durch ein vorangestelltes oder nachgestelltes ***please*** wirkt eine Aufforderung grundsätzlich höflicher, sie ist aber immer noch eine Aufforderung, die weniger höflich als eine Bitte ist.

Shut the door please.   (höfliche Aufforderung)
Machen Sie bitte die Tür zu!
Could you please close the door for me?   (höfliche Bitte)
Könnten Sie bitte die Tür für mich zumachen?

→ siehe auch ‚Indirekte Fragesätze' S. 415

Fordert man jemanden auf, **etwas nicht zu tun**, verwendet man ***don't*** + **Grundform**.

Don't forget the tickets.
Vergiss/Vergesst/Vergessen Sie die Karten nicht!
Don't do that.
Mach/Macht/Machen Sie das nicht!

 Aufforderungssätze sind häufig auf **Hinweisschildern** zu sehen.

Do not open the windows.   *Öffnen Sie die Fenster nicht!*
Please don't walk on the grass.   *Bitte betreten Sie den Rasen nicht.*
Mind the gap.   *Beachten Sie den Spalt!*
(in der Londoner U-Bahn)

Um einer Aufforderung **mehr Nachdruck** zu geben, kann *do* vor das Verb gestellt werden. Dies betont dann sowohl die positiv empfundene Aufforderung (z. B. eine Einladung) als auch die Dringlichkeit einer negativ empfundenen Aufforderung (z. B ein Befehl).

Do take a seat.	*Nimm/Nehmt/Nehmen Sie doch Platz!*
Do hurry up.	*Beeil dich/Beeilt euch/Beeilen Sie sich!*

Intonation bei Aufforderungssätzen

Die Intonation (→ S. 25) ist bei englischen Imperativsätzen äußerst wichtig.
Eine **fallende Intonation** kann die Aufforderung zu einem absoluten Befehl machen, wodurch sie fast **schroff und unhöflich** wirken kann.

Come along.   *Jetzt komm (endlich)!*

Eine **steigende Intonation** hingegen, kann die Aufforderung mildern, so dass sie den Charakter einer **Empfehlung** oder eines **Vorschlags** annimmt.

Come along.   *Komm doch mit!*

I want/would like you to + Infinitiv

Möchte man jemanden auffordern etwas zu tun, kann man die Konstruktion *I want you to* + **Infinitiv** bzw. **Infinitivsatz** (→ S. 417) verwenden.

I want you to come at once.   *Ich will, dass du sofort kommst.*
nicht: ~~I want that you come at once.~~

Um die Aufforderung etwas **höflicher** auszudrücken, benutzt man *I would like* bzw. die Kurzform *I'd like* statt *I want*.

I'd like you to come as soon as possible, please.

Ich möchte, dass du bitte so schnell wie möglich kommst.
nicht: ~~I would like that you come at once.~~

let us/let's

Bei Vorschlägen und Aufforderungen, in denen sich der **Sprecher mit einbeziehen** will, wird **let us** (formell) bzw. **let's** (infomell) sowie **let us not** oder **do not let us** (formell) und **let's not** oder **don't let's** (informell) verwendet.

Let's meet at one.
Lass/Lasst/Lassen Sie uns um eins treffen.
Let's have a coffee.
Lass/Lasst/Lassen Sie uns einen Kaffee trinken.

Häufig wird daran die Kurzfrage (→ S. 390) **shall we** angehängt. Die Kurzantwort darauf ist **let's** bzw. **let's not**.

Let's meet at one, **shall we?** – Yes, let's./No, let's not.
Treffen wir uns um eins, ja? – Ja./Nein.
Let's have a coffee, **shall we?**. – Yes, let's./No, let's not.
Lass/Lasst/Lassen Sie uns einen Kaffee trinken, oder? – Ja./Nein.

Wunschsatz

Mit einem Wunschsatz bringt ein Sprecher zum Ausdruck, dass er sich wünscht, dass etwas eintritt bzw. eingetreten wäre. Es gibt realisierbare und nicht mehr realisierbare Wünsche.

Realisierbare Wünsche

Realisierbare Wünsche sind Wünsche, die sich auf die **Gegenwart** oder **Zukunft** beziehen und erfüllbar sind.

Solche Wünsche werden meistens mit **wish** ausgedrückt.

I wish you a happy New Year.	*Ich wünsche dir ein frohes neues Jahr.*
We wish you a speedy recovery.	*Wir wünschen Ihnen eine schnelle Genesung.*

In **sehr formellen Situationen** werden die Wünsche mit *may* bzw. *may you* ausgedrückt. *May* steht dabei vor dem Subjekt (→ S. 372).

May you have a long and happy life.
Mögen Sie ein langes und glückliches Leben haben.
May all your wishes come true.
Mögen all deine Wünsche wahr werden.

In der **Umgangssprache** werden realisierbare Wünschen für die Zukunft, anstatt mit *wish* auch mit folgenden Konstruktionen gebildet:

would like + **to** + Infinitiv	**hope** + **to** + Infinitv	**hope** + *that*-Satz
would love + **to** + Infinitiv	**want** + **to** + Infinitiv	

I would like to spend my next holiday in France.
Ich möchte meinen nächsten Urlaub in Frankreich verbringen.
I'd love to work in New York.
Ich würde liebend gerne in New York arbeiten.
I hope to see my brother at Christmas.
Ich hoffe, meinen Bruder an Weihachten zu sehen.
I hope (that) you can come.
Ich hoffe, dass du kommen kannst.

aber nicht: ~~I want that you can come./I would like that you can come.~~

→ siehe dazu auch S. 254

want vorsichtig verwenden

Obwohl auch *want* einen Wunsch ausdrücken kann, wirkt es sehr *fordernd* und sollte im höflichen Sprachgebrauch nicht oder nur vosichtig benutzt werden.

I want to go to the cinema.	*Ich will ins Kino gehen.*
I'd like to go to the cinema.	*Ich möchte ins Kino gehen.* (höflich)
I hope I can go to the cinema.	*Ich hoffe, ich kann ins Kino gehen.* (höflich)

Nicht mehr realisierbare Wünsche in der Gegenwart

Es handelt sich hier um Wünsche, die sich zwar auf die **Gegenwart** beziehen, aber (oft bedauerlicherweise) für **unmöglich** oder **unwahrscheinlich** gehalten werden.

Solche Wünsche werden mit **wish +** *that*-Satz im ***past simple*** gebildet. Dabei kann man *that* im informellen Sprachgebrauch meistens weglassen.

I wish (that) I had a better job.   *Ich wünschte ich hätte einen besseren Job.*

Möchte man im Wunschsatz das **Bedauern hervorheben**, benutzt man *if only* + *past simple*.

If only I was/were younger.   *Wenn ich nur jünger wäre.*

Obwohl **was** und **were** hier möglich sind, wird *were* von gebildeten Muttersprachler meist als die korrekte Form betrachtet.

Folgt auf **wish/if only** ein Tätigkeitsverb, bezieht sich der Wunsch auf die **Zukunft** und wird mit einem that-Satz mit **would/could** + Infinitiv gebildet.

I wish I could get a better job.
Ich wünschte, ich könnte einen besseren Job bekommen.
If only I could live some of my life again.
Wenn ich nur ein Teil meines Lebens nochmal leben könnte.

Wenn man eine Auswahl zwischen **mehreren Möglichkeiten** für die **Zukunft** hat und eine davon bevorzugt, verwendet man **would** (bzw. **'d**) **rather** + Infinitv ohne *to*.

Next week I'd rather go to Paris.
Ich würde nächste Woche lieber nach Paris fahren.

Nicht mehr realisierbare Wünsche in der Vergangenheit

Es handelt sich hier um Wünsche, die sich auf die **Vergangenheit** beziehen und **nicht mehr erfüllbar** sind.

Solche Wünsche werden mit **wish** + *that*-Satz im **past perfect** gebildet. Dabei kann man *that* im informellen Sprachgebrauch meistens weglassen.

I wish (that) I had told you about it earlier.
Ich wünschte ich hätte es dir früher erzählt.

Möchte man betonen, dass man **bedauert**, etwas getan bzw. nicht getan zu haben, benutzt man **if only** + **past perfect**.

If only I had told you about it earlier.
Wenn ich dir nur früher davon erzählt hätte.
If only I hadn't forgotten to close the door.
Wenn ich nur nicht vergessen hätte die Tür zu schließen.

Wenn man in der **Vergangenheit** eine Auswahl zwischen **mehreren Möglichkeiten** hatte und es bedauert, eine davon nicht bevorzugt zu haben, verwendet man **would** (bzw. **'d**) **rather** + **have** + **past participle**.

Last week I'd rather have gone to Paris.
Ich wäre letzte Woche lieber nach Paris gefahren.

 I would rather + like

Wenn **like** auf **I'd rather** folgt, drückt es keine Präferenz aus sondern einen einfachen Wunsch.

I'd rather like a cup of coffee.
Ich würde ganz gerne eine Tasse Kaffee haben.

Ausrufesatz

Der Ausrufesatz (*exclamation clause*) wird vor allem in der gesprochenen Sprache gebraucht und drückt meist **Verwunderung** oder **Bewunderung** aus. Ausrufesätze werden meist **mit besonderem Nachdruck** gesprochen, dieser Nachdruck wird im schriftlichen Englisch mit einem Ausrufezeichen (→ S. 463) verdeutlicht.

What a surprise!	*Was für eine Übberraschung!*
What a beautiful day!	*Was für ein wunderschöner Tag!*

Am Anfang eines Ausrufesatzes steht häufig *how* oder *what*.

How wonderful!	*Wie wunderbar!*
What a pity!	*Wie schade!*

Ausgedrückte Emotionen werden auch durch besondere Wörter (Interjektionen, → S. 348) wie *ah* (bei Anerkennung), *hey* (für Aufmerksamkeit), *oh* (Überraschung), *ow* (bei Schmerz) usw. eingeleitet.

Ah, there you are!	*Ach, da bist du ja!*
Ow, that hurts!	*Au, das tut weh!*
Hey, I'm here too!	*Hey, ich bin auch da!*

Ausrufe können auch mit **einzelnen Wörtern** und **Wendungen** ausgedrückt werden.

Positive Emotionen werden z. B. ausgedrückt mit:

Great!	*Großartig!*	Wonderful!	*Wunderbar!*
Fantastic!	*Fantastisch!*	Brilliant!	*Toll!*

Negative Emotionen können z. B. ausgedrückt werden mit:

Oh dear!	*Oh je!*	Oh no!	*Ach nein!*
Blast!	*Verdammt!* (Slang)		

Überraschung wird z. B. ausgedrückt mit:

Good heavens!	*Ach du lieber Himmel!*	My goodness!	*Ach du meine Güte!*

Emotionale Ausrufe sind stark von der **Kultur eines Landes** abhängig. Was z. B. in einem Land ‚salonfähig' ist, ist in einer anderen Kultur nicht unbedingt möglich. Wenn Sie ins Ausland gehen, oder mit Personen anderer Kulturen Englisch sprechen, sollten Sie sich vorher über die Kultur des jeweiligen Landes informieren.

Einfache und komplexe Sätze

Im Zentrum eines Satzes (*sentence*) steht immer das **Prädikat** (→ S. 371), d. h. die Tätigkeit, die ausgeführt wird. Eng mit dem Prädikat ist das **Subjekt** (→ S. 372) verknüpft, d. h. der Ausführende bzw. Verursacher der Handlung.

Sätze können einfach oder komplex sein.

Der einfache Satz

Der einfache Satz (*simple sentence*) besteht nur aus einem **Hauptsatz** (→ S. 383). Ein grammatisch vollständiger Hauptsatz besteht wiederum aus mindestens zwei Teilen: dem **Subjekt** (→ S. 372) und dem **Prädikat** (→ S. 371).

Subjekt	Prädikat		
The dog	barked.		*Der Hund bellte.*

Neben dem Subjekt und dem Prädikat kann der Satz ein oder mehrere **Objekte** (→ S. 374) enthalten.

Subjekt	Prädikat	Objekt	
The dog	ate	**the bone.**	*Der Hund fraß den Knochen.*

Ein Satz kann auch weitere **Ergänzungen** (→ S. 377) enthalten.

Subjekt	Prädikat	Ergänzung	
The dog	is	**my best friend.**	*Der Hund ist mein bester Freund.*

Ergänzend können auch **adverbiale Bestimmungen** (→ S. 378) hinzukommen, die grammatisch aber nicht zwingend notwendig sind.

Subjekt	Prädikat	Objekt	adverbiale Bestimmung
The dog	ate	the bone	**last night**.

Der Hund fraß den Knochen letzte Nacht.

Satzreihe

Wenn ein Satz aus **zwei oder mehreren Hauptsätzen** (→ S. 383) besteht, spricht man von einer Satzreihe (*compound sentence*). Die Hauptsätze sind gleichrangig, unabhängig voneinander und werden oft mit nebenordnenden Konjunktionen (→ S. 343) wie **and** (*und*) und **but** (*aber*) verbunden. Häufig stehen zwischen den Hauptsätzen aber auch Kommas (→ S. 464).

Tom went to the supermarket **and** he bought a bottle of wine.
Tom fuhr zum Supermarkt und er kaufte eine Flasche Wein.
I drove to the Italian restaurant **but** I didn't know the name of the restaurant.
Ich fuhr zum italienischen Restaurant, aber ich wusste den Namen des Restaurants nicht.

Der komplexe Satz

Eine **Verbindung aus Hauptsatz und Nebensatz** nennt man **Satzgefüge** oder komplexen Satz (*complex sentence*).

Ein **Hauptsatz** ist ein grammatisch vollständiger Satz, der aus mindestens zwei Teilen – dem **Subjekt** (→ S. 372) und dem **Prädikat** (→ S. 371) – besteht. Er kann sinnvoll allein stehen und hängt von keinem anderen Satz ab.

Ein **Nebensatz** ist immer **abhängig** von einem Hauptsatz oder einem anderen Nebensatz. Er kann im Satzgefüge nicht alleine stehen, weil er ohne den Hauptsatz keinen Sinn machen würde.

Haupsatz	Nebensatz
I'll call you	if I get home in time.

Ich rufe dich an, wenn ich rechtzeitig nach Hause komme.

(*I'll call you* könnte als vollwertiger Satz alleine stehen, der Nebensatz *if I get home in time* dagegen nicht.)

Nebensätze können dem Hauptsatz nachgestellt oder vorangestellt sein. Sie können auch in den Hauptsatz eingeschoben werden.

As soon as I get home, I'll phone you.	*Sobald ich zu Hause bin, rufe ich dich an.*
I'll phone you **as soon as I get home**.	*Ich rufe dich an, sobald ich zu Hause bin.*
I'll phone you, **if I can**, in the evening.	*Ich rufe dich, wenn ich kann, am Abend an.*

Kommas bei Nebensätzen

Ob ein Komma zwischen dem Haupt- und dem Nebensatz steht, hängt von der Reihenfolge der Sätze ab: Steht der **Nebensatz vor dem Hauptsatz**, wird ein **Komma** zwischen den beiden Sätzen gesetzt. Steht der **Nebensatz nach dem Hauptsatz**, wird **kein Komma** gesetzt.

I'll call you **if I get home in time**.
Ich rufe dich an, wenn ich rechtzeitig nach Hause komme.

If I get home in time, I'll call you.
Wenn ich rechtzeitig nach Hause komme, rufe ich dich an.

Nebensätze

Nebensätze (*subordinate clauses*) sind **untergeordnete Sätze**: Sie hängen von einem anderen Satz – meist einem Hauptsatz (→ S. 383) – ab und bilden zusammen mit ihm ein Satzgefüge (→ S. 400).

Im Gegensatz zu Wortgruppen (→ S. 370) sind Nebensätze **grammatisch vollständige Sätze**, da sie ein Subjekt (→ S. 372) und ein Prädikat (→ S. 371) besitzen.

Hauptsatz		Nebensatz		
Subjekt	Prädikat	Konjunktion	Subjekt	Prädikat
They	ate	before	he	arrived.

Sie haben gegessen, bevor er ankam.

Der Nebensatz kann mit einem Hauptsatz mit Hilfe eines Einleitewortes verbunden werden. Solche Nebensätze heißen **eingeleitete Nebensätze**. Nebensätze können von **Konjunktionen** (→ S. 342) oder **Pronomen** (→ S. 83) eingeleitet werden.

She felt fine **while** she was still at home.   (Konjunktion)
Es ging ihr gut, als sie noch zu Hause war.
Do you know the people **who** live next door?   (Relativpronomen)
Kennst du die Leute, die nebenan wohnen?

Der Nebensatz kann auch ohne **ein Einleitewort** mit einem Hauptsatz verbunden werden. Solche Nebensätze heißen **uneingeleitete Nebensätze**.

The man **we saw yesterday** was Monica's father.
(statt: The man **that** we saw yesterday was…)
Der Mann, den wir gestern gesehen haben, war Monicas Vater.

→ zur Kommasetzung in Nebensätzen siehe S. 465

Obwohl Nebensätze meistens in einem Satzgefüge (→ S. 400) stehen, können sie auch **alleine stehen**, z. B als Antwort auf eine Frage, zur Betonung oder um einen nachträglichen Gedanken auszudrücken.

Why did you drop that? - **Because I tripped.**
Warum hast du das fallen lassen? – Weil ich gestolpert bin.
They should take his driving licence away. **Before he has a really bad accident**, I mean.
Sie sollten ihm den Führerschein entziehen. Bevor er einen richtig schlimmen Unfall hat, meine ich.

Adverbialsätze

Adverbialsätze (*adverbial clauses*) werden anstelle von adverbialen Bestimmungen (→ S. 378) gebraucht. Mit ihnen lassen sich die **Umstände eines Geschehens im Hauptsatz** näher bestimmen und zwar in Bezug auf Zeit, Ort, Bedingung, Gegensatz, Einräumung, Vergleich, Ursache, Zweck oder Folge.

(!) Adverbialsätze sind – wie adverbiale Bestimmungen – nicht zwingend notwendig. Sie sind **optional**.

Adverbialsatz: die Zeit

Adverbialsätze der Zeit werden Temporalsätze genannt. Sie setzen die Handlung des Hauptsatzes und des Nebensatzes in ein **zeitliches Verhältnis** zueinander. Sie können den Zeitpunkt oder die Dauer einer Handlung, ihre Einmaligkeit, Wiederholung, Anfang bzw. Ende kennzeichnen.

Findet die Handlung im Nebensatz **früher** statt als die im Hauptsatz, wird der Nebensatz häufig mit folgenden Konjunktionen (→ S. 344) eingeleitet:

after	*nach*	**once**	*sobald/als*
as soon as	*sobald*		

As soon as we arrived, we unpacked all the suitcases.
Sobald wir ankamen, haben wir alle Koffer ausgepackt.

Findet die Handlung im Nebensatz **gleichzeitig** mit der Handlung im Hauptsatz statt, wird der Nebensatz mit folgenden Konjunktionen eingeleitet:

when	*als*	**while**	*während*
as long as	*solange*		

We always listen to the radio **while we are having breakfast**.
Wir hören immer Radio, während wir frühstücken.

Findet die Handlung im Nebensatz **später** als die Handlung im Hauptsatz statt, wird der Nebensatz mit folgenden Konjunktionen eingeleitet:

before	vor	until	bis

They had dinner **before he arrived**.
Sie haben zu Abend gegessen, bevor er ankam.

Temporalsätze antworten auf die Fragen **when?** (*wann?*), **until when?** (*bis wann?*), **how long?** (*wie lange?*) und **how often?** (*wie oft?*).

Adverbialsatz: der Ort

Lokalsätze geben den **Ort**, an dem sich die Handlung des Hauptsatzes abspielt, oder eine **Richtung** an und werden häufig mit folgenden Konjunktionen (→ S. 344) eingeleitet:

where	wo	wherever	wo immer

I have forgotten **where I left my sunglasses**.
Ich habe vergessen, wo ich meine Sonnenbrille gelassen habe.

Lokalsätze antworten auf die Fragen **where?** (*wo?*), **where from?** (*woher?*), **where to?** (*wohin?*).

Adverbialsatz: die Bedingung

Bedingungssätze/Konditionalsätze (*conditional clauses*) nennen die **Bedingung** oder **Voraussetzung** einer Handlung, die im Hauptsatz steht. Die Bedingungssätze werden meistens mit folgenden Konjunktionen (→ S. 344) eingeleitet:

if	falls	unless	es sei denn

I won't be able to come with you **unless I take a day off**.
Ich werde nicht mit dir kommen können, es sei denn, ich nehme mir einen Tag frei.

Weitere Konjunktionen, die Bedingungssätze einleiten sind:

as long as	*sofern*
assuming	*angenommen*
in case	*für den Fall, dass*
on condition that	*unter der Bedingung*
providing/provided that	*vorausgesetzt*
supposing	*angenommen*

Der Konditionalsatz wird mit **under which condition?** (*unter welcher Bedingung?*) und **under which circumstances?** (*unter welcher Voraussetzung?*) erfragt.

Konditionalsätze können erfüllbare, gedanklich erfüllbare und unerfüllbare Bedingungen angeben. Entsprechend unterscheidet man reale (Typ I), hypothetische (Typ II) und irreale (Typ III) Konditionalsätze. Diese Sätze werden auch *if*-Sätze genannt, weil sie mit der Konjunktion *if* eingeleitet werden.

if-Satz Typ I

Im Englischen drückt der reale Konditionalsatz eine **realisierbare** Bedingung aus. Der Hauptsatz steht dann in der Zukunft (meist *will-future*) (→ S. 248) und der Konditionalsatz in der Gegenwart (→ S. 197).

If you do more sport, you will lose weight.
Wenn du mehr Sport machst, wirst du abnehmen.

if-Satz Typ II

Ein **hypothetischer** Konditionalsatz gibt eine Bedingung an, die in der Vorstellung des Sprechers zwar erfüllbar ist, in der Realität aber nicht unbedingt. Er bezieht sich auf die Zukunft oder Gegenwart und steht im *past simple* (→ S. 209), während der Hauptsatz im *conditional* (→ S. 271) steht.

If you did more sport, you would lose weight.
Wenn du mehr Sport machen würdest, würdest du abnehmen.

If I were you, I'd (I would) do more sport.
Wenn ich du wäre, würde ich mehr Sport machen.

if-Satz Typ III

Ein **irrealer** Konditionalsatz bezieht sich auf die Vergangenheit und gibt eine nicht erfüllte und auch nicht mehr erfüllbare Bedingung an. Hier steht der Hauptsatz im *conditional perfect* (→ S. 280) und der Bedingungssatz im *past perfect* (→ S. 238).

If you had done more sport, you would have lost weight.
Wenn du mehr Sport gemacht hättest, hättest du abgenommen.

Adverbialsatz: der Gegensatz

Adversativsätze drücken gegensätzliche Aussagen zum Hauptsatz aus. Sie werden durch die folgende Konjunktionen (→ S. 344) eingeleitet:

whereas	*wo(hin)gegen*	**while**	*während*

I always go to work by car **whereas Tom prefers to go by public transport**.
Ich fahre immer mit dem Auto zur Arbeit, wohingegen Tom lieber mit öffentlichen Verkehrsmitteln fährt.

Adverbialsatz: die Einräumung

Mit Konzessivsätzen kann man einen gewissen Gegensatz zwischen den Erwartungen in der Aussage im Hauptsatz und im Nebensatz aufzeigen. Meist werden sie durch die folgenden Konjunktionen (→ S. 344) eingeleitet:

although	*obwohl*	**however**	*jedoch*
because	*weil*	**in spite**	*trotz*
despite	*trotz*		

She came to work **although she had a cold**.
Sie kam zu Arbeit, obwohl sie eine Erkältung hatte.

Adverbialsatz: der Vergleich

Durch Komparativsätze werden Personen, Dinge oder Sachverhalte miteinander verglichen. Die Vergleiche werden häufig mit *the same ... as* bzw. *as ...as* (*so ... wie*) für Gleichheit, *more/less ... than* (*mehr/weniger ... als*) für Unterschiede und *the ... the* (*je ... desto*) für eine (proportionale) Veränderung sowie mit folgenden Konjunktionen (→ S. 344) gebildet:

as if	*als ob*	**as though**	*als ob*

The exam was **more** difficult **than I thought** it would be.
Die Prüfung war schwieriger, als ich gedacht habe.
The more difficult a question is, the more points you receive.
Je schwieriger die Frage, desto mehr Punkte erhält man.
He sounded **as if he was afraid of something**.
Er klang, als hätte er vor etwas Angst.

Komparativsätze antworten häufig auf die Frage *how?* (*wie?*).

 Nach *as if* und *as though* können auch **Infinitivsätze mit to** (→ S. 149) sowie Partizipialkonstruktionen mit *present participle* (*ing*-Form) (→ S. 155) verwendet werden, wodurch die Sätze formeller klingen.

He raised his hand **as if to ask a question**.
Er hob seine Hand, als ob er eine Frage stellen wollte.
She gave him a meaningful look **as though begging him not to disagree**.
Sie warf ihm einen vielsagenden Blick zu, als ob sie ihn anflehen wollte, nicht zu widersprechen.

- -
(i)
so ... as, **too** und *enough*

Vergleiche können auch mit *so ... as*, *too* oder *enough* gemacht werden, nach denen ein Infintivsatz mit *to* (→ S. 149) folgt.

Who can be **so** stupid **as to** think they can speed past the police and not get caught.

Wer kann so blöd sein zu denken, dass man an der Polizei vorbeirasen kann, ohne dabei erwischt zu werden.

The car was hardly big **enough** to transport three people.

Das Auto war kaum groß genug, um drei Personen zu transportieren.

→ für Vergleiche siehe auch ‚Adjektive' S. 308 und ‚Adverbien' S. 319

Adverbialsatz: die Ursache

Der Kausalsatz (Begründungssatz) gibt Auskunft über den **Grund** oder die **Ursache** eines Geschehens im Hauptsatz. Meist wird er durch die folgende Konjunktionen eingeleitet:

as	*da*	**because**	*weil*

Georgina was angry **because her brother annoyed her**.

Georgina war sauer, weil ihr Bruder sie geärgert hat.

As she had already seen the film, she didn't go to the cinema.

Da sie den Film bereits gesehen hatte, ist sie nicht ins Kino gegangen.

Kausalsätze antworten auf die Fragen *why?* (*warum?*) und *for what reason?* (*aus welchem Grund?*).

Adverbialsatz: der Zweck

Finalsätze geben Auskunft über **Zweck**, **Ziel** oder **Absicht** einer Handlung im Hauptsatz. Sie werden auch Absichtssätze genannt und werden oft durch folgende Konjunktionen eingeleitet:

in order to	*um...zu*	**so as to**	*sodass*
in order that	*damit*	**so (that)**	*sodass/damit*

They called a meeting **in order to discuss the problems**.

Sie haben ein Treffen einberufen, um die Probleme zu besprechen.

Finalsätze antworten auf die Fragen **what for?** (*wozu?*) und **to what purpose?** (*zu welchem Zweck?*).

Adverbialsatz: die Folge

Die Konsekutivsätze drücken die **Folge**, die **Wirkung** oder das **Ergebnis** der Handlung im Hauptsatz aus. Sie werden meistens mit folgenden Konjunktionen eingeführt:

so	*so dass*	**so that**	*sodass*

John has to work late tonight, **so he won't be able to go to the theatre**.
John muss heute Abend spät arbeiten, sodass er nicht ins Theater wird gehen können.
Mr. Smith's flight has been delayed **so that he will not be able to attend the meeting**.
Der Flug von Mr Smith hat Verspätung, so dass er nicht an dem Meeting teilnehmen kann.

Sätze mit *so that* sind formeller als Sätze mit *so*.

Meinungsäußerungen

Auch Bemerkungen im Sinne von Meinungsäußerungen werden mit **Adverbialsätzen** ausgedrückt. Sie können vor oder nach dem Hauptsatz stehen. Solche Sätze sind z. B.:

as you know	*wie du weißt*	I presume	*ich nehme an*
I believe	*ich glaube*	I suppose	*ich vermute*
I don't think	*ich glaube nicht*	to be honest	*um ehrlich zu sein*
I expect	*ich erwarte*	to be fair	*um fair zu sein*

I suppose I should have asked John.
I should have asked John, **I suppose**.
Ich vermute, ich hätte John fragen müssen.

Im formelleren Gebrauch können sie auch mitten im Hauptsatz stehen.

⠶⠒

DER SATZ

I would, **I think**, have asked him, if I had thought about it.
Ich hätte ihn, glaube ich, gefragt, wenn ich darüber nachgedacht hätte.

Relativsätze

Relativsätze (*relative clauses*) sind Nebensätze, die sich auf ein **Satzglied im Hauptsatz** beziehen und es **näher erläutern**.

Im Englischen werden Relativsätze meistens von einem **Relativpronomen** (→ S. 83) eingeleitet, sie können aber auch ohne Pronomen verwendet werden (→ S. 412).

Man unterscheidet zwischen bestimmenden Relativsätzen und nicht bestimmenden Relativsätzen.

Bestimmende Relativsätze

Bestimmende Relativsätze (*defining relative clauses*) werden durch die Relativpronomen **who(m)** bzw. *that* bei Personen und **which** bzw. *that* bei Dingen eingeleitet. Diese Relativpronomen können Subjekt (→ S. 372) oder Objekt (→ S. 374) des Relativsatzes sein.

That is <u>the boy</u> **who/that showed me the way**.
Das ist der Junge, der mir den Weg gezeigt hat.
(*Who/that* im Relativsatz bezieht sich auf *the boy* im Hauptsatz und ist Subjekt des Relativsatzes.)

This is <u>the book</u> **which/that I was talking about**.
Das ist das Buch, über das ich geredet habe.
(*Which/that* im Relativsatz bezieht sich auf *the book* im Hauptsatz und ist Objekt des Relativsatzes.)

Steht in einem Relativsatz ein Verb mit einer Präposition, steht die Präposition immer nach dem Verb.

This is the book which/that I **was talking about**.

. . . .
(!) Relativpronomen mit Präposition

Befindet sich in einem bestimmenden Relativsatz ein Pronomen mit Präposition, so steht die Präposition in der Umgangssprache meistens hinter dem Verb.

The person **who(m) I gave the book to** is my brother-in-law.
Die Person, der ich das Buch geschenkt habe, ist mein Schwager.

In der gehobenen Sprache kann die Präposition bei **whom** und **which** (nicht aber bei **who** und **that**) vor dem Relativpronomen stehen.

The person **to whom I gave the book** is my brother-in-law.
nicht: ~~the person to who I gave the book~~

. . . .
Bestimmende Relativsätze mit **who** und **which** sind etwas **formeller** und werden im schrifltichen Englisch häufiger benutzt als **that**.

Bestimmende Relativsätze enthalten **Informationen**, die für das Verständnis des Hauptsatzes **notwendig** sind.

People **who/that smoke** are more likely to get lung cancer.
Leute, die rauchen, bekommen eher Lungenkrebs.
(In diesem Beispiel ist der Relativsatz *who smoke* wichtig, weil man ohne ihn zu wenige Informationen hätte, um den Satz richtig zu verstehen. Das Substantiv *people* wird erst durch diesen Relativsatz genau definiert.)

Anders als im Deutschen, werden bestimmende Relativsätze nicht durch Kommas vom Hauptsatz getrennt.

Bei bestimmenden Relativsätzen kann das **Relativpronomen wegfallen**, wenn das Pronomen Objekt (→ S. 374) des Relativsatzes ist und nach dem Pronomen ein Subjekt (→ S. 372) folgt. Diese Konstruktionen nennt man *contact clauses*.

This is the book (**that/which**) **I was talking about**.
Das ist das Buch, über das ich gesprochen habe.
nicht: ~~This is the boy showed me the way.~~

Um **Besitz** bzw. Zugehörigkeit auszudrücken, werden Relativsätze mit dem Pronomen *whose* eingeleitet.

That is the man **whose** car was stolen.
Das ist der Mann, dessen Auto gestohlen wurde.

Relativsätze können auch mit einem *present participle* (*ing*-Form) (→ S. 155) oder einem *past participle* (→ S. 154) eingeleitet werden. Man spricht dann von **reduzierten Relativsätzen**. In diesen Relativsätzen steht ebenfalls kein Pronomen.

Who is the boy (**who is**) **playing the piano**?
Wer ist der Junge, der Klavier spielt?

Everyone (**who was**) **invited to the funeral** wore black.
Jeder, der zur Beerdigung eingeladen war, trug schwarz.

Reduzierte Relativsätze mit *available* und possible

Reduzierte Relativsätze werden oft mit ***available*** und ***possible*** gebildet.

Please send all information **which is available**.

Bitte alle Informationen senden, die verfügbar sind.
Please send all information **available**.
Bitte jede verfügbare Information senden.

The flight at 10:30 is the only one **which is possible**.
Der Flug um 10:30 ist der einzige, der möglich ist.
The flight at 10:30 is the only one **possible**.
Der Flug um 10:30 ist der einzig mögliche.

Nicht bestimmende Relativsätze

Nicht bestimmende Relativsätze (*non-defining relative clauses*) sind Ne-
bensätze, die sich auf ein Satzglied im Hauptsatz beziehen und **zusätzli-
che Informationen** liefern, die nicht für das Verständnis des Hauptsatzes
notwendig sind.

Nichtbestimmende Relativsätze beginnen mit *who*, *whose* oder *which* aber
nicht mit *that*.

My brother, **who smokes 40 cigarettes a day**, is perfectly healthy.
Mein Bruder, der 40 Zigaretten am Tag raucht, ist total gesund.

In diesem Beispiel liefert der Relativsatz eine zusätzliche Information, die
nicht unbedingt notwendig ist, um den Hauptsatz zu verstehen. Auch ohne
diese Zusatzinformation ist der Hauptsatz inhaltlich vollständig (My brother
is perfectly healthy. – *Mein Bruder ist total gesund.*).

They lived in the house, **which was built in 1949**, for over thirty years.
Sie lebten über 30 Jahre in dem Haus, das 1949 gebaut wurde.

Nicht bestimmende Relativsätze werden im Englischen durch
Kommas vom Hauptsatz abgetrennt.

that-Sätze

That-Sätze (*that-clauses*) sind Nebensätze, die **Satzglieder** im Hauptsatz **ersetzen** können.

that-Satz als Subjekt

Ein *that*-Satz kann **das Subjekt** des Hauptsatzes (→ S. 372) **ersetzen**. Der Hauptsatz wäre ohne den Nebensatz unvollständig: Er hätte kein Subjekt.

That he couldn't speak English surprised them all.
Dass er kein Englisch sprechen konnte, hat sie alle überrascht.
(statt z. B. It surprised them all. In dem Satz ist *it* das Subjekt. – Wer oder was hat sie überrascht?)

That-Satz als Subjekt steht am Satzanfang (d. h. vor dem Hauptsatz), er kann aber auch **am Satzende** (d. h. nach dem Hauptsatz) stehen. In diesem Fall wird am Satzanfang *it* als Platzhalter-Subjekt für den *that*-Satz verwendet.

It disappointed him **that she no longer wished to see him**.
Es hat ihn enttäuscht, dass sie ihn nicht mehr sehen wollte.

(i) Allerdings ist es ungewöhnlich, dass ein *that*-Satz im gesprochenen Englisch alleine als Subjekt steht. Meist steht **the fact** vor **that**.

The fact that he couldn't speak English surprised them all.
Die Tatsache, dass er kein Englisch sprechen konnte, hat sie alle überrascht.

that-Satz als Objekt

Der Objektsatz **ersetzt ein direktes Objekt** (→ S. 375) des Hauptsatzes.

They had forgotten **that he couldn't speak English**.
Sie hatten vergessen, dass er kein Englisch sprechen konnte.
(statt z. B. They had forgotten it. In dem Satz ist *it* ein direktes Objekt. – Wen oder was haben sie vergessen?)

That-Sätze als direktes Objekt können auch **ohne *that*** verwendet werden.

She thinks (**that**) **I'm crazy**. *Sie glaubt, ich bin verrückt.*

That-Satz als Ergänzung

Ein *that*-Satz kann auch eine **Ergänzung** (→ S. 377) im Hauptsatz **ersetzen**. In diesem Fall folgt der *that*-Satz meistens auf das Verb ***be***.

The most important thing is **that you are healthy**.
Das Wichtigste ist, dass du gesund bist.

That-Sätze können auf einige Substantive und Adjektive folgen.

She doubted his <u>assurance</u> **that he could change**.
Sie bezweifelte seine Zusicherung, dass er sich ändern könne.
The Prime Minister was <u>happy</u> **that so many people voted**.
Der Ministerpräsident war glücklich, dass so viele Menschen wählten.
Michael was <u>worried</u> **that they would be late**.
Michael machte sich Sorgen, dass sie zu spät kommen würden.

 ### *That*-Sätze nach Präpositionen

Folgt ein *that*-Satz auf eine Präposition, wird **the fact** vor den *that*-Satz gestellt.

They got lost <u>in spite of</u> **the fact (that) they had been there before**.
Sie haben sich verfahren, trotz der Tatsache, dass Sie bereits dort gewesen waren.
nicht: ~~They got lost in spite of that they had been there before.~~

Indirekte Fragesätze

Indirekte Fragen (*indirect interrogatives*) sind Nebensätze, die eine Frage enthalten. Sie werden aus Fragen in der direkten Rede (→ S. 184) gebildet.

Während in der direkten Frage das Hilfsverbs bzw. ***be*** vor dem Subjekt steht,

ist die Wortstellung im Nebensatz wie gewohnt: Subjekt – Prädikat – Objekt
(→ S. 380).

Entscheidend bei der Wiedergabe von Fragen ist, ob die Frage in der direkten Rede mit oder ohne Fragewort gestellt wurde.

Entscheidungsfragen (*Ja/Nein*-Fragen, → S. 384) werden mit *if* oder *whether* eingeleitet.

direkte Frage	indirekte Frage
Are you married? *Sind Sie verheiratet?*	He asked me **if/whether I am/was married**. *Er hat mich gefragt, ob ich verheiratet bin.*
Have you met Paul? *Hast du Paul bereits kennengelernt?*	She wanted to know **whether/if I had met Paul**. *Sie wollte wissen, ob ich Paul bereits kennengelernt hatte.*

Ergänzungsfragen (Fragen mit Fragewörtern, → S. 387) greifen als indirekte Fragen das **Fragewort** wieder auf. Es steht direkt nach dem einleitenden Verb.

direkte Frage	indirekte Frage
What will we do with the books? *Was werden wir mit den Büchern machen?*	We wanted to know **what we should do with the books**. *Wir wollten wissen, was wir mit den Büchern machen sollten.*
Why did you leave so early? *Warum seid ihr so früh gegangen?*	They wondered **why we had left so early**. *Sie wollten wissen, warum wir so früh gegangen sind.*

Who switched the lights off?
Wer hat das Licht ausgeschaltet?

He asked **who had switched the lights off**.
Er fragte, wer das Licht ausgeschaltet hatte.

Bei indirekten Fragen wird meistens **indirekte Rede** verwendet. Mehr dazu finden Sie im Kapitel ‚Verben' (→ S. 184).

Infinitivsätze

Infinitivsätze (*infinitive clauses*) sind Sätze, die keine konjugierte Verbform sondern einen **Infinitiv mit *to*** (→ S. 149) enthalten. Außerdem fehlt in einem Infinitivsatz das Subjekt (→ S. 372).

We plan **to buy a new car next year**.
Wir planen, nächstes Jahr ein neues Auto zu kaufen.
They didn't know **what to do with the broken bottles**.
Sie wussten nicht, was sie mit den kaputten Flaschen tun sollten.

Infinitivsätze werden meistens als Subjekt (→ S. 372) oder Objekt (→ S. 374) verwendet.

 Gespaltener Infinitiv

Wird ein **Infinitivsatz** um eine adverbiale Bestimmung (→ S. 378) ergänzt, so bleibt die Infinitivgruppe im formellen schriftlichen Englisch zusammen und wird durch die adverbiale Bestimmung **nicht geteilt**.

I just want **to finish this chapter <u>quickly</u>** before I start the next one.
Ich will nur schnell dieses Kapitel fertig machen, bevor ich das nächste anfange.

Im täglichen Sprachgebrauch werden die Infinitivsätze jedoch immer häufiger durch adverbiale Bestimmungen geteilt, was von vielen nicht mehr als groben Fehler gesehen wird.

DER SATZ

I just want **to quickly finish this chapter** before I start the next one.
Ich will nur schnell dieses Kapitel fertig machen, bevor ich das nächste anfange.

Nominalsätze

Nominalsätze (*nominal clauses*) sind vollständige Sätze, die – ähnlich wie Wortgruppen – als Satzglied (→ S. 371) in einem Hauptsatz (→ S. 383) stehen können. Sie werden meist als **Subjekt** (→ S. 372) oder **Objekt** (→ S. 374) verwendet.

Nominalsätze werden meistens mit folgenden Wörtern eingeleitet:

how	*wie*	**whether**	*ob*
that	*dass*	**which**	*welche/r/s*
when	*wann*	**who**	*wer*
where	*wo*	**why**	*warum*

How you get there is your problem.   (als Subjekt)
Wie du dort hinkommst, ist dein Problem.

I don't mind **who you invite**.   (als Objekt)
Es ist mir egal, wen du einlädst.

Nominalsätze können auch als **indirekte Fragen** (→ S. 415) verwendet werden.

I don't know **why he can't come**.
Ich weiß nicht, warum er nicht kommen kann.

DIE NEGATION

....

Verneinung von Sätzen → S. 420

Verneinte Sätze werden mit **not** (oder der Kurzform **n't**) nach Hilfsverben und Modalverben gebildet.

I **don't** know him.	*Ich kenne ihn nicht.*	(Aussagesatz)
Don't do that.	*Mach das nicht!*	(Aufforderung)
Don't you know him?	*Kennst du ihn nicht?*	(Frage)

Sondernegation → S. 424

Mit **no** und **not** können Teile eines Satzes verneint werden.

I want you, **not** him.	*Ich brauche dich, nicht ihn.*
We have **no** time.	*Wir haben keine Zeit.*

Verneinung durch Pronomen → S. 425

Mit den Pronomen **none**, **nothing**, **no one** und **nobody** kann der Verneinung Nachdruck verliehen werden.

There is **no one** here.	*Es ist niemand hier.*

Verneinung durch Adverbien → S. 427

Durch die Adverbien **never**, **not ever** und **nowhere** bekommt die Verneinung mehr Nachdruck. Außerdem kann mit Adverbien wie **hardly**, **barely**, **scarcely**, **seldom** oder **rarely** eine negative Bedeutung ausgedrückt werden.

I have **never** been to Paris.	*Ich war noch nie in Paris.*
I **scarcely** know him.	*Ich kenne ihn kaum.*

DER SATZ

Möchte man ausdrücken, dass etwas unwahr oder nicht der Fall ist, so benutzt man **die verneinten Formen**, die Negation (Verneinung).

Satznegation

Verneinte Sätze werden im Englischen durch das Hinzufügen von **not** nach Hilfsverben, Modalverben und nach dem Verb **be** (*sein*) gebildet.

I **have not** been to the cinema for ages.
Ich bin seit einer Ewigkeit nicht im Kino gewesen.
Paul **is not** working at the moment.
Paul arbeitet zur Zeit nicht.

Tom **can't** play the piano.	*Tom kann nicht Klavier spielen.*
Mary **should not** be late.	*Mary sollte nicht zu spät sein.*
Paul **is not** very happy.	*Paul ist nicht sehr glücklich.*
I **am not** frightened.	*Ich habe keine Angst.*

Steht kein Modalverb oder Hilfsverb im Satz wird das Hilfsverb **do** + **not** verwendet.

My mother **does not** like snails.	*Meine Mutter mag Schnecken nicht.*
I **do not** live in London.	*Ich wohne nicht in London.*

 Kurzform n't

Im gesprochenem Englisch wird für die Negation meistens die verkürzte Form **-n't** verwendet.

I **don't** know who you mean.	*Ich weiß nicht, wen du meinst.*
You **mustn't** laugh.	*Du darfst nicht lachen.*

 Nach **am** und **may** wird die Kurzform **-n't** nicht verwendet.

Jane may **not** come to the party.   *Jane wird vielleicht nicht zur Party kommen.*

nicht: ~~Jane mayn't come to the party.~~

Verneinte Imperativsätze

Verneinte Imperativsätze werden meistens mit **do not** bzw. mit der verkürzten Form **don't** gebildet.

Don't worry, be happy.	*Mach dir keine Sorgen, sei glücklich!*
Don't be so hard.	*Sei nicht so hart!*

→ für Imperativ siehe S. 171

Verneinte Fragen

Verneinte Fragen werden entweder mit **not** oder mit der Kurzform **-n't** gebildet. Dabei ist die Satzstruktur jeweils anders.

Verneinung mit **-n't**:	**Hilfsverb** + **n't** + **Subjekt**
Verneinung mit **not**:	**Hilfsverb** + **Subjekt** + **not**

Don't <u>you</u> know James?	*Kennst du James nicht?*
Do <u>you</u> **not** know James?	

→ für Subjekt siehe S. 372; für Hilfsverben siehe S. 112

Verneinung von *have* und *be*

Auch wenn **have** und **be** als Vollverben in verneinten Sätzen stehen, entspricht ihre Position im Satz der von Hilfsverben (→ S. 112). Bei der Verneinung wird kein Hilfsverb benötigt.

Aren't you absolutely thrilled?	*Bist du nicht absolut begeistert?*
Are you **not** absolutely thrilled?	

Verneinte Fragen werden meist benutzt, um **Zustimmung** bzw. **Bestätigung** zu bekommen.

Isn't the weather lovely? *Ist das Wetter nicht wunderschön?*
(Man wäre überrascht, wenn jemand mit ‚Nein' antworten würde.)

Doesn't that belong to Frances? *Gehört das nicht Frances?*
(Der Sprecher geht davon aus, dass es Frances gehört.)

Verneinte Fragen werden auch für **höfliche Vorschläge** verwendet.

Couldn't we go for a walk? *Könnten wir nicht spazieren gehen?*

(!) Achtung! Verneinte Fragen können auch als **Vorwurf** verstanden werden.

Didn't you do that? *Hast nicht du das gemacht?*

Verneinte Sätze mit *any, anyone, anything, anywhere ...*

Verneinte Sätze werden normalerweise nicht mit *some, someone, something, somewhere* usw. benutzt. An ihrer Stelle stehen *any*, *anyone*, *anything*, *anywhere* usw. zusammen mit einem Negativwort wie *not*, *never*, *seldom* usw.

He has been back for three weeks and he hasn't seen **anyone**.
Er ist seit drei Wochen zurück und er hat niemanden gesehen.
I can't find him **anywhere**.
Ich kann ihn nirgends finden.

→ siehe auch verneinende Pronomen S. 101, für *some* und *any* siehe S. 98

Verneinung und Kurzfragen

Nach verneinten Sätzen stehen die Frageanhängsel (→ S. 390) nicht in der verneinten Form.

You don't have a spare key, **do you?**
Du hast keinen Ersatzschlüssel, oder?
She didn't go to school in England, **did she?**
Sie ist nicht in England zur Schule gegangen, oder?

Nach positiven Aussagesätzen stehen die Frageanhängsel in der verneinten Form.

You have a spare key, **don't you?**
Du hast einen Ersatzschlüssel, nicht wahr?
She went to school in England, **didn't she?**
Sie ging in England zur Schule, nicht wahr?

Verneinung durch Präfixe and Suffixe

Durch das Voranstellen (Präfixe) oder Anhängen (Suffixe) von bestimmten Wortteilen an Verben, Adjektive und Adverbien kann man ebenfalls eine Verneinung ausdrücken.

I agree.	→	I **dis**agree. (= I don't agree)
Ich stimme zu.		*Ich stimme nicht zu.*
He is friendly.	→	He is **un**friendly. (= He is not friendly)
Er ist freundlich.		*Er ist unfreundlich.*
He drives carefully.	→	He drives care**lessly**. (= not carefully)
Er fährt vorsichtig.		*Er fährt unvorsichtig.*

Präfixe, die eine Verneinung zum Ausdruck bringen, sind:

a-	→	amoral, asexual
de-	→	defrost, deregulation
dis-	→	disappear, dissatisfied, disagree
il-	→	illegal, illegible
im-	→	imperfect, impossible, immature
in-	→	incomplete, inhuman
ir-	→	irrational, irregular
non-	→	noncommittal, nonsense
un-	→	untidy, uncertain, unrealistic

Ein **Suffix**, mit dem im Englischen eine Verneinung ausgedrückt werden kann, ist **-less**.

-less	→	useless, hopeless, pointless

DER SATZ

Verneinung mit *no*

Negative Antworten drückt man im Englischen am einfachsten mit **no** (*nein*) aus.

Do you like London? – **No**, (I don't).   *Gefällt dir London? – Nein.*

> (!) **No** steht als Antwort **selten allein**, sondern wird meistens von einer Kurzantwort begleitet. Ein einfaches *No* klingt im Englischen zu direkt und wird als sehr unhöflich empfunden.

No wird auch als **verneinender Einwurf** gebraucht; dann verstärkt es die Negation im anschließenden verneinten Satz.

No, I don't believe it.
Nein, das kann ich (überhaupt) nicht glauben.

No bedeutet auch *kein* und wird benutzt, um **etwas** zu **betonen**.

I've got **no** money.   *Ich habe kein Geld.*
(Das ist im Ausdruck stärker als: I have**n't** got any money.)

He's **no** idiot.   *Er ist (ganz sicher) kein Idiot.*

→ siehe auch Sondernegation unten

° Sondernegation

Im Gegensatz zur Satznegation, die immer den gesamten Satz betrifft, bezieht sich die Sondernegation nur **auf einen Teil des Satzes** (einzelne Satzglieder, → S. 371).

Die Sondernegation wird im Englischen mit **not** bzw. **no** ausgedrückt.

Not everyone was happy with his decision.
Nicht jeder war über seine Entscheidung glücklich.

(Hier wird nur das Subjekt des Satzes (→ S. 372), d. h. *everyone* verneint.)

We have **no** time.   *Wir haben keine Zeit.*
(Hier wird nur das Objekt (→ S. 374) *time* verneint).

Verneinung durch Konjunktionen

Eine Verneinung lässt sich auch mit der Konjunktion (→ S. 342) *neither ... nor*
(*weder ... noch*) ausdrücken. Dabei ist *neither ... nor* etwas formeller als eine
Negation mit *not* + *or*.

James speaks **neither** Dutch **nor** German.
James spricht weder Holländisch noch Deutsch.
(etwas informeller: James doesn't speak Dutch or German.)

Verneinende Pronomen

None, *nothing*, *no one* und *nobody* sind Pronomen, die verwendet werden,
um der Verneinung **Nachdruck** zu **verleihen**.

Da diese Wörter bereits eine negative Bedeutung haben, wird im Satz keine
weitere Negation benötigt.

none

None (*keine/r/s*) wird für Personen und Dinge benutzt. Es ist eine **stärkere
Form** von *not ... any*. Vergleichen Sie:

I was told there would be a lot of children at the party, but when we got there, there
weren't **any**. (neutral)
*Mir wurde gesagt, dass es viele Kinder auf der Party geben würde, aber als wir ankamen,
waren keine da.*
I was told there would be a lot of children at the party, but when we got there, there
were **none**. (mit Nachdruck)
*Mir wurde gesagt, dass es viele Kinder auf der Party geben würde, aber als wir ankamen,
waren (gar) keine da.*

DER SATZ

none of

None of wird meistens benutzt, wenn man von *keiner/-em/-en* aus einer Gruppe von Personen oder Dingen sprechen will. *None of* ist in der Aussage **neutral**.

Eric gave me ten books but **none of** them are humourous.
Eric hat mir zehn Bücher gegeben, aber keines ist humorvoll.

None of kann auch *ein Teil von etwas* bedeuten.

None of the story was true.   *Nichts an der Geschichte war wahr.*

not one of

Not one of entspricht der Verneinung mit *none of*, ist aber **nachdrücklicher**.

Mary tried on four dresses but **not one of** them was long enough.
Mary hat vier Kleider anprobiert, aber kein einziges war lang genug.

nothing

Nothing (*nichts*) wird für Dinge verwendet und entspricht der Bedeutung von *not ... anything*. *Nothing* verleiht der Verneinung **mehr Nachdruck** als *not ... anything*.

I have**n't** heard **anything** from Christopher for over a month. (neutral)
Ich habe seit über einem Monat nichts von Christopher gehört.
I've heard **nothing** from Christopher for over a month. (mit Nachdruck)
Ich habe seit über einem Monat (gar) nichts von Christopher gehört.

→ für *nothing* siehe auch S. 103

no one und nobody

No one (*niemand*) (auch *no-one* geschrieben) bedeutet das Gleiche wie *nobody* und wird in der Verneinung bei Personen verwendet. Beide Pronomen stehen für *not anyone* bzw. *not anybody*. Während *no one* etwas häufiger im schriftlichen Englisch zu finden ist, wird *nobody* etwas häufiger im mündlichen Sprachgebrauch verwendet.

No one and *nobody* verleihen der Verneinung **mehr Nachdruck** als *not any-one* und *not anybody*.

I don't know **anyone**/**anybody** who can help.   (neutral)
Ich kenne keinen, der helfen kann.
She knows **no one**/**nobody** who could help.   (nachdrücklich)
Sie kennt keinen (einzigen), der helfen könnte.

i   *No one* und *nobody* können im Satz auch **als Subjekt** (→ S. 372) stehen:

Nobody is perfect.   *Niemand ist perfekt.*
nicht: ~~Not anyone is perfect.~~

→ für *no one* und *nobody* siehe auch S. 102

nothing but/no one but

Wenn *no one*, *nobody* oder *nothing* von *but* gefolgt wird, nimmt die ganze Wortgruppe die Bedeutung von *nur* an.

Nothing but the best is good enough. (= Only the best is good enough.)
Nur das Beste ist gut genug.
No one but Charlie knew the answer. (= Only Charlie knew the answer.)
Keiner außer Charlie wusste die Antwort.

Verneinende Adverbien

Ähnlich wie verneinende Pronomen (→ siehe oben) werden auch Adverbien *never* (*nie*), *not ever* (*niemals*) und *nowhere* (*nirgendwo*) verwendet, um der Verneinung **Nachdruck zu verleihen**.

Da diese Adverbien bereits eine negative Bedeutung haben, wird im Satz keine weitere Negation benötigt.

never

In Negativsätzen werden *nie* bzw. *niemals* mit ***never*** bzw. ***not ever*** ausgedrückt. Mit *never* verleiht man der Negation **mehr Nachdruck** als mit *not ever*.

He has**n't ever** seen the Mona Lisa.	*Er hat die Mona Lisa noch nie gesehen.*
I have **never** been to Paris.	*Ich war noch nie in Paris.*

nowhere

Nowhere (*nirgendwo*) entspricht der Verneinung mit ***not ... anywhere*** und wird benutzt, um auszudrücken, dass etwas an keinem Ort passiert oder zu finden ist.

His glasses were **nowhere**.	*Seine Brille war nirgendwo.*
He ca**n't** find his glasses **anywhere**.	*Er kann seine Brille nirgendwo finden.*

> ***Not ... anywhere*** wird in der Umgangssprache häufiger benutzt als ***nowhere***

Nowhere steht häufig **am Satzanfang**, darauf folgt meistens ein Hilfsverb.

Nowhere had he felt happier.
He had**n't** felt happier **anywhere** else.
Nirgendwo hatte er sich glücklicher gefühlt.

Nowhere kann alleine **als Antwort** stehen.

Where have you been? – **Nowhere**. I've been at home all day.
Wo warst du? – Nirgends. Ich war den ganzen Tag zu Hause.

Adverbien mit negativer Bedeutung

Negative Bedeutung kann auch mit einer Reihe von Adverbien ausgedrückt werden. Diese Adverbien benötigen keine weitere Negation im Satz.

hardly/barely

Hardly und *barely* bedeuten *kaum* bzw. *fast überhaupt nicht* und stehen als Negativwort häufig zusammen mit *any*, *anyone*, *anything* usw.

She could **hardly/barely** speak.
Sie konnte fast überhaupt nicht sprechen.
She has **hardly/barely** eaten anything all day.
Sie hat den ganzen Tag kaum etwas gegessen.

hardly ever

Hardly steht auch oft zusammen mit *ever* in Zusammenhang mit Häufigkeit.

Since they moved I **hardly ever** see them.
Seitdem sie weggezogen sind, sehe ich sie kaum noch.

scarcely

Scarcely hat die gleiche Bedeutung wie *hardly* (*kaum*), ist aber nicht so geläufig.

I **scarcely** know him.   *Ich kenne ihn kaum.*

rarely und seldom

Die beiden Adverbien bedeuten *selten* und sind austauschbar.

I have **rarely/seldom** seen him happier.   *Ich habe ihn selten glücklicher gesehen.*

Rarely und *seldom* können auch in der etwas gehobenen Sprache am Satzanfang stehen. Darauf folgt dann meistens ein Hilfsverb.

Seldom/rarely have we had better results.
Selten haben wir bessere Ergebnisse gehabt.

neither/nor

Neither und **nor** werden im Sinne von *auch nicht* verwendet.

I don't like football. – **Neither** do I.
Ich mag Fußball nicht. – Ich auch nicht.
Tom can't speak Dutch. – **Nor** can James.
Tom kann kein Holländisch sprechen. – James auch nicht.

Neither ... nor kann auch als Konjunktion *weder ... noch* verwendet werden und eine negative Bedeutung ausdrücken (→ S. 425).

Doppelte Verneinung

Mit der doppelten Verneinung drückt man keine negative sondern **eine positive Aussage** aus. Vergleichen Sie:

He wasn't friendly.	(= He was unfriendly.)
Er war nicht freundlich.	(= *Er war unfreundlich.*)
He was**n't unfriendly**.	(= He was friendly.)
Er war nicht unfreundlich.	(= *Er war freundlich.*)

Doppelte Verneinungen werden im Englischen häufig verwendet, um eine Aussage etwas **weniger direkt** bzw. unparteiischer auszudrücken.

Im Standardenglischen kann eine doppelte Verneinung auch die Verneinung betonen, wenn sie am Ende eines Satzes als **Anhängsel** mit *think* (*denken*) *suppose* (*annehmen*) oder *imagine* (*denken, ausgehen von*) steht.

You're **not going** past the post office, I **don't suppose**?
Du kommst nicht (zufällig) an der Post vorbei, nehme ich an?
She wo**n't be able** to get up the stairs, I **shouldn't imagine**.
Sie wird die Treppe nicht hochsteigen können, zumindest kann ich mir das nicht vorstellen.

Doppelte Negation, die negativ bleibt

In vielen englischsprachingen Liedern, aber auch im englischen Slang kann eine doppelte Negation vorkommen, bei der die negative Aussage erhalten bleibt. Dies ist aber grammatisch inkorrekt und entspricht keinesfalls der Standardsprache. Man sollte es verstehen, aber nicht unbedingt benutzen.

We **don't** need **no** education. (Pink Floyd)   *Wir brauchen keine Bildung.*
I **ain't** seen **nobody**.   *Ich habe keinen gesehen.*

Manchmal wird auch nach Ausdrücken von Ungewissheit oder Zögern eine Negation in positiver Bedeutung verwendet. Dadurch stehen **zwei Verneinungen in einem Satzgefüge**.

I shouldn't be **surprised** if they **didn't try** to buy their neighbour's house.
(= I think they will buy their neighbour's house.)
Es würde mich nicht überraschen, wenn sie nicht versuchen würden, das Haus ihrer Nachbarn zu kaufen.

She's **not sure** whether she ought**n't to ask** for an extra day off.
(= whether she ought to)
Sie ist sich nicht sicher, ob sie (nicht) um einen zusätzlichen freien Tag bitten sollte.

DER SATZ

RECHTSCHREIBUNG

ÜBERSICHT

Durch die Rechtschreibung wird festgelegt, wie die Wörter einer Sprache geschrieben werden. Dazu gehören vor allem folgende Aspekte:

Groß- und Kleinschreibung →S. 433

table, Susan, Mr Smith, Cambridge University, Monday …

Wortendungen →S. 437

fly – flies   real – really   close – closer   beauty – beautiful …

Vorsilben →S. 443

illegal, unreal, ex-husband, all-inclusive, anti-American …

Zusammengesetzte Wörter →S. 445

a life-long friendship, pre-arrange, two-thirds …

Buchstaben und Laute →S. 449

drive, bomb, scissors, damn, knight, eight, debt, rhyme …

Amerikanisches und britisches Englisch →S. 454

color – colour   liter – litre   fulfill – fulfil   analyze – analyse …

Sprachliche Interferenzen →S. 457

brown, cassette, address, medicine …

° Groß- und Kleinschreibung

Kleinschreibung

Die meisten **Substantive** (→ S. 30) (außer am Satzanfang) werden im Englischen kleingeschrieben, z. B.:

table	*Tisch*	**b**ook	*Buch*	**w**ork	*Arbeit*

The **b**ook was on the **t**able.　　　　*Das Buch war auf dem Tisch.*

Großschreibung

Wörter am **Anfang eines Satzes** werden immer großgeschrieben.

My house is in the centre of town.　　　*Mein Haus ist im Stadtzentrum.*

Das **Personalpronomen** *I* (*ich*) (→ S. 70) wird immer großgeschrieben, unabhängig von seiner Stellung im Satz.

When **I** was a child **I** always ate ice-cream for breakfast.
Als ich ein Kind war, aß ich immer Eis zum Frühstück.

Substantive werden im Englischen normalerweise kleingeschrieben.

Folgende Gruppen von Wörtern werden im Englischen **großgeschrieben**:

- **Eigennamen, Titel und Anreden**

Susan	**M**r **S**mith	**M**s **T**ayler	**M**rs **B**rown
Uncle **T**om	**D**r **T**urnbull	**G**randad	**P**rofessor **C**artland

Mr and **M**rs **M**orel have a daughter. Her name is **M**adeleine.
Herr und Frau Morel haben eine Tochter. Sie heißt Madeleine.

Dad und *mum*

Während Wörter wie ***dad*** (*Vater/Papa*) oder ***mum*** (*Mutter/Mama*) normalerweise kleingeschrieben werden, können sie auch großgeschrieben werden, wenn sie wie Eigennamen benutzt werden.

His dad is a very nice man.
Sein Vater ist ein sehr netter Mann.
Does **D**ad know you are going out tonight?
Weiß Papa, dass du heute Abend ausgehst?

Abgekürzte Titel und Anreden

Abkürzungen von Titeln und Anreden werden im **britischen** Englisch (BrE) ohne Punkt geschrieben. Im **amerikanischen** Englisch (AmE) werden sie mit Punkt geschrieben, z. B.:

BrE: Dr Taylor, Prof White, Mr + Mrs Jones
AmE: Dr. Taylor, Prof. White, Mr. + Mrs. Jones

→ für *Mrs, Ms* und *Miss* siehe S. 53

- **Namen von Institutionen, Organisationen, Gebäuden oder Bauwerken sowie Markennamen**

Rolls-**R**oyce   the **E**iffel **T**ower   the **N**ational **T**rust
the **S**upreme **C**ourt   **C**ambridge **U**niversity   **T**ower **B**ridge

They drove to Paris in a **M**ercedes and saw the **E**iffel **T**ower.
Sie fuhren mit einem Mercedes nach Paris und sahen den Eiffelturm.

- **Länder und Städte**

Great Britain   **G**reece   the **C**zech **R**epublik
Australia   **P**aris   **L**ondon

They spent their holiday in **F**rance.   *Sie verbrachten ihre Ferien in Frankreich.*
I live in **B**elgium.   *Ich wohne in Belgien.*

- **Nationalitäten und Sprachen**

Land	Nationalität	Sprache	Übersetzung
Germany	**German**	**German**	*Deutschland*
Brazil	**Brazilian**	**Portuguese**	*Brasilien*
Korea	**Korean**	**Korean**	*Korea*
France	**French**	**French**	*Frankreich*
Russia	**Russian**	**Russian**	*Russland*
the Netherlands	**Dutch**	**Dutch**	*die Niederlande*

Jan comes from the Netherlands and speaks **D**utch.
Jan kommt aus den Niederlanden und spricht Holländisch.
He is a famous **A**frican writer.
Er ist ein berühmter afrikanischer Schriftsteller.

(→ siehe dazu auch S. 300)

- **geographische Namen (Flüsse, Meere, Seen, Gebirge ...)**

the **D**anube	*die Donau*	the **A**tlantic **O**cean	*die Atlantik*
Lake **C**onstance	*der Bodensee*	the **A**ndes	*die Anden*

The **M**ississippi **R**iver is one of the longest rivers in the world.
Der Mississippi ist einer der längsten Flüsse der Welt.

- **Religionen, Religionszugehörigkeiten und Begriffe mit religiösem Charakter**

Buddhism	*Buddhismus*	**J**ews	*Juden*
Dalai **L**ama	*Dalai-Lama*	**B**ible	*Bibel*

In this part of town, **J**ews, **M**uslims and **C**hristians live together.
In diesem Stadtviertel leben Juden, Muslime und Christen zusammen.

- **historische Epochen, Ereignisse und Dokumente**

the **R**enaissance	the **M**agna **C**arta	**W**orld **W**ar II

Auch das Wort *God* und die dazugehörigen Pronomen werden im Englischen großgeschrieben, wenn dabei an einen spezifischen Gott (z. B. den christlichen Gott) gedacht wird.

God showed His love for us.   *Gott zeigte seine Liebe für uns.*

- **Wochentage, Monate und Festtage**

| Monday | *Montag* | January | *Januar* |
| Easter | *Ostern* | Good Friday | *Karfreitag* |

John works from Monday to Friday every week.
John arbeitet jede Woche von Montag bis Freitag.

- **Kurzformen**

AIDS	acquired immune deficiency syndrom
CEO	Chief Executive Officer
M.A.	Master of Arts
NHS	National Health Service
Rd	road
VAT	value-added tax

→ für Schreibung mit und ohne Punkt siehe ‚Zeichensetzung' S. 461

- **Titel von Büchern, Liedern, Filmen usw.**

Bei Titeln von Büchern, Liedern oder Filmen werden die längeren und/oder wichtigen Wörter großgeschrieben. Präpositionen und Konjunktionen bleiben meist klein:

Gone with the Wind®   Star Wars®
River of Dreams©   House of the Rising Sun

- **Briefanfang**

Schreibt man einen Brief, so beginnt der Satz nach der Anrede mit einem Großbuchstaben, auch wenn diese durch Komma abgetrennt ist:

Dear Sam,	*Lieber Sam,*
Thank you for your kind letter.	*vielen Dank für deinen netten Brief.*

→ siehe auch ‚Zeichensetzung' S. 470

Veränderungen bei den Wortendungen

Pluralendungen

Oft ändert sich die Schreibweise eines Wortes mit der Pluralendung (→ S. 31). Beim regelmäßigen Plural wird ein **-s** angehängt.

river - river**s**	*Fluss – Flüsse*
magazine – magazine**s**	*Zeitschrift – Zeitschriften*

Endet ein Wort im Singular auf **-y**, so wird das **y** vor dem Plural **s** zu **-ie-**.

fl**y** - fl**ies**	*Fliege – Fliegen*
librar**y** - librar**ies**	*Bücherei – Büchereien*

Endet ein Wort jedoch auf **Vokal** (→ S. 16) **+ -y**, so wird wiederum nur ein **-s** angehängt.

k**ey** - key**s**	*Schlüssel – Schlüssel*
pl**ay** - play**s**	*Schauspiel – Schauspiele*

Plural mit -es zur Erleichterung der Aussprache
An manche Laute lässt sich aus Aussprachegründen schlecht ein **s** anhängen (versuchen Sie einmal, ***boxs** auszusprechen). Deshalb wird bei Wörtern auf **-s**, **-ch**, **-sh**, **-x** und **-z** der Plural mit **-es** gebildet.

bu**s** - bus**es**	*Bus – Busse*
chur**ch** - church**es**	*Kirche – Kirchen*
bu**sh** - bush**es**	*Busch – Büsche*
bo**x** - box**es**	*Kiste – Kisten*
qui**z** - quiz**es**	*Quiz*

Andere unregelmäßige Pluralbildungen

Manche Wörter, die im Singular auf **-o** enden, enden im Plural auf **-oes**.

tomat**o** - tomat**oes**	*Tomate – Tomaten*
her**o** - her**oes**	*Held – Helden*

 Dies betrifft aber nicht alle Wörter auf **-o**:

kil**o** - kil**os**	*Kilo – Kilos*
disc**o** - disc**os**	*Disko – Diskos*

Es gibt hier keine Regel, man muss auswendig lernen, wann **-oes** benutzt wird und wann **-os**. Manchmal sind auch beide Schreibweisen möglich:

ghett**o** - ghett**os**/ghett**oes**	*Getto – Gettos*

Wörter, die im Singular auf **-f** enden, enden im Plural häufig auf **-ves**.

lea**f** - lea**ves**	*Blatt – Blätter*
wol**f** - wol**ves**	*Wolf – Wölfe*

 Aber es gibt hierzu auch **Ausnahmen**, zum Beispiel:

roo**f** - roo**fs**	*Dach – Dächer*
chie**f** - chie**fs**	*Chef – Chefs*

Leider gibt es hier keine Regel, man muss auswendig lernen, wann ein **-ve** benutzt wird und wann das **f** bleibt.

Einige Wörter, die auf **-fe** enden, bilden den Plural auch auf **-ves**.

kni**fe** - kni**ves**	*das Messer – die Messer*
wi**fe** - wi**ves**	*(Ehe)Frau – (Ehe)Frauen*
li**fe** - li**ves**	*das Leben – die Leben*

Aussprache von *lives*

Das Wort ***lives*** kann sowohl ein Substantiv im Plural (Singular: *life*) als auch Verb in der 3. Person Singular (Infintiv: *live*) sein. Obwohl beide Formen gleich geschrieben werden, ist die Aussprache verschieden.

He **lives** [lɪvz] in Hamburg.
Er lebt in Hamburg.
Why do they say a cat has nine **lives** [laɪvz]?
Warum heißt es, eine Katze hat neun Leben?

Die Endung *-ly*

Adverbien (→ S. 313) werden aus Adjektiven (→ S. 290) gebildet, indem man die Endung ***-ly*** anhängt.

strong – strong**ly**	*stark*
complete – complete**ly**	*vollständig*

Endet das Adjektiv schon auf ***-l***, so muss man darauf achten, dass das Adverb nun auf ***-lly*** endet, da das ***l*** des Adjektivs bleibt.

carefu**l** – carefu**lly**	*vorsichtig*
rea**l** – rea**lly**	*wirklich*

Endet ein Adjektiv auf ***-le***, so fällt das ***e*** beim Adverb weg und an seine Stelle tritt das ***-y***.

probab**le** – probab**ly**	*wahrscheinlich*
terrib**le** – terrib**ly**	*schrecklich*

Endet ein Adjektiv auf ***-y***, so wird das ***y*** beim Adverb durch ein ***i*** ersetzt.

hungr**y** – hungr**ily**	*hungrig*
necessar**y** – necessar**ily**	*notwendig – notwendigerweise*

Merksatz: **If adding -*ly*, change the *y* to an *i*.**

Endet ein Adjektiv auf **-*ic***, so wird das Adverb mit der Endung **-*ally*** gebildet.

theoret**ic** – theoretic**ally**	*theoretisch*
automat**ic** – automatic**ally**	*automatisch*

Ausnahme: publ**ic** – public**ly**

Steigerung der Adjektive und Adverbien

Kurze Adjektive (→ S. 303) und Adverbien (→ S. 318) werden durch Anhängen der Endung **-*er*** (Komparativ) und **-*est*** (Superlativ) gesteigert.

slow – slow**er** – slow**est**	*langsam – langsamer – am langsamsten*
old – old**er** – old**est**	*alt – älter – am ältesten*

Endet ein Adjektiv oder Adverb auf **-*e***, so braucht man kein zusätzliches **e**, sondern hängt einfach nur ein **-*r*** bzw. ein **-*st*** an.

clos**e** – close**r** – close**st**	*nah – näher – am nächsten*
wis**e** – wise**r** – wise**st**	*weise – weiser – am weisesten*

Endet ein Adjektiv oder Adverb auf **-*y***, so wird dieses bei der Steigerung durch ein **-*i*** ersetzt.

earl**y** – earl**ier** – earl**iest**	*früh – früher – am frühesten*
funn**y** – funn**ier** – funn**iest**	*lustig – lustiger – am lustigsten*

full und -*ful*

Das Adjektiv **full** (*voll*) wird mit **Doppel-*l*** geschrieben. Wird es aber als Suffix (Nachsilbe) benutzt, so wird es nur mit einem **-*l*** am Ende geschrieben.

wonder**ful**	*wundervoll*
thought**ful**	*nachdenklich*

Hängt man die Nachsilbe **-*ful*** an ein Wort, das auf **-*y*** endet, so wird auch hier das **y** zu einem **i**.

beau**ty** – beaut**iful**	*schön*
du**ty** – dut**iful**	*pflichtbewusst*

Die Nachsilbe *-ous*

Manchmal werden Adjektive (→ S. 296) aus Substantiven (→ S. 30) gebildet, indem die Nachsilbe **-ous** angehängt wird.

danger – danger**ous**	*Gefahr – gefährlich*

Endet das Substantiv jedoch auf **-our**, so fällt das **u** beim Adjektiv weg.

hum**our** – hum**or**ous	*Humor – humorvoll*
glam**our** – glam**or**ous	*Glanz – glanzvoll*

Im **amerikanischen Englisch** stellt sich dieses Problem nicht, da dort die Schreibweise **-or** die Schreibweise **-our** ersetzt hat.

hum**or** – hum**or**ous

→ siehe auch ‚Amerikanisches und britisches Englisch' S. 454

Verbformen im *present simple*

Im *present simple* (→ S. 197) wird bei der dritten Person Singular (**he**, **she**, **it**) ein **-s** an das Verb gehängt.

walk → walk**s**	*gehen*	live → live**s**	*leben*

Endet ein Verb auf **-o**, **-ch**, **-sh**, **-ss**, oder **-x**, so endet es in der dritten Person Singular auf **-es**.

go → go**es**	*gehen*	wish → wish**es**	*wünschen*
do → do**es**	*tun*	miss → miss**es**	*vermissen*
catch → catch**es**	*fangen*	fax → fax**es**	*faxen*

Endet ein Verb auf **Konsonant** (→ S. 18) **+ y**, wird das **y** in der dritten Person Singular durch **-ies** ersetzt.

try → tr**ies**   *probieren*   fly → fl**ies**   *fliegen*

present participle (*ing*-Form)

Endet ein Verb auf einen **kurzen Vokal** (→ S. 16) **+ Konsonant** (→ S. 18), so wird der Konsonant meist verdoppelt.

cut → cut**t**ing   *schneiden*   stop → sto**pp**ing   *stoppen*

Endet das Verb auf **-e**, so fällt dieses bei der *ing*-Form (→ S. 155) weg.

lov**e** → lov**ing**   *lieben*   hav**e** → hav**ing**   *haben*

Formen regelmäßiger Verben in der Vergangenheit

Regelmäßige Verben (→ S. 168) enden im *past simple* auf **-ed**.

talk → talk**ed**   *reden*   turn → turn**ed**   *wenden*

Endet das Verb schon auf **Konsonant** (→ S. 18) **+ -e**, so braucht man nur ein **d** anzuhängen.

lik**e** → lik**ed**   *mögen*   smil**e** → smil**ed**   *lächeln*

Endet ein Verb auf **Konsonant** (→ S. 18) **+ -y**, so wird das **y** im *past simple* durch **i + -ed** ersetzt.

occup**y** → occup**ied**   *besetzen*   marr**y** → marr**ied**   *heiraten*

Vorsicht beim *past simple*

Bei manchen Verben, die auf **Vokal** (→ S. 16) **+ -y** enden, wird das **y** im *past simple* (→ S. 209) durch ein **i** ersetzt.

sa**y** - sa**id**   *sagen*   pa**y** - pa**id**   *bezahlen*

Endet ein Verb auf einen einzelnen Konsonanten (→ S. 18), so wird dieser im *past simple* häufig verdoppelt, vor allem die Konsonanten **b**, **p**, **l** und **t**.

ro**b** → ro**bb**ed	*rauben*	control → control**l**ed	*kontrollieren*
sto**p** → sto**pp**ed	*stoppen*	permi**t** → permi**tt**ed	*erlauben*

Vorsilben

Durch das Anfügen einer Vorsilbe (Präfix) ändert sich normalerweise die Schreibweise des Stammwortes nicht. Trotzdem gibt es einige Dinge, auf die man achten muss.

Die Vorsilben **in-**, **ir-**, **il-** und **im-** werden oft benutzt, um die Bedeutung eines Wortes in sein **Gegenteil** zu verkehren:

- **il-** wird vor Wörter gesetzt, die mit **l** beginnen,

- **ir-** wird vor Wörter gesetzt, die mit **r** beginnen

- **im-** wird vor Wörter gesetzt, die mit **m**, **p** oder **b** beginnen

Beginnt das Stammwort mit dem gleichen Buchstaben, auf den die Vorsilbe endet, kommt es zu einer Dopplung dieses Buchstabens.

illegal	*illegal*	**im**mobile	*unbeweglich*
irrational	*irrational*		

(**!**) Vorsicht, nicht alle Wörter, die mit **l** oder **r** anfangen, bilden ihr Gegenteil mit der Vorsilbel **il-** oder **ir-**

unlawful	*rechtswidrig*	**un**real	*unwirklich*
unleaded	*bleifrei*	**un**reasonable	*unvernünftig*
unload	*entladen*	**un**reliable	*unzuverlässig*

Das Gleiche gilt für andere Vorsilben, die auf den gleichen Buchstaben enden, mit dem das Stammwort beginnt:

dissimilar	*unterschiedlich*	misspell	*falsch buchstabieren*

(!) Bezeichnenderweise ist **misspell** ein häufig falsch geschriebenes Wort im Englischen!

Normalerweise werden Vorsilbe und Stammwort in einem Wort zusammen-geschrieben und nicht durch einen Bindestrich voneinander getrennt. Die Vorsilben **self-**, **ex-** und **all-** werden jedoch in der Regel durch **Binde-strich** abgetrennt:

self-employed	*selbständig*	**ex-**husband	*Exmann*
all-inclusive	*alles inklusive*		

Die Vorsilbe **pro-** wird durch Bindestrich abgetrennt, wenn sie im Sinne von *für* benutzt wird:

pro-choice	*für das Recht auf Abtreibung*
pro-life	*gegen Abtreibung*

Ein Bindestrich wird außerdem immer benutzt, wenn das Stammwort groß-geschrieben wird:

anti-**A**merican	*antiamerkanisch*
pro-**B**ush	*pro-Bush*
non-**E**nglish	*nicht englisch*
pre-**C**hristian	*vorchristlich*
post-**I**mpressionist	*nachimpressionistisch*

Zusammengesetzte Wörter

Wörter, die aus zwei oder mehr Wörtern zusammengesetzt sind (Komposita), werden entweder in einem Wort geschrieben (flowerpot), mit einem Bindestrich verbunden (short-lived) oder getrennt geschrieben (pound coin).

Im Gegensatz zum Deutschen werden im Englischen weniger Komposita zusammengeschrieben, stattdessen wird **Getrenntschreibung** oder **Bindestrich** bevorzugt. Deshalb sollte man Komposita im Zweifelsfall getrennt schreiben.

Verwendung des Bindestrichs

Der Bindestrich wird verwendet, wenn ein **zusammengesetztes Wort als Adjektiv** (→ S. 301) fungiert.

a life-long friendship	*eine lebenslange Freundschaft*
a cold-blooded murder	*ein kaltblütiger Mord*
a full-time job	*ein Vollzeitjob*
an old-age pensioner	*ein Rentner*
a ten-year-old boy	*ein zehnjähriger Junge*

Der Bindestrich wird häufig auch bei **zusammengesetzten Verben** sowie bei **Zusammensetzungen mit Präfixen** verwendet.

pre-arrange	*vorbereiten*	co-author	*gemeinsam verfassen*
half-moon	*Halbmond*	mid-May	*Mitte Mai*
ex-husband	*Exmann*	co-worker	*Mitarbeiter*
non-smoker	*Nichtraucher*	non-durables	*Verbrauchsgüter*
dead-end	*Sackgasse*	out-patients	*Ambulanz*

Zahlen von 2 bis 99 (→ S. 353) und **Brüche** (→ S. 358) werden mit dem Bindestrich verbunden.

RECHTSCHREIBUNG UND ZEICHENSETZUNG

| two-thirds | *zwei Drittel* | three-quarters | *drei viertel* |
| thirty-one | *einunddreißig* | ninety-nine | *neunundneunzig* |

 Getrennt, zusammen oder mit Bindestrich?

Wenn man sicher sein will, ob ein zusammengesetztes Wort getrennt, zusammen oder mit Bindestrich geschrieben wird, muss man es **im Wörterbuch nachschlagen**, da es leider keine allgemeingültigen Regeln gibt, die alle möglichen Fälle abdecken.

→ für Bindestrich siehe auch „Zeichensetzung" S. 474

Häufig verwechselte Wörter

Bestimmte Wörter werden oft falsch geschrieben, weil sie mit **gleich klingenden Wörtern** (Homophonen) oder **ähnlich klingenden Wörtern** verwechselt werden. Hier einige Wörter, bei denen besondere Vorsicht geboten ist:

accept	except	*akzeptieren*	*außer*
access	excess	*Zugang*	*Übermaß*
affect	effect	*beeinflussen*	*Wirkung*
altar	alter	*Altar*	*ändern*
assent	ascent	*zustimmen*	*Aufstieg*
assistants	assistance	*Assistenten, Verkäufer*	*Hilfe*
board	bored	*Brett*	*gelangweilt*
break	brake	*Pause, zerbrechen*	*Bremse bremsen*
by	buy	*bei*	*kaufen*
clothes	cloths	*Kleider, Kleidung*	*Stoff, Lappen*
coarse	course	*grob*	*Kurs*
complement	compliment	*ergänzen*	*Kompliment machen*
council	counsel	*(Gemeinde)Rat*	*beraten*
desert	dessert	*Wüste*	*Nachtisch*
device	devise	*Gerät, Vorrichtung*	*ausdenken*
discreet	discrete	*dezent, diskret*	*diskret, separat*
dyeing	dying	*färbend*	*sterbend*

elicit	illicit	entlocken	verboten
fair	fare	gerecht, Messe	Fahrpreis
feat	feet	(Meister)Leistung	Füße
flower	flour	Blume	Mehl
for	four	für	vier
heal	heel	heilen	Absatz, Ferse
here	hear	hier	hören
heroin	heroine	Heroin	Heldin
heard	herd	gehört	Herde, Rudel
hole	whole	Loch	ganz
holy	wholly	heilig	gänzlich
isle	aisle	kleine Insel	(Mittel)Gang
horse	hoarse	Pferd	heiser
its	it's	sein (Pronomen)	es ist
key	quay	Schlüssel	Kai
lead	led	Blei	geführt
lessen	lesson	verringern	Unterricht, Lektion
lose	loose	verlieren	locker, lose
miner	minor	Bergarbeiter	unbedeutend
new	knew	neu	wusste
night	knight	Nacht	Ritter
no	know	nein	wissen
past	passed	Vergangenheit	vergangen, bestanden
patience	patients	Geduld	Patienten
peace	piece	Friede	Stück
personal	personnel	persönlich	Personal
plane	plain	Ebene, hobeln	einfach, Natur-
pray	prey	beten	Beute
presence	presents	Anwesenheit	Geschenke
principle	principal	Prinzip	Schulleiter
road	rode	Straße, Weg	ritt
sail	sale	Segel, segeln	Verkauf
sauce	source	Soße	Quelle
stationary	stationery	still sehend, ruhend	Schreibwaren
see	sea	sehen	Meer
straight	strait	gerade	Meerenge, Notlage
throne	thrown	Thron	geworfen
waist	waste	Taille	Verschwendung, Abfall
weak	week	schwach	Woche
wear	where	tragen (Kleider)	wo

RECHTSCHREIBUNG UND ZEICHENSETZUNG

whether	weather	ob		Wetter
which	witch	welche/r/s		Hexe
whose	who's	wessen		wer ist
your	you're	dein/Ihr/euer		du bist/Sie sind/ihr seid

buy	by	bye	kaufen	bei	tschüs
censor	censure	sensor	Zensor	tadeln	Sensor
cite	site	sight	zitieren	Stelle, Ort	Sicht
decent	descent	dissent	anständig	Abstieg	Widerspruch
right	write	rite	richtig	schreiben	Ritus
their	there	they're	ihre	dort	sie sind
to	too	two	zu	auch, zu	zwei
were	wear	where	wart/-st/-en	tragen	wo

(!) Achtung: **loser** (*Verlierer*) kommt von dem Verb **to lose** und wird nur mit einem **o** geschrieben.

(!) **live/life und chose/choose**

Obwohl **live** [lɪv] (*leben*) und **life** [laɪf] (*das Leben*) nicht ähnlich klingen, werden sie trotzdem häufig verwechselt.

Ebenso wird **choose** [tʃuːz] (*wählen*) oft mit seiner Vergangenheitsform **chose** [tʃəʊz] (*wählte*) verwechselt.

Eine weitere Quelle von Verwirrungen sind die folgenden Substantive und Verben:

advi**ce** – advi**se**	*Ratschlag – raten*
devi**ce** – devi**se**	*Vorrichtung – sich ausdenken*
practi**ce** – practi**se** (BrE)	*Übung – üben*

Während sich die Aussprache bei **advice/advise** [ədˈvaɪs / ədˈvaɪz] sowie **device/devise** [dɪˈvaɪs / dɪˈvaɪz] ändert, bleibt sie bei **practice/practise** [ˈpræktɪs] gleich.

advice und *advise*

Achten Sie darauf, dass das Substantiv (*Ratschlag*) mit **c**, während das Verb (*beraten*) mit **s** geschrieben wird.

I would advi**s**e you to clean up your room.
Ich würde dir dazu raten, dein Zimmer aufzuräumen.
Could you give me some advi**c**e?
Könntest du mir einen Rat geben?

 practice

Achtung: Im **amerikanischen Englisch** wird *practice* unabhängig davon, ob es ein Substantiv (*Übung*, *Training*) oder ein Verb (*üben*) ist, immer mit **-ce** geschrieben.

Stumme Buchstaben

Das Englische hat keine phonetische Rechtschreibung, das heißt, dass Buchstabenkombinationen nicht verlässlich mit Lautkombinationen (→ S. 14) verbunden sind. So gibt es in englischen Wörtern zahlreiche Buchstaben, die zwar **geschrieben, aber nicht gesprochen** werden. Dies liegt unter anderem daran, dass viele Wörter im Laufe der Jahrhunderte ihre Aussprache geändert haben, die Schreibweise sich aber nicht oder nur bedingt geändert hat.

So wird zum Beispiel ein einfaches **-e** am Ende eines Wortes fast nie gesprochen.

driv**e**	*fahren*	glov**e**	*Handschuh*
lin**e**	*Linie*	lov**e**	*Liebe*

Im britischen Englisch ist auch das **r** nach Vokalen (→ S. 16) meist stumm, wenn darauf kein weiterer Vokal folgt.

| labou**r** | *Arbeit* | da**r**k | *dunkel* |
| su**r**prise | *Überraschung* | fa**r**ther | *weiter* |

 Das r

Während im **britischen** English das **r** in **dark** stumm ist [dɑːk], wird es im im **amerikanischen** Englisch ausgesprochen [dɑːrk].

Steht **-mb** am Ende eines Wortes oder einer Silbe, ist das **b** in der Regel stumm.

| bom**b** | *Bombe* | dum**b** | *dumm, stumm* |
| lam**b**swool | *Schafswolle* | clim**b**er | *Kletterer* |

Beginnt ein Wort mit einem **sc-** auf das ein **e** oder **i** folgt, so wird meist nur das **s** gesprochen und das **c** bleibt stumm.

| **sc**ience fiction | *Science Fiction* | **sc**ene | *Szene* |
| **sc**issors | *Schere* | **sc**ent | *Duft* |

(ː ə) ***sceptic***

Ausnahme: Bei dem Wort **sceptic** (*Skeptiker*) und von ihm abgeleiteten Wörtern wird das **c** ausgesprochen.

Endet ein Wort oder eine Silbe auf **-mn**, so ist das **n** stumm.

| da**mn** | *verfluchen* | autu**mn** | *Herbst* |

Stehen **kn** oder **gn** zu Beginn eines Wortes, so sind das **k** bzw. das **g** stumm.

| **gn**aw | *nagen* | **gn**at | *Stechmücke* |

know	*wissen*	**kn**ife	*Messer*
knock	*klopfen*	**kn**ight	*Ritter*

 Achtung bei Homophonen

Es gibt einige **gleichlautende Wörter** (Homophone), die mit einem einfachen ***n*** beginnen. Hier ist die Verwechslungsgefahr besonders groß (→ siehe ‚Häufig verwechselte Wörter' S. 446).

no – know	*nein – wissen*	night – knight	*Nacht – Ritter*

Bei der Buchstabenkombination ***-ght*** bleibt das ***-gh*** stumm und man hört nur das ***t***.

bou**ght**	*kaufte*	ni**ght**	*Nacht*
ei**ght**	*acht*	tau**ght**	*lehrte*
fi**ght**	*Kampf*	ti**ght**	*fest, eng*
kni**ght**	*Ritter*	thou**ght**	*Gedanke*

Bei Wörtern, die mit ***ps-*** beginnen, ist das ***p*** stumm.

pseudo	*pseudo*	**ps**ychology	*Psychologie*
psychiatry	*Psychatrie*	**ps**alm	*Psalm*

 subtle

Auch das ***b*** im Wort ***subtle*** (*subtil*) ist stumm – [ˈsʌtl̩].

Auch der Buchstabe ***h*** ist oft stumm. So zum Beispiel nach ***ex***:

exhaust	*erschöpfen*	**ex**hibition	*Ausstellung*
exhume	*ausgraben*	**ex**hilarated	*begeistert*

Der Buchstabe **h** ist auch nach einem **r** stumm.

rhyme	*Reim*	**rh**ythm	*Rhythmus*
rhinoceros	*Rhinozeros*	**rh**etorical	*rhetorisch*

Für die Rechtschreibung ist problematisch, dass viele Buchstabenkombinationen nur in manchen Wörtern stumm sind, es aber kaum Regeln dafür gibt, wann sie ausgesprochen werden und wann nicht.

So wird zum Beispiel die Buchstabenkombination **-gh** im Wort **tough** [tʌf] (*zäh*) wie ein **f** gesprochen, während sie bei dem Wort **though** [ðəʊ] (*obwohl*) stumm ist. Leider ist es unmöglich, hier Regeln an die Hand zu geben, da die englische Rechtschreibung nicht phonetisch ist.

Hier eine Liste mit Wörtern, die stumme Laute enthalten und oft falsch geschrieben werden. Der stumme Laut ist jeweils markiert:

ac**q**uire	[əˈkwaɪə]	*erlangen*
dialo**gue** (BrE)	[ˈdaɪəlɒg]	*Dialog*
em**p**ty	[ˈem(p)ti]	*leer*
ex**c**eed	[ɪkˈsiːd]	*übersteigen*
ex**c**itement	[ɪkˈsaɪtmənt]	*Aufregung*
gove**r**nment	[ˈgʌvənmənt]	*Regierung*
immediat**e**ly	[ɪˈmiːdiətli]	*sofort*
is**l**and	[ˈaɪlənd]	*Insel*
qu**eue**	[kjuː]	*Schlange*
recei**p**t	[rɪˈsiːt]	*Quittung*
su**r**prise	[səˈpraɪz]	*Überraschung*

○ Ein Laut – viele Schreibweisen

Weil das Englische keine phonetische Rechtschreibung hat, kann ein und derselbe **Laut** auf sehr viele **verschiedene Arten und Weisen geschrieben** werden. Das heißt, dass man die Schreibung jedes Wortes lernen muss. (Und umgekehrt bei einem geschriebenen Wort nicht automatisch weiß, wie es ausgesprochen wird. Selbst Muttersprachler müssen die Aussprache von Wörtern, die sie nur aus der Schriftsprache kennen, oft nachschlagen.)

So wird z. B. der **Vokal** (→ S. 16) **in unbetonten Silben** (→ S. 22) meist wie ein schwaches **e** [ə] gesprochen, geschrieben wird aber oft ein ganz anderer Vokal. Dies führt oft zu Unsicherheiten in der Schreibweise.

independence	[ˌɪndɪˈpendən(t)s]	*Unabhängigkeit*
attendance	[əˈtendən(t)s]	*Teilnahme*
ambulance	[ˈæmbjələn(t)s]	*Krankenwagen*
correspondence	[ˌkɒrɪˈspɒndən(t)s]	*Übereinstimmung*
boredom	[ˈbɔːdəm]	*Langeweile*

Vokallaute (→ S. 16) können auf viele unterschiedliche Arten und Weisen geschrieben werden. Dabei sind es vor allem die langen Laute, die eine Vielzahl von Schreibweisen haben, wie Sie an der Liste mit einigen der wichtigsten Beispiele aus dem britischen Englisch sehen können.

u:	i:	e (kurz)	aɪ	əʊ	æ (kurz)	ɪ (kurz)
true	please	red	ride	close	bat	before
too	tree	head	fly	road		ship
new	grief	said	height	soul		
shoe	perceive		fight	low		
group				toe		
fruit				tableau		
two						

° Lautliche Verwirrungen

Besonders vorsichtig muss man sein, wenn eine Buchstabenkombination die **Lautkombination umkehrt**. Dies ist zum Beispiel bei der Endung **-le** nach einem vorhergehenden Konsonant (→ S. 18) der Fall. Man hört **-el** [əl] aber man schreibt **-le**.

couple	*Paar*	double	*doppelt*

people	*Leute*	table	*Tisch*
trouble	*Schwierigkeiten*	whistle	*pfeifen*

Im britischen Englisch wird die Endung **-re** wie **-er** [ə] ausgesprochen. Im amerikanischen Englisch wird an dieser Stelle **-er** geschrieben und auch **-er** [ə] ausgesprochen.

centre (BrE)	center (AmE)	*Zentrum*
theatre (BrE)	theater (AmE)	*Theater*

Trotz dieser Ausnahmen gibt es im britischen Englisch aber wesentlich mehr Fälle, wo **-er** [ə] auch **-er** oder **-or** geschrieben wird.

computer	*Computer*	commuter	*Pendler*
counter	*Schalter*	owner	*Besitzer*
actor	*Schauspieler*	tractor	*Traktor*

° Amerikanisches und britisches Englisch

Das amerikanische und britische Englisch sind sich in der Rechtschreibung sehr ähnlich. Bei vielen Wörtern ist mittlerweile die je andere Schreibweise auch zulässig. Trotzdem sollte man versuchen, in der Schreibweise einheitlich zu bleiben.

Im Allgemeinen werden im amerikanischen Englisch (AmE) Buchstaben, die man nicht hört, eher weggelassen, während das britische Englisch (BrE) mehr ‚stumme' Buchstaben in seiner Rechtschreibung hat.

Im britischen Englisch orientieren sich Wörter, die aus dem Französischen übernommen wurden, noch an der **französischen Schreibweise**, während dies im amerikanischen Englisch nicht der Fall ist, z. B. dialogue (BrE) – dialog (AmE).

Die zentralen Unterschiede

Wörter, die im britischen Englisch auf **-our** enden, werden im amerikanischen Englisch mit **-or** geschrieben.

BrE	AmE	Übersetzung
colour	color	*Farbe*
favourite	favorite	*Lieblings-*
flavour	flavor	*Geschmack*
neighbour	neighbor	*Nachbar*
savoury	savory	*herzhaft*

Aus dem Französischen übernommene Wörter, die im britischen Englisch auf **-re** enden, enden im amerikanischen Englisch oft auf **-er**.

BrE	AmE	Übersetzung
centre	center	*Zentrum*
litre	liter	*Liter*
metre	meter	*Meter*
theatre	theater	*Theater*

Einige Wörter, die im britischen Englisch mit **Doppel-l** geschrieben werden, werden im amerikanischen Englisch mit einfachem **l** geschrieben. Umgekehrt werden aber auch einige Wörter, die im britischen Englisch mit einfachem **l** geschrieben werden, im amerikanischen Englisch mit **Doppel-l** geschrieben.

BrE	AmE	Übersetzung
cancelled	canceled	*abgesagt*
signalled	signaled	*zeigte an*
fulfil	fulfill	*erfüllen*
enrolment	enrollment	*Einschreibung*
skilful	skillful	*geschickt*

RECHTSCHREIBUNG UND ZEICHENSETZUNG

Die Endung **-ce** im Britischen wird im Amerikanischen manchmal zu **-se**.

BrE	AmE	Übersetzung
defence	defense	Verteidigung
licence	license	Genehmigung
offence	offense	Straftat
pretence	pretense	Vortäuschung

Verben, die im britischen Englisch auf **-ise** oder **-yse** enden, enden im amerikanischen Englisch oft auf **-ize** oder **-yze**.

BrE	AmE	Übersetzung
analyse	analyze	analysieren
criticise	criticize	kritisieren
memorise	memorize	auswendig lernen
paralyse	paralyze	lähmen
recognise	recognize	erkennen

Weitere Wörter, die im britischen und amerikanischen Englisch unterschiedlich geschrieben werden:

BrE	AmE	Übersetzung
aluminium	aluminum	Aluminium
anaesthetic	anesthetic	Betäubungsmittel
catalogue	catalog	Katalog
cheque	check	Scheck
dialogue	dialog	Dialog
draught	draft	Luftzug
foetus	fetus	Fetus
jewellery	jewelry	Schmuck
judgement	judgment	Urteil
mediaeval	medieval	mittelalterlich
monologue	monolog	Monolog
omelette	omelet	Omelette
pyjamas	pajamas	Schlafanzug

| plough | plow | *pflügen, Pflug* |
| tyre | tire | *Reifen* |

Sprachliche Interferenzen

Einige Schwierigkeiten in der englischen Rechtschreibung entstehen auch
dadurch, dass englische Wörter oder Laute deutschen Wörtern oder Lauten
sehr ähnlich sind, aber trotzdem anders geschrieben werden.

So wird der **sch**-Laut [ʃ] des Deutschen im Englischen **sh** oder manchmal
sogar **ch**, **t**, **ss** oder **s** geschrieben.

shadow	*Schatten*	wa**sh**	*waschen*
ma**ch**ine	*Maschine*	na**t**ional	*national*
pa**ss**ion	*Vorliebe*	**s**ure	*sicher*

Das deutsche **au** [au] wird im Englischen **ow** bzw. **ou** geschrieben.

| h**ow** | *wie* | h**ou**se | *Haus* |
| br**ow**n | *braun* | m**ou**se | *Maus* |

Wo im Deutschen ein **k** geschrieben wird, wird im Englischen meist ein **c**
geschrieben, vor allem am Anfang eines Wortes.

capitalism	**K**apitalismus	**c**aricature	**K**arikatur
casino	**K**asino	**c**assette	**K**assette
clothes	**K**leider	**c**offee	**K**affee
control	**K**ontrolle	**c**oconut	**K**okosnuss

(!) Das ist aber keine allgemeingültige Regel: In manchen Fällen wird
in beiden Sprachen ein **k** am Anfang eines Wortes geschrieben.

| **k**ayak | **K**ajak | **k**ilogramme | **K**ilogramm |
| **k**aleidoscope | **K**aleidoskop | **k**angaroo | **K**änguru |

Viele Wörter werden aufgrund ihrer **Ähnlichkeit zum Deutschen** oft falsch geschrieben:

ad**dress**	*Adresse*	ba**na**na	*Banane*
calend**ar**	*Kalender*	catalo**gue**	*Katalog*
control	*Kontrolle*	**c**ultural	*kulturell*
intere**ste**d	*interessiert*	medi**c**ine	*Medizin*
photogra**phy**	*Fotografie*	st**o**rm	*Sturm*

○ *-ei* oder *-ie*?

Die Buchstabenkombinationen **-ei** und **-ie** werden oft verwechselt.

Normalerweise schreibt man **-ie**,

bel**ie**ve	*glauben*	pat**ie**nce	*Geduld*
th**ie**f	*Dieb*	rel**ie**f	*Erleichterung*

direkt nach einem **c** schreibt man aber **-ei**.

rec**ei**pt	*Quittung*	perc**ei**ve	*wahrnehmen*
c**ei**ling	*Decke*	rec**ei**ve	*erhalten*

Bei der Entscheidung, ob man **-ie** oder **-ei** schreiben sollte, hilft folgender Merksatz: *i* **before e except after c or pronounce like** *ay* **as in neighbour and weigh**.

Aber auch hier gibt es zahlreiche Ausnahmen: Obwohl kein **c** davor steht, schreibt man zum Beispiel:

prot**ei**n	*Protein*	s**ei**ze	*ergreifen*
either	*entweder, beide*	w**ei**rd	*merkwürdig*

ZEICHENSETZUNG

ÜBERSICHT

· ·

Die Zeichensetzung – auch Interpunktion genannt – dient der Verdeutlichung von schriftsprachlichen Strukturen.

Dazu gehören die folgenden Aspekte:

Punkt	The weather is fine today**.**	→ S. 460
Fragezeichen	When are you going on holiday**?**	→ S. 463
Ausrufezeichen	That's wonderful**!**	→ S. 463
Komma	Surprisingly**,** I enjoyed the party.	→ S. 464
Doppelpunkt	Here's what I think**:** you shouldn't take ...	→ S. 471
Semikolon	Susie was always late**;** it took her ages to ...	→ S. 472
Gedankenstrich	The emigrants **–** hoping for a better life **–** finally ...	→ S. 473
Klammern	Dogs **(**even small ones**)** shouldn't be ...	→ S. 473
Bindestrich	job**-**hunt, tin**-**opener, thirty**-**two ...	→ S. 474
Apostroph	Susie**'**s car, I**'**m, the professors**'** salaries ...	→ S. 475
Anführungszeichen	**"**The moon is bright tonight,**"** she said.	→ S. 477
Auslassungspunkte	The name of the man **...** was Henderson.	→ S. 478

Der Punkt

Aussagesätze

Der Punkt (BrE: *full stop*, AmE: *period*) steht am Ende eines **Aussagesatzes** (→ S. 383).

The weather is fine today**.**
I don't like spinach**.**

Das Wetter ist heute schön.
Ich mag keinen Spinat.

 Punkt nach Bitten und neutralen Befehlen

Der Punkt wird im Englischen auch nach **Bitten** oder **neutralen Befehlen** benutzt. Hier ein Ausrufezeichen zu setzen, wird als unhöflich empfunden.

Please turn to page seven**.**

Bitte schlagen Sie Seite sieben auf!

Zahlen

Ein Punkt wird auch benutzt, um **Dezimalzahlen** (→ S. 354) zu schreiben.

7.3   (ausgesprochen: seven point three)
7,3   (ausgesprochen: sieben Komma drei)

Unemployment has risen by 5**.**4 percent.
Die Arbeitslosigkeit ist um 5,4 Prozent gestiegen.

Uhrzeiten

Uhrzeiten (→ S. 362) werden im Englischen häufig mit einem Punkt geschrieben, obwohl man heute auch einen Doppelpunkt verwenden kann.

The train goes at 10.15. (ausgesprochen: *ten fifteen*)
Der Zug fährt um 10:15.

Abkürzungen und Kurzwörter

Ob eine **Abkürzung** mit einem Punkt beendet wird oder nicht, wird unterschiedlich gehandhabt.

Grundsätzlich kann man sagen, dass da, wo das Wort gekürzt bzw. abgeschnitten wird, ein Punkt steht, z. B.:

addr.	für	address
etc.	für	etcetera
Tues.	für	Tuesday
dep.	für	departure

Wenn ein Wort in der Mitte gekürzt wird und der Endbuchstabe gleich bleibt, steht kein Punkt, z. B.:

St	für	Street
St	für	Saint
Rd	für	Road
Ltd	für	Limited

Bei **Kurzwörtern**, die aus Anfangsbuchstaben einer Wortgruppe gebildet wurden (Initialwörter), stehen ebenfalls keine Punkte. Die Buchstaben werden meist als ein Wort ausgesprochen (nicht buchstabiert), z. B.:

RAM	für	Random Access Memory
NATO	für	North Atlantic Treaty Organisation
UNICEF	für	United Nations International Children's Emergency Fund

Auch wenn Initialen (Anfangsbuchstaben) einzeln ausgesprochen werden, steht bei Kurzwörtern kein Punkt z. B.:

BBC	für	British Broadcasting Corporation
BA	für	British Airways
DVD	für	digital versatile disc
EU	für	European Union

Die meisten Großfirmen haben ihre eigenen Standards, was Abkürzungen und Kurzwörter betrifft. Diese sollte man im Firmenschriftverkehr auch anwenden.

am oder *a.m.*?

A.m. und *p.m.*, die im Englischen bei Uhrzeiten stehen, werden mit Punkt geschrieben.

Abkürzungen von Titeln und Anreden im Schriftverkehr werden heute im britischen Englisch ohne Punkt und im amerikanischen noch mit Punkt geschrieben.

Mr Geyer has recently been elected onto the board of directors. (BrE)
Herr Geyer ist neulich in den Vorstand gewählt worden.
Dr. Wynn and **Prof.** White have both been invited to the conference. (AmE)
Herr Dr. Wynn and Frau Professor White sind zur Konferenz eingeladen worden.

→ siehe dazu auch S. 53

Im Allgemeinen werden Punkte nach Abkürzungen und vor allem nach Kurzwörtern immer seltener. So sind die folgenden Abkürzungen und Kurzwörter **ohne Punkt** auf jeden Fall üblich und akzeptabel.

g	gram	*g*
kg	kilogram	*kg*
km/h	kilometres per hour	*km/h*
a/c	account	*Konto*
AD	Anno Domini	*n. Ch./nach Christus*
B&B	Bed and Breakfast	*Frühstückspension*
BBC	British Broadcasting Corporation	*BBC*
BC	before Christ	*v. Chr./vor Christus*
CD	compact disc	*CD*
CV	curriculum vitae	*Lebenslauf*
HIV	human immunodeficiency virus	*HIV*

NATO	North Atlantic Treaty Organisation	*NATO*
PhD	Philosophiae Doctor (Doctor of Philosophy)	*Dr.*
PS	postscript	*PS*
UK	United Kingdom	*UK*
UN	United Nations	*Vereinte Nationen, UN*
USA	United States of America	*USA*
VIP	very important Person	*VIP*
XL	extra large	*XL*

Das Fragezeichen

Das Fragezeichen (*question mark*) steht am Ende eines **Fragesatzes** (→ S. 384).

When are you going on holiday**?**	*Wann fährst du in den Urlaub?*
Do you know him**?**	*Kennen Sie ihn?*

Das Ausrufezeichen

Das Ausrufezeichen (*exclamation mark*) wird im Englischen nur benutzt, um eine **starke Gefühlsäußerung** (Angst, Schock, Zorn, Begeisterung, Erstaunen usw.) zu markieren.

That's wonderful**!**	*Das ist toll!*
Never do that again**!**	*Tu das nie wieder!*

Das Ausrufezeichen wird nach **Interjektionen** (→ S. 348) benutzt.

Wow!	Hi!

Das Ausrufezeichen wird nicht in neutralen Befehlen oder Bitten verwendet, es sei denn der Schreiber möchte andeuten, dass die **Bitte** oder der **Befehl lautstark** ausgeführt wurde. (→ siehe ‚Der Punkt' S. 460).

Man sollte **Ausrufezeichen** im Englischen äußerst **sparsam benutzen**. In der sehr informellen Schriftsprache werden Ausrufezeichen häufiger eingesetzt – hier aber eher im positiven, starken Gefühlsbereich.

Das Komma

Im Englischen werden weniger Kommas (*commas*) gesetzt als im Deutschen, gehen Sie also sparsam mit Ihren Kommas um und setzen Sie im Zweifelsfall kein Komma!

Hauptsätze

Hauptsätze (→ S. 383) werden durch ein Komma voneinander abgetrennt.

Mary is a friend of mine, she lives in Birmingham.
Mary ist eine Freundin von mir, sie lebt in Birmingham.

Hauptsätze, die durch **and**, **but** oder **or** miteinander verbunden sind, werden durch ein Komma voneinander getrennt.

Susie has a dog, and she takes him for a walk every day.
Susie hat einen Hund, und sie führt ihn jeden Tag aus.
Monica has been living in this area for more than ten years, but she still hasn't been to that nice little restaurant on Rhode Street.
Monika wohnt schon seit mehr als zehn Jahren in dieser Gegend, aber sie ist immer noch nicht in dem netten kleinen Restaurant in der Rhode Straße gewesen.

Sind jedoch beide Hauptsätze **sehr kurz**, so kann man das Komma vor der Konjunktion (→ S. 343) weglassen.

Susannah is a banker **(,)** and she works in the city.
Susannah ist Bankerin, und sie arbeitet in der Stadt.

Nebensätze

Beginnt ein englischer Satz mit einem Nebensatz (z. B. *if*-Satz oder *when*-Satz) (→ S. 401), wird dieser mit einem Komma vom Hauptsatz getrennt.

As she didn't know what to do, she decided to wait.
Da sie nicht wusste, was sie tun sollte, beschloss sie zu warten.
If John calls, tell him I can't come to the meeting.
Falls John anruft, sag ihm, dass ich nicht zu der Besprechung kommen kann.

Steht ein **Nebensatz nach einem Hauptsatz**, wird er nicht durch Komma abgetrennt.

Tell John I can't come to the meeting **if** he calls.
Sag John, dass ich nicht zu der Besprechung komme, falls er anruft.
I didn't know **that** it was his birthday yesterday.
Ich wußte nicht, dass er gestern Geburtstag hatte.

Relativsätze

Relativsätze (→ S. 410) werden nur durch Komma abgetrennt, wenn sie zusätzliche Informationen geben, d. h. nicht notwendig sind, um zu wissen, worauf sich das durch den Relativsatz ergänzte Wort bezieht.

 Bestimmende und nicht bestimmende Relativsätze

Relativsätze, die nötig sind, um zu wissen worauf sich das Wort bezieht, nennt man **bestimmende Relativsätze** (→ S. 410). Relativsätze, die nur zusätzliche Informationen geben, nennt man **nicht bestimmende Relativsätze** (→ S. 413).

The car **that you sold me** won't start.
Das Auto, das du mir verkauft hast, springt nicht an.
(Der Relativsatz ist ein bestimmender Relativsatz, da man ohne den Relativsatz nicht wüsste, auf welches Auto sich *the car* bezieht. In diesem Fall wird kein Komma benutzt.)

The car that you sold me, **which is one year old,** won't start.

Das Auto, das du mir verkauft hast, das ein Jahr alt ist, springt nicht an.

(Der zweite Relativsatz ist ein nicht bestimmender Relativsatz, da auch ohne ihn klar ist, um welches Auto es sich handelt. Er wird mit einem Komma abgetrennt.)

My father, who retired a year ago, is learning Spanish.

Mein Vater, der vor einem Jahr in Ruhestand gegangen ist, lernt Spanisch.

(Auch hier braucht man keinen Relativsatz, um zu wissen, wer mit *my father* gemeint ist, also handelt es sich um einen nicht bestimmender Relativsatz, der durch Komma abgetrennt wird.)

Nachträge und Einschübe

Nachträge und Einschübe, d. h. Informationen, die nicht in den üblichen Satzbau passen und für den Satz nicht zentral sind, werden durch Kommas abgetrennt.

Mr Johnson, my sister's boss, is also coming this evening.

Herr Johnson, der Chef meiner Schwester, kommt heute Abend auch.

Computer scientists work in many different areas, for example in the car industry.

Informatikerinnen arbeiten in vielen verschiedenen Bereichen, zum Beispiel in der Autoindustrie.

Partizipialkonstruktionen

Vorangestellte Partizipialkonstruktionen werden mit Komma abgetrennt.

Not having eaten dinner, Sue felt very hungry.

Da sie nicht zu Abend gegessen hatte, war Sue sehr hungrig.

Adverbien und adverbiale Bestimmungen

Einem Satz **vorangestellte** oder **eingeschobene** Adverbien (→ S. 313) oder adverbiale Bestimmungen (→ S. 378) (z. B. **anyway** – *jedenfalls/sowieso*, **besides** – *außerdem*, **however** – *jedoch*, **in addition** – *zusätzlich*, **nevertheless** – *nichtsdestotrotz*, **on the contrary** – *im Gegenteil*, **therefore** – *deshalb*, **well** – *also/nun*) werden häufig durch ein Komma abgetrennt.

Surprisingly, I enjoyed the party.
Erstaunlicherweise habe ich die Party genossen.
Tom, however, doesn't think that this is a good idea.
Tom jedoch hält das nicht für eine gute Idee.

; Stehen *anyway* oder *nevertheless* am Satzende, werden sie ohne Komma angehängt. *Anyway* ändert – je nach Stellung im Satz – sogar seine Bedeutung.

Steven's maths test wasn't good last time but he's a good pupil **nevertheless**.
Steven's Mathearbeit war letztes Mal nicht gut, aber er ist trotzdem ein guter Schüler.

Anyway, I don't like her.
***Jedenfalls** mag ich sie nicht./Egal, ich mag sie nicht.*
I don't like her **anyway**.
*Ich mag sie **sowieso** nicht.*

Aufzählungen

Aufzählungen werden durch Kommas voneinander abgetrennt. Ein Komma kann auch – vor allem im amerikanischen Englisch – vor dem mit *and* verbundenen letzten Teil der Aufzählung stehen.

I am sick, tired**(,)** and lonely.
Ich bin krank, müde und einsam.
Yesterday we had brunch, visited friends, went for a walk**(,)** and watched a movie in the evening.
Gestern haben wir Brunch gegessen, Freunde besucht, sind spazieren gegangen und haben abends einen Film gesehen

Frageanhängsel (Kurzfragen)

Ein Komma wird vor Frageanhängseln (→ S. 390) gesetzt.

Laura hasn't taken my sweater, has she?

Laura hat meinen Pullover nicht mitgenommen, oder?
You know my friend Sebastian**,** don't you?
Du kennst meinen Freund Sebastian, nicht wahr?

Direkte Rede

Kommas werden auch bei der direkten Rede (→ S. 184) verwendet.

Leitet man die direkte Rede durch einen **Begleitsatz** ein, steht im Englischen normalerweise ein Komma, selten ein Doppelpunkt (z. B. bei Zitaten in Artikeln) **vor der direkten Rede.**

After thinking a while Joe answered**,** "I don't know."
Nachdem er eine Weile nachgedacht hatte, antwortete Joe: „Ich weiß es nicht."

Steht der **Begleitsatz innerhalb der direkten Rede**, wird er von Kommas eingeschlossen.

"Due to a technical problem"**,** she explained**,** "I'm not able to access my emails at the moment."
„Wegen eines technischen Problems", erklärte sie, „habe ich im Moment keinen Zugang zu meinen E-Mails."

Steht der **Begleitsatz erst nach der direkten Rede**, wird ein Komma vor dem abschließenden Anführungszeichen gesetzt.

"It may be difficult to find**,**" she said.
„Es könnte schwer zu finden sein.", sagte sie.

Endet die direkte Rede mit einem **Frage- oder Ausrufezeichen**, entfällt das Komma.

"Don't you see what's going on**?**" she asked.
„Siehst du nicht, was los ist?", fragte sie.

→ für Anführungszeichen bei der direkten Rede siehe S. 477

yes und no

Yes und **no** werden mit einem Komma vom Satz getrennt.

Do you like her? – **Yes,** I do./**No,** I don't.
Magst du sie? – Ja./Nein.

please

Das Wort **please** kann am **Ende eines Satzes** oder einer Frage stehen und wird dann immer mit Komma abgetrennt. Ebenso wird die **Anrede** mit dem persönlichen **Namen** mit Komma abgetrennt.

Robin, could you pass me the sugar**, please**?
Robin, könntest du mir bitte den Zucker reichen?

 Please am Anfang eines Satzes oder einer Frage kann auf eine besondere Dringlichkeit oder eine Aufforderung hinweisen und macht einen Befehl höflicher.

Please wait here.   *Warten Sie bitte hier.*

too

Das Wort **too** (*auch*) steht am Satzende und wird immer mit Komma abgetrennt. Das gilt auch für Fragen.

Sarah has got a dog. Valerie has got a dog**, too**.
Sarah hat einen Hund. Valerie hat auch einen Hund.

(i) *either* und *too*

In verneinten Sätzen benutzt man **either** statt **too**, das ohne Komma am Satzende steht:

Tim hasn't got a dog. Rob hasn't got a dog **either**.

Tim hat keinen Hund. Rob hat auch keinen Hund.

ABC Achtung, nicht verwechseln! Steht **too** mitten im Satz, hat es eine andere Bedeutung. Vergleichen Sie:

This car is **too** expensive.	*Das Auto ist **zu** teuer.*
This car is expensive, **too**.	*Das Auto ist **auch** teuer.*

Briefe

Am **Anfang eines Briefes** kann im britischen Englisch nach der Anrede ein Komma gesetzt werden, es wird aber meistens weggelassen. Im amerikanischen Englisch wird statt Komma oft ein Doppelpunkt verwendet.

Dear Mr Shaughnessy(,)
I am writing in response to your job advertisement in the Sunday Mail.
Sehr geehrter Herr Shaughnessy,
ich schreibe bezüglich Ihrer Stellenanzeige in der Sunday Mail.

Im britischen Englisch wird am **Ende eines Briefes** nach der Grußformel nur dann ein Komma gesetzt, wenn es auch nach der Anrede gesetzt wurde. Im amerikanischen Englisch folgt nach der Grußformel am Briefende immer ein Komma.

Best wishes(,)	*Viele Grüße*
Cathrine	*Cathrine*

 Am Briefanfang großschreiben

Der erste Satz eines englischen Briefes fängt immer mit einem Großbuchstaben an, unabhängig davon, ob nach der Anrede ein Komma steht oder nicht.

Zahlen

Im Englischen werden **Zahlen über 1.000** (→ S. 353) mit Komma (nicht mit Punkt) geschrieben. Die Kommas werden benutzt, um Tausendereinheiten abzutrennen.

12,000
120,000
12,000,000

There were 12,000 people at the demonstration.
Es waren 12.000 Menschen bei der Demonstration.

° Der Doppelpunkt

Der Doppelpunkt (*colon*) wird gesetzt:

* **zwischen einem ankündigenden Satz und einer Aufzählung**

These are the things I am planning to do today: have my hair cut, finish the essay and go shopping.
Dies sind die Dinge, die ich heute vorhabe: mir die Haare schneiden lassen, den Aufsatz fertig stellen und einkaufen gehen.
There are three things I like about him: his looks, his sense of humour and his generosity.
Es gibt drei Dinge, die ich an ihm mag: sein Aussehen, seinen Humor und seine Großzügigkeit.

* **vor Meinungen oder Erläuterungen**

Here's what I think: you shouldn't take that job if they aren't willing to pay you more.
Hier ist meine Meinung dazu: Du solltest diesen Job nicht annehmen, wenn sie nicht bereit sind, dir mehr zu zahlen.
He had to sell the house: he didn't have enough money to pay for the repairs.
Er musste das Haus verkaufen, er hatte nicht genug Geld, um die Reparaturen zu bezahlen.

(Hier kann aber auch ein Komma oder Semikolon verwendet werden.)

Nach Doppelpunkt kleinschreiben

Nach einem Doppelpunkt wird im Englischen meistens kleingeschrieben, auch wenn es sich um einen Satzanfang handelt.

To be, or not to be: that is the question.
Sein oder nicht sein: Das ist die Frage.

* **vor angekündigten Schlussfolgerungen**

I think we can draw the following conclusion from the discussion: we won't be able to do anything about this unless we work together.
Ich denke, wir können aus der Diskussion die folgende Schlussfolgerung ziehen: Wir werden nichts dagegen tun können, wenn wir nicht zusammenarbeiten.

* **vor angekündigten Zitaten**

He always used to quote this line from the song Bobby McGee: "Freedom's just another word for 'nothing left to lose'."
Er zitierte immer diese Zeile aus dem Lied Bobby McGee: „Freiheit ist nur ein anderes Wort für ‚nichts mehr zu verlieren'."

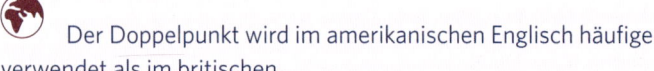 Der Doppelpunkt wird im amerikanischen Englisch häufiger verwendet als im britischen.

° Das Semikolon

Das Semikolon (*semicolon*) wird **zwischen zwei gleichrangige Sätze** gestellt, wenn man eine inhaltliche Verbindung zwischen den beiden kennzeichnen will.

Susie was always late; it took her ages to put on her make-up.
Susie war immer zu spät, sie brauchte ewig, um ihr Make-up aufzutragen.

(Hier wird impliziert, dass der zweite Teilsatz eine Begründung für die Aussage des ersten Teilsatzes ist.)

Shakespeare is the greatest writer of all time; no other writer can equal him.
Shakespeare ist der bedeutendste Schriftsteller aller Zeiten, kein anderer Schriftsteller kommt ihm gleich.

Das Semikolon wird im Englischen – vor allem in akademischen Texten – häufiger verwendet als im Deutschen.

Der Gedankenstrich

Wie das Komma (→ S. 464) wird der Gedankenstrich (*dash*) benutzt, um **Einschübe** vom restlichen Satz zu trennen.

The emigrants – hoping for a better life in the new world – finally arrived in New York.
Die Emigranten, auf ein besseres Leben in der Neuen Welt hoffend, kamen endlich in New York an.

Gedankenstriche sind vor allem in der informellen Schriftsprache sehr häufig und werden auch benutzt um Doppelpunkt, Semikolon und Klammern zu ersetzen.

We had a lovely holiday – everyone really enjoyed themselves.
Wir hatten wunderschöne Ferien – alle habe es sehr genossen.

Klammern

Um **Einschübe** vom restlichen Satz zu trennen, können statt Gedankenstrichen (→ siehe oben) auch Klammern (*brackets, parentheses*) verwendet werden.

Dogs (even small ones) shouldn't be allowed on trains.

Hunde (auch kleine) sollten in Zügen nicht erlaubt sein.

Der Bindestrich

Der Bindestrich (*hyphen*) wird im Englischen vor allem in folgenden Fällen
verwendet:

- **bei zusammengesetzten Substantiven** (→ S. 34), wenn der zweite Teil
auf **-er** endet, wenn der erste Teil auf **-ing** endet oder wenn in der Zusam-
mensetzung ein Adverb bzw. eine Präposition vorkommt:

tin-opener	*Dosenöffner*	waiting-room	*Wartezimmer*
mother-in-law	*Schwiegermutter*	break-in	*Einbruch*

- **bei zusammengesetzten Adjektiven** (→ S. 301)

blue-eyed	*blauäugig*	good-looking	*gut aussehend*

Wenn ein Adjektiv aus einer längeren Wortgruppe gebildet wird,
werden oft Bindestriche zwischen den einzelnen Wörtern gesetzt.

out-of-office message	*Abwesenheitsnotiz*
easy-to-use system	*benutzerfreundliches System*

- **bei zusammengesetzten Verben**, wenn der erste Teil ein Substantiv
ist:

job-hunt	*Arbeit suchen*

- **bei Zusammensetzungen mit Präfixen (Vorsilben)** *anti-, co-, ex-,*
mid-, non-, post- und *self-*:

ex-wife	*Ex-Frau*	self-study	*Selbststudium*

- **bei zusammengesetzten Wörtern, deren erster Teil ein Buchstabe ist:**

U-turn   *wenden*   e-card   *elektronische Postkarte*

- **bei Zahlen von 21 bis 99 sowie bei Bruchzahlen:**

thirty-two   *zweiunddreißig*   one-third   *ein Drittel*

- **am Zeilenende als Trennstrich**

. . . becom-   . . . busi-
ing   ness

Der Apostroph

Im Englischen werden Apostroph **+ s** benutzt, um den **Genitiv** zu markieren (besitzanzeigendes *s*) (→ siehe auch ,Substantive' S. 46).

Susie**'s** car   *Susies Auto*
yesterday**'s** paper   *die Zeitung von gestern*

Endet ein **Wort auf -s**, so kommt der Apostroph im Genitiv nach dem **s**, und es kann danach ein weiteres **s** angehängt werden.

Charle**s'(s)** new boss   *der neue Chef von Charles*
the bu**s'(s)** driver   *der Fahrer des Busses*

Endet ein **Wort auf Doppel-s**, so muss im Genitiv nach dem Apostroph ein weiteres **s** angehängt werden.

the clas**s's** teacher   *der Lehrer der Klasse*
the bos**s's** secretary   *die Sekretärin des Chefs*

Endet der **Plural auf -s**, so wird ein Apostroph an das Plural-**s** angehängt, aber es folgt kein weiteres **s** auf den Apostroph.

the parent**s'** children   *die Kinder der Eltern*
the professor**s'** salaries   *die Gehälter der Professoren*

Der Apostroph wird außerdem bei **zusammengezogenen Formen** benutzt, meist kommt der Apostroph dann an die Stelle des/der ausgelassenen Buchstaben.

am	→	'm	*bin*
are	→	're	*bist/sind/seid*
is	→	's	*ist*
have	→	've	*(haben)*
has	→	's	*hat*
had	→	'd	*(hatte)*
will	→	'll	*(werden)*
would	→	'd	*(würde)*
are not	→	aren't	*sind nicht*
cannot	→	can't	*kann nicht*
could not	→	couldn't	*konnte nicht*
had not	→	hadn't	*hatte nicht*
has not	→	hasn't	*hat nicht*
is not	→	isn't	*ist nicht*
must not	→	mustn't	*darf nicht*
should not	→	shouldn't	*sollte nicht*
will not	→	won't	*wird nicht*
would not	→	wouldn't	*würde nicht*

Nicht verwechseln: *its – it's*

Das Possessivpronomen *its* (→ S. 76) wird ohne Apostroph geschrieben, während *it's* als Abkürzung für *it is* oder *it has* mit Apostroph steht.

The house was empty; **its** doors were wide open.
Das Haus war leer, seine Türen standen weit offen.

It's (It is) nine p.m., I should go home.
Es ist neun Uhr, ich sollte nach Hause gehen.

It's (It has) been raining for hours, I hope the sun comes out soon.
Es regnet schon seit Stunden, ich hoffe die Sonne kommt bald heraus.

Anführungszeichen

Anführungszeichen (*quotation marks*) signalisieren, dass etwas wörtlich wiedergegeben wird. Sie kommen immer **paarweise** vor und sind immer **hochgestellt**.

Doppelte ("...") und einfache ('...') Anführungszeichen

Im **amerikanischen Englisch** werden vor allem **doppelte** Anführungszeichen verwendet. Im **britischen Englisch** können die Anführungszeichen sowohl **einfach** (meistens für einzelne Wörter und kurze Wortgruppen) als auch **doppelt** (meistens für längere Sätze und Textabschnitte) sein.

Anführungszeichen werden bei **Zitaten** verwendet.

"To be or not to be" (Shakespeare, Hamlet)
„Sein oder nicht sein" (Shakespeare, Hamlet)

→ für Doppelpunkt vor Zitaten siehe S. 472

Die Anführungszeichen werden auch bei der **direkten Rede** (→ S. 184) gesetzt.

"The moon is bright tonight," she said.
„Der Mond scheint heute hell", sagte sie.

→ für Komma bei der direkten Rede siehe S. 468

Zitat im Zitat

Wenn ein Zitat im Zitat angegeben wird, werden einmal doppelte und einmal einfache Anführungszeichen verwendet.

"I was humming 'Sweet love,' all the time," he said.　　　(vor allem BrE)

'I was humming "Sweet love," all the time,' he said.   (vor allem AmE)
„Ich habe die ganze Zeit ‚Sweet love' gesummt", sagte er.

Auslassungspunkte

Auslassungspunkte (*ellipsis, suspension points*) bestehen aus drei Punkten. Sie kündigen an, dass aus dem ursprünglichen Satz oder Text (beispielsweise bei Zitaten) etwas ausgelassen wird.

Werden die Auslassungspunkte **mitten in einem Satz** verwendet, wird davor und danach jeweils ein Leerzeichen gesetzt.

The name of the man ... was Henderson.
Der Name des Mannes ... war Henderson.

Wird eine Auslassung **am Ende eines Satzes** markiert, wird vor den Auslassungspunkten ein Leerzeichen gesetzt.

We regret to have to inform you ...
Zu unserem Bedauern müssen wir Ihnen mitteilen ...

Auslassungspunkte werden nicht nur zur Markierung von Auslassungen verwendet. Sie können auch als Stilmittel eingesetzt werden, um **Spannung** zu erzeugen.

Went for an interview this morning, and ... got the job!
Bin heute früh zu einem Vorstellungsgespräch gegangen ... und hab den Job gekriegt!

ANHANG

1

Unregelmäßige Verben

2

Präpositionalverben

3

Sach- und Stichwortverzeichnis

1

UNREGELMÄSSIGE VERBEN

Wichtige unregelmäßige Verben

Infinitiv	*past simple*	*past participle*	Übersetzung
arise	arose	arisen	*sich ergeben, entstehen*
awake	awoke	awoken	*erwachen*
be (am/are/is)	was/were	been	*sein*
bear	bore	borne	*tragen, ertragen*
beat	beat	beaten	*schlagen*
become	became	become	*werden*
befall	befell	befallen	*zustoßen, widerfahren*
begin	began	begun	*beginnen*
behold	beheld	beheld	*erblicken*
bend	bent	bent	*beugen, verbiegen*
beseech	besought, beseeched	besought, beseeched	*anflehen*
beset	beset	beset	*bedrängt werden*
bet	bet	bet	*wetten*
bid	bid, bade	bid, bidden	*wünschen, bieten*
bind	bound	bound	*binden*
bite	bit	bitten	*beißen*
bleed	bled	bled	*bluten*
bless	blessed, blest	blessed, blest	*segnen*
blow	blew	blown	*blasen*
break	broke	broken	*(zer)brechen*
breed	bred	bred	*züchten, brüten*
bring	brought	brought	*(her)bringen*
broadcast	broadcast, AmE: broadcasted	broadcast, AmE: broadcasted	*senden, übertragen*
build	built	built	*bauen*
burn	burnt, burned	burnt, burned	*verbrennen*
burst	burst	burst	*platzen, ausbrechen*
buy	bought	bought	*kaufen*
can	could	(been able)	*können*
cast	cast	cast	*werfen*
catch	caught	caught	*fangen*
choose	chose	chosen	*wählen*
cling	clung	clung	*(sich) klammern an*
clothe	clothed, clad	clothed, clad	*bekleiden, einkleiden*
come	came	come	*kommen*
cost	cost	cost	*kosten*

Infinitiv	past simple	past participle	Übersetzung
creep	crept	crept	*schleichen, kriechen*
cut	cut	cut	*schneiden*
deal	dealt	dealt	*handeln; verteilen*
dig	dug	dug	*graben*
dive	dived, AmE: dove	dived, AmE: dove	*tauchen*
do	did	done	*machen, tun*
draw	drew	drawn	*zeichnen*
dream	dreamt, dreamed	dreamt, dreamed	*träumen*
drink	drank	drunk	*trinken*
drive	drove	driven	*fahren*
dwell	dwelt	dwelt	*wohnen*
eat	ate	eaten	*essen*
fall	fell	fallen	*fallen*
feed	fed	fed	*füttern*
feel	felt	felt	*(sich) fühlen*
fight	fought	fought	*kämpfen*
find	found	found	*finden*
flee	fled	fled	*fliehen, flüchten*
fling	flung	flung	*schleudern*
fly	flew	flown	*fliegen*
forbear	forbore	forborne	*darauf verzichten*
forbid	forbade	forbidden	*verbieten*
forecast	forecast, forecasted	forecast, forecasted	*vorhersagen*
foresee	foresaw	foreseen	*vorhersehen*
foretell	foretold	foretold	*vorhersagen*
forget	forgot	forgotten	*vergessen*
forgive	forgave	forgiven	*verzeihen*
forsake	forsook	forsaken	*verlassen, aufgeben*
freeze	froze	frozen	*(ge)frieren*
get	got	got, AmE: gotten	*bekommen*
give	gave	given	*geben*
go	went	gone	*gehen*
grind	ground	ground	*(zer)mahlen*
grow	grew	grown	*wachsen*
hang	hung	hung	*hängen*
have	had	had	*haben*
hear	heard	heard	*hören*
hide	hid	hidden	*(sich) verstecken*

1

UNREGELMÄSSIGE VERBEN

Infinitiv	*past simple*	*past participle*	Übersetzung
hit	hit	hit	*schlagen*
hew	hewed, hewn	hewed, hewn	*hacken*
hold	held	held	*halten*
hurt	hurt	hurt	*wehtun*
keep	kept	kept	*behalten*
kneel	knelt, kneeled	knelt, kneeled	*knien*
knit	knitted, knit	knitted, knit	*stricken*
know	knew	known	*wissen, kennen*
lay	laid	laid	*legen*
lead	led	led	*führen*
lean	leant, leaned	leant, leaned	*lehnen, sich neigen*
leap	leapt, leaped	leapt, leaped	*springen*
learn	learnt, learned	learnt, learned	*lernen*
leave	left	left	*(ver)lassen*
lend	lent	lent	*(aus)leihen an*
let	let	let	*lassen*
lie	lay	lain	*liegen*
lie	lied	lied	*lügen*
light	lit, lighted	lit, lighted	*anzünden*
lose	lost	lost	*verlieren*
make	made	made	*machen*
mean	meant	meant	*bedeuten, meinen*
meet	met	met	*treffen*
melt	melted	melted, molten	*schmelzen*
mow	mowed	mowed, mown	*mähen*
must	(had to)	(had to)	*müssen*
pay	paid	paid	*bezahlen*
partake	partook	partaken	*übernehmen*
put	put	put	*legen, stellen, setzen*
quit	quit, quitted	quit, quitted	*aufhören*
read [ri:d]	read [red]	read [red]	*lesen*
rend	rent	rent	*zerreißen*
ride	rode	ridden	*reiten, fahren*
ring	rang	rung	*klingeln*
rise	rose	risen	*aufstehen, (an)steigen*
run	ran	run	*rennen*
saw	sawed	sawn, AmE: sawed	*sägen*
say	said	said	*sagen*

Infinitiv	past simple	past participle	Übersetzung
see	saw	seen	*sehen*
seek	sought	sought	*suchen, streben*
sell	sold	sold	*verkaufen*
send	sent	sent	*schicken*
set	set	set	*setzen, legen*
sew	sewed	sewn	*nähen*
shake	shook	shaken	*schütteln*
shave	shaved	shaved, shaven	*rasieren*
shear	sheard	sheared, shorn	*scheren*
shed	shed	shed	*abstoßen, ablegen*
shine	shone	shone	*scheinen*
shoe	shod	shod	*beschlagen* (ein Pferd)
shoot	shot	shot	*(er)schießen*
show	showed	shown	*zeigen*
shrink	shrank	shrunk	*einlaufen, schrumpfen*
shut	shut	shut	*schließen*
sing	sang	sung	*singen*
sink	sank	sunk	*versenken, sinken*
sit	sat	sat	*sitzen*
slay	slew	slain	*töten, bezwingen; AmE: ermorden*
sleep	slept	slept	*schlafen*
slide	slid	slid	*rutschen*
sling	slung	slung	*werfen, schleudern*
slit	slit	slit	*aufschlitzen*
smell	smelt	smelt	*riechen*
smite	smote	smitten	*schlagen*
sow	sowed	sown, sowed	*säen*
speak	spoke	spoken	*sprechen*
speed	sped	sped	*sausen, rasen*
spell	spelt, spelled	spelt, spelled	*buchstabieren*
spend	spent	spent	*ausgeben, verbringen*
spill	spilt, spilled	spilt, spilled	*verschütten*
spin	spun	spun	*spinnen, drehen*
spit	spat	spat	*spucken*
split	split	split	*spalten, trennen*
spoil	spoilt, spoiled	spoilt, spoiled	*verderben*
spread	spread	spread	*ausbreiten, bestreichen*

1

UNREGELMÄSSIGE VERBEN

Infinitiv	*past simple*	*past participle*	Übersetzung
spring	sprang	sprung	*(auf)springen*
stand	stood	stood	*stehen*
steal	stole	stolen	*stehlen*
stick	stuck	stuck	*kleben*
sting	stung	stung	*stechen*
stink	stank	stunk	*stinken*
strew	strewed	strewed, strewn	*verstreuen*
stride	strode	stridden	*schreiten*
strike	struck	struck, AmE: stricken	*schlagen*
string	strung	strung	*besaiten, auffädeln*
strive	strove	striven	*sich bemühen*
swear	swore	sworn	*schwören*
sweep	swept	swept	*kehren*
swell	swelled	swollen	*anschwellen*
swim	swam	swum	*schwimmen*
swing	swung	swung	*schwingen*
take	took	taken	*nehmen*
teach	taught	taught	*lehren*
tear	tore	torn	*zerreißen*
tell	told	told	*erzählen*
think	thought	thought	*denken*
thrive	throve, thrived	thriven, thirved	*gedeihen*
throw	threw	thrown	*werfen*
thrust	thrust	thrust	*stoßen*
tread	trod	trodden	*treten*
undergo	underwent	undergone	*durchmachen, unterziehen*
understand	understood	understood	*verstehen*
upset	upset	upset	*umstoßen, erschüttern*
wake	woke	woken	*(auf)wachen*
wear	wore	worn	*tragen*
weave	wove	woven	*weben*
weep	wept	wept	*weinen*
wet	wet, wetted	wet, wetted	*nass machen*
win	won	won	*gewinnen*
wind	wound	wound	*wickeln, spulen*
wring	wrung	wrung	*auswringen*
write	wrote	written	*schreiben*

Präpositionalverben

A – C

Wichtige Präpositionalverben

account for	*etw. erklären*
accuse (sb) of (+ -ing)	*jdn. beschuldigen wegen*
adapt to	*sich anpassen an*
agree in	*übereinstimmen in*
agree on (+ -ing)	*sich einigen über*
agree to	*einer Sache zustimmen*
agree with (sb)	*übereinstimmen mit jdm.*
apologize for sth/(+ -ing)	*sich entschuldigen für*
apply for	*sich bewerben um*
apply to	*jdn./etw. betreffen*
approve of (+ -ing)	*etw. billigen, genehmigen*
ask about	*sich erkundigen nach*
ask after (sb)	*nach jds. Befinden fragen*
ask for	*bitten um*
be used to (+ -ing)	*gewöhnt sein an*
believe in (+ -ing)	*glauben an*
belong to	*gehören zu*
bet on	*wetten/setzen auf*
blame (sb) for sth/(+ -ing)	*jdm. Schuld geben wegen*
blame (sth) on	*einer Sache Schuld geben für*
borrow from	*leihen von*
break into	*einbrechen in*
break with	*brechen mit*
call on (sb)	*jdn. besuchen*
call for	*verlangen nach*
call up	*jdn. anrufen*
care about	*sich interessieren für*
care for	*sorgen für, sich kümmern um*
care for (+ -ing)	*etw. mögen*
charge at	*jdn. angreifen*
charge for	*Gebühr verlangen für*
charge with	*einer Sache anklagen/beschuldigen*
come across/upon	*(zufällig) jdm. begegnen, auf etw. stoßen*
come for	*kommen wegen*
come from	*kommen aus*
come with	*mitkommen*
compare to	*gleichstellen mit*
compare with	*vergleichen mit*
complain about (+ -ing)	*sich beschweren über*

2

PRÄPOSITIONALVERBEN

Präpositionalverben

---

complain to	sich beklagen bei
concentrate on (+ -ing)	sich konzentrieren auf
condemn for	verurteilen wegen
condemn to	verurteilen zu
consist of (+ -ing)	bestehen aus
consist in	bestehen in
cope with (+ -ing)	etw. bewältigen
deal in	handeln mit (Ware)
deal with	sich befassen mit/Handel treiben mit jdm.
decide against (+ -ing)	sich entscheiden gegen
decide on	entscheiden über
depend on (+ -ing)	abhängig sein von
die of (+ -ing)	sterben an
die for	sterben für
disagree with	nicht übereinstimmen mit
disapprove of (+ -ing)	etw. missbilligen
distinguish between	unterscheiden zwischen
distinguish from	unterscheiden von
divide among /between	teilen unter/zwischen
divide by	dividieren/teilen durch
divide into	einteilen in
dream about/of (+ -ing)	träumen von
escape from (+ -ing)	flüchten vor
feel like (+ -ing)	Lust haben zu/auf
forget about	jdn./etw. vergessen
forgive (sb) for (+ -ing)	jdm. etw. verzeihen
get into	hineinsteigen
get off	aussteigen
get on	einsteigen
get over	sich von etw. erholen, über etw. hinwegkommen
get rid of	jdn./etw. loswerden
get used to	sich gewöhnen an
give in (to)	nachgeben
glance at	schauen auf
happen to	jdm. zustoßen
hear from	von jdm. hören
hear of	von etw. erfahren
inquire about	sich erkundigen nach
inquire after	sich nach jds. Befinden erkundigen
hope for	hoffen auf

insist on (+ -ing)	*bestehen auf*
introduce (sb) to	*jdn./etw. jdm. vorstellen*
invite to	*einladen zu*
keep (sb) from (+ -ing)	*jdn. abhalten von*
keep on (+ -ing)	*weitermachen mit*
laugh at/about	*lachen über*
learn about	*erfahren von*
listen to	*jdm. zuhören*
look at	*jdn./etw. ansehen*
look for	*suchen nach*
look in	*kurzen Besuch machen*
look on	*zuschauen*
participate in	*teilnehmen an*
pay for (+ -ing)	*bezahlen für*
prepare for	*sich vorbereiten auf*
prevent (sb) from (+ -ing)	*jdn. hindern an*
protect (sb) from	*jdn. schützen vor*
refer to	*Bezug nehmen auf*
relate to	*sich beziehen auf*
rely on (+ -ing)	*sich verlassen auf*
remind (sb) of	*jdn. erinnern an*
spend (money) on (+ -ing)	*Geld ausgeben für*
succeed in (+ -ing)	*Erfolg haben mit*
suspect (sb) of (+ -ing)	*jdn. verdächtigen wegen*
take care of	*aufpassen auf, sich kümmern um*
talk about (+ -ing)	*sprechen über*
talk to	*sprechen mit*
thank (sb) for	*jdn. danken für*
think about (+ -ing)	*nachdenken über*
vote for	*stimmen für*
wait for	*warten auf*
wait on	*jdn. bedienen*
work for	*arbeiten für/bei*
worry about (+ -ing)	*sich sorgen über*
write in	*schreiben in* (z. B. in Tinte)

Sach- und Stichwortverzeichnis

In der folgenden Liste finden Sie zahlreiche Fachbegriffe und Stichwörter, die in diesem Buch im Rahmen eines oder mehrerer Themen behandelt werden. Dahinter wird auf die entsprechende Seite verwiesen. Stichwörter sind kursiv gesetzt.

3

3

PONS KOMPAKTWÖRTERBUCH ENGLISCH MIT CD-ROM

Englisch-Deutsch / Deutsch-Englisch

Immer und überall nachschlagen?
Das Kompaktwörterbuch bietet Ihnen:

- rund 135.000 Stichwörter und Wendungen
- 5.000 neue Einträge mit Neuwörtern wie „buy-to-let" und „co-parenting", „Fanmeile" und „Kreditkrise"
- hochaktuellen Wortschatz mit vielen passenden Beispielsätzen
- Infokästen mit ausführlichen Formulierungshilfen
- Verbtabellen, Grammatik und farbige Landkarten
- regionale Sprachvarianten sowie den Wortschatz aus Österreich und der Schweiz

Einfach mehr Wörterbuch – zusätzlich das ganze Wörterbuch auf CD-ROM für PC, PDA und Smartphone – mit dem Sie immer und überall schnell nachschlagen können!

ISBN: 978-3-12-517198-5   www.pons.de